●目次

『新約聖書』の誕生

プロローグ――歴史のなかの新約聖書

なぜ三〇〇年もかかったのか

新約聖書はキリスト教にとって、この上なく重要な文書集である。しかし新約聖書が現在のものに見合うような形でほぼ成立したのは紀元四世紀のことである。地上のイエスが活動をはじめたのは紀元一世紀の前半であり、その後キリスト教運動は紆余曲折《うよきょくせつ》を経ながらも、地理的にも人数的にも拡大した。多くの者がキリスト教徒となり、さまざまな活動を展開して、その帰結の一つとして新約聖書が成立したのである。しかしこのことは四世紀になって新約聖書が成立するまでのキリスト教徒には、新約聖書は存在しなかったことを意味する。つまり新約聖書がなくても、彼らはキリスト教徒だったのである。

三〇〇年ほどのあいだ存在しなかったものが、大きな権威あるものとして存在するようになったのである。したがってキリスト教徒にとって新約聖書の存在は当然のことではなく、いわば特殊なことである。つまり新約聖書が成立したのは、キリスト教の歴史のなかで特殊な状況が存在したからだということになる。その歴史的に特殊な状況とはどのようなものなのか。そして新約聖書が成立して以来、新約聖書が権威あるものとして存在することが当然のように考えられているとするならば、そのような事態を当然のこととする特殊な立場が新約聖書をめぐって存在していると考えねばならないだろう。その特殊な立場とは、どのようなものなのか。

こうした疑問は、つぎのようにいいかえられるだろう。新約聖書が成立するまでになぜ三〇〇年もの時間がかかったのか。なぜ三〇〇年もの時間を経たときに、新約聖書が成立したのか。そしてそのような新約聖書が、なぜ権威あるものとして存続しているのか。新約聖書の成立を検討する上では、このような問題に留意しながら作業を進めることが重要である。

新約聖書にふくまれている文書の内容の簡単な解説を並べる。そして、それらの文書が集められ、結局のところ新約聖書と呼ばれる文書集となり、新約聖書が教会の指導者たちに権威あるものとして認められたといったことが確認できる資料に言及して、それを年表風に並べる。こうした「解説」では、上のような疑問に答えることはできない。

本書では、キリスト教における権威の問題に注目しながら、新約聖書がどのような意味で特殊な文書集なのかを探ってみたい。新約聖書の頁をめくって、内容を断片的に読んでいるだけではわからない新約聖書の姿が見えてくることになるだろう。本書の限られたスペースでは、もちろんすべての問題について十分な議論をすることはできない。さまざまな判断においても、仮説に基づいている点が少なくない。したがって本書での叙述がすべて確実だと主張するつもりはない。けれども、新約聖書をなぜ権威ある大切な書物として読まねばならないのかという疑問について、いくらかでも本格的に考えはじめるための出発点を提供することはできると思われる。

「福音」と「使徒」の部

新約聖書についてまず、ごく基本的な点について確認する。

現在私たちが手にする新約聖書は、二七の文書で構成されている。旧約聖書を構成する文書についての教会の立場が必ずしも一致していないのにたいして、新約聖書がこの二七の文書で構成されていることについては、教会のあいだでの立場の相違はないと述べてよいと思われる。

二七の文書は、一三頁の表に示した通りである。まず「四つの福音書《ふくいんしょ》」がある。新約聖書は、基本的に二部構成になっており、すなわち「福音」の部と「使徒《しと》」の部である。「四つの福音書」が、「福音」の部を構成する。使徒行伝《しとぎょうでん》以下の残りの文書が、「使徒」の部である。

「四つの福音書」のつぎが、使徒行伝。つづいて伝統的に「パウロ書簡集」とされている「ローマの者への手紙」から「ヘブライ人への手紙」の一四の書簡である。このうち＊印を付したものはパウロの真筆と考えてよいだろう。しかしこの点については、異説も存在する。残りの書簡がパウロの真筆でないことは、ほぼ確かである。

この一四の書簡のうち、「テモテへの第一の手紙」「テモテへの第二の手紙」「テトスへの手紙」は、まとめて「牧会書簡《ぼっかいしょかん》」と呼ばれている。

「パウロ書簡集」のつぎに並んでいる、「ヤコブの手紙」から「ユダの手紙」までの七つの書簡は「公同《こうどう》書簡」と呼ばれている。「公会《こうかい》書簡」と呼ぶ人もいるが、これは日本語の翻訳の問題であって、同じことである。

そして最後が、「ヨハネ黙示録《もくしろく》」である。

文書の名前は、独立したものとして扱う場合には「二重括弧」、また文書集におさめられている一つの文書として扱う場合には「一重括弧」に入れるべきだが、煩瑣《はんさ》になるし、また聖書を扱った多くの日本語の書物でもこの規則はあまり守られていないようなので、括弧なしか、または一重括弧に入れて示すことにする。

またいくつもの文書の名前をあげる場合に、それぞれのタイトルをそのまま記していたのでは煩瑣になる場合があるので、適宜《てきぎ》略称を用いることにする。表の各タイトルの横に略称を記しておいた。ただし文脈によって略称では誤解が生じるおそれがあるときは、誤解のないような呼び方を用いた。「使徒行伝」は、常に「使徒行伝」と呼ぶことにする。また「ヨハネ黙示録」も、「黙示録」と単純に呼ばずに、常に「ヨハネ黙示録」と呼ぶことにする。黙示録は他にも、たとえば「ペトロ黙示録」などが存在するからである。書簡を列挙するような場合に「書」を書かなくても明らかな場合には、省略することもある。「第一コリント」「ガラテヤ」などは、「第一コリント書」「ガラテヤ書」の意味である。人の名前、土地の名前などで、たとえば「ペトロ」よりも「ペテロ」、「フィリピ」よりも「ピリピ」といった呼び方に親しみを覚える人もあるかもしれないが、これは原語の表現をどのように日本語に転記するかの問題で、本質的な問題ではない。本書で採用しているものが、必ず原語の発

二七文書一覧表

「福音」の部

マタイ福音書（マタイ）
マルコ福音書（マルコ）
ルカ福音書　（ルカ）
ヨハネ福音書（ヨハネ）

「使徒」の部

使徒行伝（使徒行伝）

パウロ書簡集

＊ローマの者への手紙（ローマ書）
＊コリントの者への第一の手紙（第一コリント書）
＊コリントの者への第二の手紙（第二コリント書）
＊ガラテヤの者への手紙（ガラテヤ書）
　エフェソの者への手紙（エフェソ書）
＊フィリピの者への手紙（フィリピ書）
　コロサイの者への手紙（コロサイ書）
＊テサロニケの者への第一の手紙（第一テサロニケ書）
(＊)テサロニケの者への第二の手紙（第二テサロニケ書）
　テモテへの第一の手紙（第一テモテ書）┐
　テモテへの第二の手紙（第二テモテ書）│**牧会書簡**
　テトスへの手紙（テトス書）┘
＊フィレモンへの手紙（フィレモン書）
　ヘブライ人への手紙（ヘブライ書）

公同書簡

ヤコブの手紙（ヤコブ書）
ペトロの第一の手紙（第一ペトロ書）
ペトロの第二の手紙（第二ペトロ書）
ヨハネの第一の手紙（第一ヨハネ書）
ヨハネの第二の手紙（第二ヨハネ書）
ヨハネの第三の手紙（第三ヨハネ書）
ユダの手紙（ユダ書）

ヨハネ黙示録（ヨハネ黙示録）

音に近いということにはならない。

相容れない主張

本書は新約聖書についての本なので、新約聖書には全体として何が書かれているかを簡単に紹介すべきかもしれない。しかしそのようなことは不可能である。つまり新約聖書の内容には全体として何か統一的な主張があると考えがちだが、じつは新約聖書の各文書では、多くの場合、互いに相容れない立場が主張されているといったほうが適切である。もちろん、ある程度は似たような立場の文書もある。しかし対立している場合には、たいへんに大きな立場の相違がある。

たとえば福音書は四つあるが、簡単に述べるならば、他の福音書の立場と相容れないところがあるから、別の福音書が新たに書かれたのである。こうしたことは新約聖書の各文書をいくらか丁寧に読めば気づくことだが、なかなかそのようには了解されていないようである。新約聖書の内部で立場の対立などあるはずがないという先入観があるためだと、考えられる。そのような先入観が広く存在してしまうのは、やはり新約聖書がキリスト教において権威あるものとされているからだろう。つまり新約聖書が権威あるものとされていることの機能のうちの重要な一つの側面がここに認められるということになる。

なぜ新約聖書は権威あるものとされているのか、新約聖書が権威あるものとされていることはどのような意味をもっているのかを探ることは、本書の主要な関心の一つである。

異なったアプローチ

それにしても新約聖書はどのようなものかについて、一言述べておこう。「命の書」という考え方が存在する。キリスト教にとってこの考え方がどれほど重要なものかは微妙だが、新約聖書の文書においても何回か言及されている。簡単にいうならば、「命の書」は神（あるいは天使）がもっていて、人間はその内容を見ることができないものである。そこには救われるべき者の名が記されている。したがって「命の書」は、人間にとってたいへん重要な書物である。書物に権威があるとされている点において、この「命の書」と新約聖書には共通するところがある。また、「命の書」も新約聖書も内容を知ることができないという点においても重なるところがある。ただし「命の書」の場合には、その内容を見ることさえできないが、新約聖書は人間が書いた文書を集めた文書集なので、人間がテキストを読むことは不可能ではない。

しかし「テキストを読むことは不可能ではない」ということと、「内容を知る」ということとは必ずしも同義ではない。新約聖書を読まない者もいる。また新約聖書を読んでも、よくわからない。それは新約聖書の内容が複雑だからだが、それを統一的に理解しようとするので、そのような意味での「理解」には決して到達しない。つまり「わからない」ということになる。

そこでいくらか理解できそうなテキストだけを取りだして、格言のように実生活のなかで適宜用いることにする。そのような「理解」も無意味ではないだろうが、それで新約聖書の全体を理解することになっているのだろうか。部分的で、そして適切なのかどうか不確かな「理解」をいくら寄せ集めても、全体的理解には達しない。新約聖書は権威ある文書集だが、このようなアプローチにおいて、新約聖書はますます「奥深い」、そして「ありがたい」書物ということになり、新約聖書の権威はますます高まることになる。

本書での検討によって、異なったアプローチの可能性が開けるかもしれない。

「分派」の活動を採用

新約聖書の成立の動きについてごく簡単にまとめておくと、本書がいくらか読みやすいものとなるだろう。

キリスト教の展開の特徴として、つぎの点が重要である。キリスト教が展開するなかで、分裂が生じる。一方は教会主流であり、多数派である。もう一方は教会主流に対立する流れで、「異端」ないし異端に近いものとして位置づけられることになる。両者のあいだに緊張が生じ、対立する流れはやがて退けられる。ところが教会主流は、対立する流れにおいて行われていたことで有効だと思えるものを、自分たちの活動のために採用する。こうしたパターンは、キリスト教の展開の多くの場面で認められる。新約聖書の成立のプロセスにおいても、このパターンが何度かくりかえされた。三つの段階に整理できるだろう。

第一段階。イエスは文書を書かなかった。また初期のキリスト教運動の指導者も、文書を書かなかった。初期のキリスト教運動において、分裂が生じてしまう。教会主流であるエルサレム教会から、「ヘレニスト」と呼ばれる流れが分離する。このヘレニストの流れのなかから、エルサレム教会を批判するために、最初の福音書であるマルコ福音書が書かれる。

エルサレム教会はあまり伝道に熱心ではなかったが、ヘレニストの活動に対処するうちに、伝道活動を熱心に行うようになる。また「福音書」という形式においてイエスの情報を記した文書の有効性について学び取る。

第二段階。また教会主流から、パウロが分裂する。パウロは独自の活動を行い、そのなかでいくつもの書簡を書く。

またパウロの活動は、エルサレム教会からはほとんど評価されなかったが、ユダヤ戦争後の状況において、パウロ的教会のあり方は大きな関心を集めることになる。パウロ的教会においては、パウロの書簡、パウロを著者に擬した書簡が、権威あるものとして有効に用いられている。教会主流は、こうしたあり方を学び取る。

第三段階。ユダヤ戦争後には、教会主流においても、またその周辺においても、多くの文書が作られる。しかし「正典」と呼ばれるほどの権威をもった文書集を作るまでにはいたらない。教会主流は、拡大したキリスト教世界をどのように統一的に管理するかについて、暗《あん》中模索《ちゅうもさく》の状態である。

ところが二世紀半ばに「マルキオン派」があらわれ、秩序立った組織を形成して、大きな勢力となる。マルキオン派は、いくつかの文書だけを権威あるものとして独自の文書集を作成しており、これが秩序立った組織が実現される鍵になっている。マルキオン派は、「異端」として退けられる。しかし教会主流は、権威あるものとして独自の文書集、つまりキリスト教の聖書をもつという手段を自分たちのものとして採用する。

分派が生じるのは、教会のあり方に大きな問題があって、しかしその問題に教会主流が有効に対処することができないからである。したがって分派の運動においては、当面する問題についての何らかの解決策が試みられていることになる。分派のこうした解決策には、有効なものがある可能性がある。分派の運動が成功して、大きな勢力をもつならば、こうした可能性はますます大きくなる。キリスト教運動の主流派は、分派と「和解」するといったことはあまり行わないようである。分派は、多くの場合、厳しく批判される。しかし教会主流は、長い時間をかけて、分派から学ぶべきことは学ぶのである（こうした態度を、キリスト教はローマ帝国から学んだのかもしれない。ローマ帝国の立場からは、キリスト教運動は帝国の内部に生じた新しい流れ――ローマ的であるけれど、新しいところがある流れ――である。そしてローマ帝国は、キリスト教における有効な要素を利用しようとする。これがキリスト教がローマ帝国の国教とされるという事件の意味である。言い直すなら、キリスト教は、ローマ帝国からさまざまなことを学びとった新しい流れである。そしてキリスト教の国教化といった事件を通して、ローマ帝国風のキリスト教がさらに発展するということになった。残念ながら、この興味深い問題を本書で詳しく扱うことはできない）。

本書では「なぜ新約聖書が成立したか」というテーマを関心の中心にすえながら、キリスト教の成立について、歴史的な大きな流れを叙述していくことにする。新約聖書の個々の文書の内容や成立の意味、扱われ方などにできる限り留意する一方で、それらの文書が新約聖書としてまとめられる経緯と、新約聖書が権威ある書物として認められる意味についても考えていく。

本書は研究成果の厳密な報告であることよりも、読みやすく、そしてキリスト教の理解の出発点となるように、歴史の基本的な大きな動きを、いくらか図式的になることを恐れずに整理したものである。キリスト教や聖書を、それらが成立した状況の大きな流れのなかで了解する枠組みを提供することがまず大切である。キリスト教も聖書もそうした大きな流れのなかに位置しているのであり、私たちもまたそうした歴史の流れの延長線上にいるからである。

確かにたとえ専門家でも、聖書をめぐる問題のすべてを適切に理解するなどといったことは不可能である。専門家といえども、すべてを完璧に了解しているのではない。だからこそ日々研究と研鑽《けんさん》に励むのである。しかしこのような努力も、ある程度以上の有効なアプローチのための枠組みがなければ、もしかしたら無意味な努力になってしまうかもしれない。キリスト教や聖書の成立や展開をとりまく状況の大きな流れについての理解は、こうした枠組みの基礎である。本書を通して、いくらかでも有効なイメージを提供できるならば幸いである。

第一章　イエスの時代

1　神が与えた試練——六〇〇年の被支配

社会に働きかけるイエス

キリスト教はイエスがはじめた運動が発端となって生じた。イエスが十字架にかけられたのは紀元一世紀の前半で、正確な年代についてはいくつかの説が存在するが、紀元三〇年とするのがもっとも妥当だろう。イエスは当時のパレスチナのユダヤ人社会のなかで一つの社会宗教的運動を行い、その結果、十字架刑に処されてしまった。

地上のイエスが行った運動を「イエス運動」といい、十字架の事件の後に弟子たちが展開した運動を「初期キリスト教運動」ないし、誤解のおそれがないならば、たんに「キリスト教運動」というのが広く用いられている便利な言い方である。

イエスが社会宗教的な運動を行ったということは、たいへん重要である。イエスがどんなに人並みはずれた「完璧な」存在だったとしても、彼がたんなる個人主義者だったならば、自分個人の状態に満足して、家にこもるなり、どこか人のいない領域に行ってしまうなり、あるいは他の者とはそつのないつきあいをするだけにして、彼の存在は社会的には何の特別な意味ももたないということになってしまっただろう。

　しかしイエスは、あちこちの町や村に出かけて人びとと接し、癒《いや》しや教えといった活動を行い、弟子たちを集めたりした。彼は社会に働きかけ、こうした行動をとおして彼の存在が社会的に意味のあるものとなることを求めたのである。

無視できない存在

　また、イエス運動が当時の社会的状況のなかで、ある程度以上意味あるものだったということも重要である。イエス運動は無視されたのではない。イエスがどんなに熱心に活動しても、彼の行動や主張に誰も関心をもたないのならば、イエスはたんなる風変わりな人物として社会の片隅に追いやられてしまい、彼の存在はやがて忘れられてしまっただろう。

　しかしイエス運動は、ある程度以上の社会的関心を集めた。イエスの活動は社会的な影響力をもち、肯定的に彼を評価する者たちが彼に関心をもつばかりでなく、結局のところ彼の敵対者となるような者たちにとっても無視できないほどのものとなった。そしてイエスは、敵対者たちにとって何とかして退けねばならない社会宗教運動の指導者として処刑された。

　イエス運動に限らず、社会のなかで何らかの運動を起こすということは、運動を行う側もそれを肯定的に受け取る側も、その社会の現状を少なくとも「不十分だ」と考えていることを意味する。どのような社会の状況も完璧であることはないだろうが、ともあれ現状にある程度以上満足しているのならば、その者は運動を起こすことはないし、そのような運動に関心をもつこともない。

したがってイエスが一つの社会宗教的運動を行ったということは、イエスが当時の社会状況を何らかの意味で「不十分だ」と考えていたことを意味する。また彼の運動が関心を集め、影響力をもったということは、受け手の側にも社会の現状を「不十分」と考えて、社会の問題との関連においてイエスの運動に適切なところがあるかもしれないと期待するところがあったことになる。

では当時の社会において、どのようなことが問題だったのだろうか。ここではもっとも特徴的と思われる二つの側面を指摘しておく。

六〇〇年以上もつづく被支配

当時のユダヤ人社会がおかれていた状況についてまず指摘しなければならないのは、ユダヤ人たちがローマ帝国の支配下にあったということである。

ユダヤ人たちにはかつて、独立した王国があった。紀元前一一世紀の末にダビデによってつくりだされたものである。しかしこのダビデ王朝の王国は、紀元前六世紀前半にバビロニアによって滅ぼされてしまう。その後ユダヤ人の支配者は、ペルシア、ギリシア、ローマと交代するが、支配者はかわっても、ユダヤ人たちが被支配の状況におかれているという事態は変わらない。

イエスの時代には、この状態はすでに六〇〇年以上もつづいていた。他民族によって支配されているという状況は、屈辱的なことである。ましてイスラエル民族は「神の民」であって、他民族に支配されるなどということは受け入れがたい。したがって彼らは、政治的・軍事的独立の実現を切望する。彼らは実際に大小の反乱を起こし、特に紀元前二世紀における「マカベア戦争」においては、ギリシア系のセレウコス朝シリアにたいして一応の勝利をおさめて「ハスモン朝」が成立したこともあった。しかしこのハスモン朝も、紀元前一世紀にローマによって滅ぼされてしまう。

軍事的蜂起以外の方法

ユダヤ人たちのあいだには、軍事的蜂起によって独立を獲得しようという考え方がつねに存在した。だが、ユダヤ人にもさまざまな人がいる。しかも六〇〇年以上ものあいだ、さまざまな努力や犠牲にもかかわらず、被支配の状態から抜け出せないのである。軍事的蜂起といった通常の手段が有効でないことは手痛い経験によってくりかえし示されている。

そのため、自分たちがおかれている否定的な状況について、軍事的蜂起以外の解決の可能性も探られるようになる。ユダヤの民が救われることについて絶望してしまわないならば、彼らの希望は通常の手段ではなく、いわば超自然的な手段で実現されなければならないと考えられるようになる。

神の介入

ユダヤ人にとって神の権威は至高のものである。しかも彼らの神は、たんなる民族の守護神ではなかった。

独立国を失い、長期間にわたって被支配の状況におかれるという経験のなかで、さまざまな態度が生じてくる。これらの態度は、まずは絶望してしまうか、否定的状況にもかかわらず希望をもちつづけるかという二つのカテゴリーにわけることができるだろう。

絶望してしまうならば、それ以上の展開は生じない。個々人は現状に甘んじて、可能な範囲内で生活して、そして死んでいくということになる。こうした「諦《あきら》め」の状態、「無気力」の状態に陥っていた者も多かったと考えるべきだろう。

しかし絶望的な状態であるにもかかわらず、希望を捨てない者も少なくなかった。独立王国を再興するという望みが実現しないことがくりかえし示されるのを前にしても希望を捨てないならば、現在の否定的な状況を肯定的に考える術《すべ》を見つけねばならないことになる。そして人間のとれる手段がどれも失敗したとしても、まだ神が介入するという可能性が残っていることに注目することになる。

こうしたなかで次第に重要となってきたのが「創造者」としての神の考え方である。神がたんなる民族の守護神ならば、神の民が否定的状況におかれたままになっているという事態は、神が無力であるということを意味してしまう。

しかし神は全世界の創造者であり、歴史の全体を導いていると考えるのである。ユダヤ人が忘れられているのではない。全世界を管理している神には大きな目的があって、このためにユダヤ人の解放がすぐに実現しないのである。このように考えるならば、自分たちが過酷な状況におかれているのは、不合理な不運であったり「不条理」であったりするのではなく、神の計画の一つの段階のあらわれであって、神の与えた試練だと考えることができるようになる。

民は神を見捨てなかった

ユダヤ教における神については、「救済神」としての神と「創造神」としての神の二つの面が重要である。このうち特に「創造神」としての神の考え方は、他の標準的な古代の民族宗教に比してユダヤ教が特異なものとされねばならない所以《ゆえん》となっている。

他の標準的な古代の民族宗教における神は、基本的にはそれぞれの民族の守護神でしかない。農耕や牧畜における豊穣を保証したり、戦争時に自分の民族を勝利に導くことがこうした神の役割である。

イスラエル民族の神であるヤーヴェも、当初はこうした標準的な古代の民族宗教の神であった。この段階におけるイスラエル民族におけるヤーヴェ崇拝はまだ「ユダヤ教」ではなく、「古代イスラエルの宗教」と呼ばれる。

ところがユダヤ人の王国は北王国と南王国に分裂した後、まず北王国が滅び（前八世紀後半）、残っていた南王国も滅んでしまう（前六世紀前半）。南王国が滅んだことで、ユダヤ人たちの独立した国は全面的に失われる。戦争に敗れ、領土は失われ、神殿は破壊され、王は惨《みじ》めな捕虜の一人になってしまう。これは神が自分の民を守らなかったことを意味する。神は自分の民を見捨てたのである。

このような状態になってしまうと、民の側も自分たちの神を見捨てるのが普通である。そもそも政治的・軍事的に「滅ぼされた」といった状態になってしまえば、民のうちで生き残った者も散り散りになり、奴隷にされたり、支配者の「同化政策」のために他の被征服民のあいだに混ざって生活することを余儀なくされて、民族のアイデンティティを失ってしまう。そのため、従来の自分たちの神に民として忠実でありつづけることは実質的に不可能になってしまう。

つまり民族は一つのエンティティー（意味あるまとまり）でなくなってしまい、かつての民族神崇拝は、歴史の大きな流れのなかで消滅してしまう。しかしイスラエルの民の場合には、壊滅的な状態に陥ったにもかかわらず、ヤーヴェ崇拝が消滅しなかったのである。神が民を見捨てたと考えてもよいような状況が生じたにもかかわらず、民は神を見捨てなかったのである。

これは古代の民族宗教の常識をこえた出来事であり、このことによって「古代イスラエルの宗教」は、数多くの標準的な古代の民族宗教の一つではなくなり、他に類を見ない独自な存在となった。現世での状況が絶望的であるにもかかわらず、自分たちの神に忠実であるというまったく新しい事態が生じたのである。こうした段階に達したものが、「古代イスラエルの宗教」と区別して「ユダヤ教」と呼ばれているのである。

民のおかれている状況が否定的なのは事実である。しかし神は「創造神」でもある。全世界を管理しているのは神である。民が否定的な状況におかれているという状態も、神の大きな計画のなかで積極的な意味をもつことができるようになる。そして神は「救済神」でもある。神は自分が選んだ民である「イスラエルの民」をこのような状態に放っておくはずがない。神は必ず介入して、民を救うだろうと考えることができるようになる。

「頭に油を注がれた者」

民を救うための神の介入がどのような形で行われるかについても、さまざまな考え方が生じてくる。そのなかで重要なのが、かつてのダビデ王朝の王国のイデオロギーに即した考え方である。「救い」は、まず独立王国の再建として考えられる。

そのためには「王」がふたたびあらわれねばならない。ダビデ王朝のイデオロギーとの関連で考えられるのならば、この王は「ダビデの子」でなければならないことになる。また、ダビデ王朝において王は「神の子」とされていた。

王を「神の子」とする考え方は古代の諸王国においては珍しいものではなく、ダビデ王朝におけるこの考え方もエジプト起源であったとされるのが普通である。エジプトにおいてファラオが「神の子」とされていたのが、ダビデ王朝においてイデオロギーとして採り入れられたといわれている。したがって待ち望まれている「救い主」は、「王」であり「ダビデの子」であり「神の子」でなければならないことになる。

さらにダビデ王朝においては、王の候補者が王となるとき、すなわち王の即位式のときに、王となる者の頭に油を注ぐという儀式が行われていた。これもエジプト起源だといわれている。つまり王は「頭に油を注がれた者」である。この「頭に油を注がれた者」は、ヘブライ語では「メシア」である。

そして地中海沿岸東部と近東、すなわちギリシア、小アジア、エジプト、パレスチナ、シリア、メソポタミア、ペルシアの地域は紀元前四世紀前半のアレキサンダー大王の征服事業以来、文化的にはギリシア語圏となって、ギリシア語が国際共通語となる。ユダヤ人たちもこの状況の影響を強く受け、ユダヤ教の聖書もギリシア語に訳され、ユダヤ教のさまざまな概念もギリシア語に訳される。「メシア」という用語もギリシア語に訳され、それが「キリスト」（クリストス）である。

したがってユダヤ人たちは神の介入による救いの実現を望んでいたのだが、この希望がダビデ王朝の王国のイデオロギーに即して考えられる場合には、「メシア」ないし「キリスト」の出現を待ち望んでいたということになる。これがいわゆる「メシア思想」の基本的な枠組みである。

メシア思想は、当時のユダヤ人社会において大きな力をもっていた。当時のユダヤ人の女性にとっては「メシアの母」になることが最高の栄誉と考えられていたという。男の子が生まれると、その子がメシアなのかもしれないというのが、最高の誉め言葉であった。

ただし待望されている救いの希望をメシアの登場と重ね合わせるのは重要な考え方の一つだが、救いや解放にかんする思想がすべてメシアとの関連で考えられていたとしてしまうのは行き過ぎである。くりかえすが、ユダヤ人にもさまざまな人がいたのである。救いや解放についても、他にさまざまな考え方が存在した。またメシアが具体的にはどのような存在であり、どのような役割を具体的にはたすのかについても、さまざまな考え方が存在した。

「民族の守護神」か「創造神」か

メシア思想には、民族主義的傾向のものと、普遍主義的傾向のものが存在したということは、忘れてはならない特に重要な点である。

民族主義的傾向においては、メシアによる救いはイスラエルの民の救いであるという点に関心が集中していた。こうした傾向においては、「民族の守護神」としての神の考え方が依然として中心的で、「救済神」「創造神」としての神の考え方もこの「民族の守護神」としての神の考え方に従属したものとされているといえるだろう。

これにたいして、普遍主義的傾向においては、メシアの救いは全人類的・全宇宙的規模のものとして考えられる。ここでは「創造神」としての神の考え方が優先されていることになる。しかし救われるのは全人類・全世界なのか、それとも救いの対象はもっと限定されたものなのかという問題が残る。

最終的な救いの対象は限定的なものだと考えるならば、そのように限定された救いの対象は何なのかということになる。「民族の守護神」としての神の考え方の伝統との関連でこの問題を考えるならば、神の「真の民」を構成するのは誰なのかという観点から思索が展開されることになる。

いずれにしても普遍主義的傾向において実現されるべきだとする理想的な状態は、過去のダビデ王朝の再興といった単純なものではない。こうしたなかで「神の王国」といった概念が重要なものとなってくる。絶望的な状況のなかで、神は必ず介入する、神は必ず「神の王国」を実現すると人びとは考えていたのである。

現在の状況は否定的であり不十分である。この認識の発端は、民族が政治的に被支配の状態におかれており、その状態が長期間にわたってつづいているという事態である。しかし神との関連でこの不十分な状況の問題が考えられているうちに、現状の認識についても、またその解決のあり方についても、民族の政治的・軍事的独立といった問題をこえた次元のパースペクティヴが問題とされるようになっていたのである。

さまざまな試み

自分たちの状況が不十分なものであるという事態を前にして、イエス以外のユダヤ人は全員がただ手をこまねいていたのかというと、そうではない。

ユダヤ人の側からのさまざまな試みがすでに存在していた。イエスやその直接の弟子たちが活動した時期のユダヤ教にはさまざまな流れが存在したが、それらはどれもこの根本的な問題についての解決の試みだったと考えるべきである。神と民の関係が正しいものであるためには、民の側はどのような態度をとればよいのか、これが彼らの関心の中心である。そしてユダヤ教において神と民の関係を保証しているのは、神殿と律法であった。

まず検討しなければならないのは、サドカイ派・エッセネ派・ファリサイ派である。そしてゼロテ派・ヘロデ派についても言及しなければならない。以下において、それぞれについて検討を加え、また一般ユダヤ人の態度についても確認する。

現状の容認——サドカイ派

サドカイ派は、エルサレムの神殿における儀式活動を行う祭司集団である。ユダヤ教において神殿は、エルサレムの神殿一つだけである。エルサレム以外のところにも神殿や祭壇がもうけられたこともあったが、それらは結局のところ定着しなかった。神殿は「神の住むところ」とされていた。神殿には祭壇があって、そこでの犠牲の儀式が神と民とのつながりを保証すると考えられていた。サドカイ派にとって、神の前での正しい態度の本質は、神殿での儀式をとどこおりなく行うことである。したがって神殿制度の権威を守ることが、彼らにとって重要となる。

神殿制度は神によってあたえられた律法に基づくものだという位置づけもなされている。ユダヤ人はこの神殿制度を尊重しなければならない。エルサレム神殿に巡礼し、また神殿にたいする「十分の一税」を支払わねばならない。

祭司階級であるサドカイ派は、ユダヤ人社会における社会宗教的指導者であり、また特に「十分の一税」の制度によって、経済的にもたいへん豊かだった。よってサドカイ派は、ユダヤ人社会における上層階級を形成していたということができる。そして神殿制度が守られ、諸々の儀式をつつがなく執り行い、「十分の一税」が無事に集められるためには、平和であることが重要になる。

これは当時としてはローマ帝国による支配体制を事実上容認するという態度につながる。この意味でサドカイ派は、政治的には現状を容認する保守主義の立場をとることになる。神の前での正しい態度を実現しようとして神殿制度を尊重するという選択をしたために、非ユダヤ人による政治的・軍事的支配を容認するという帰結に陥っていることになる。

また神殿での儀式を尊重するという態度は、容易に形式主義的になってしまう。サドカイ派の者たちは、社会内部での敬意に包まれ、経済的裕福に安住し、神学的厳しさを失い、政治的には日和見《ひよりみ》主義的な態度しかとれない集団となってしまう。神殿での役職を務めることは、神殿をめぐる利得を守るための手段でしかなくなってしまう。祭司として神殿で神に直接仕《つか》えるという立場にありながら、「あなた方は聖書も神の力も知らない」（マルコ福音書一二・二四）とイエスに決めつけられることになる。

「荒野に退く」――エッセネ派

エッセネ派については、一般社会から離れて生活する「修行者集団としてのエッセネ派」

と、一般社会に混じって生活する、いわば「在俗のエッセネ派」があったことが確認されねばならない。

エッセネ派は、まずは祭司集団からわかれて生じた一派である。サドカイ派的な現状容認の自堕落な態度をいさぎよしとはしなかった者たちが、別の集団を作ったと考えるべきである。しかし彼らも、非ユダヤ人による支配の現状を変えることはできない。そこで彼らは儀式上の厳格さを徹底しようとする。このために彼らは自分たちだけの共同体をユダヤ人社会の通常の社会空間の外に作ることになる。「荒野に退いて」自分たちだけの厳格な宗教共同体生活を行う。これが「修行者集団としてのエッセネ派」である。後のキリスト教における修道院のようなものをイメージするならば、ある程度は適切だろう。

第二次世界大戦直後に死海の北端の絶壁にあったいくつかの洞窟から発見された大量の「死海文書」は、発見場所の近くにあったとされるエッセネ派共同体の図書室のものであったと考えられている。この共同体は、「死海文書」が発見された場所の近くにあった村の名前から「クムラン共同体」ないし「クムラン教団」と呼ばれている。また「死海文書」も「クムラン文書」と呼ばれることもある。

この「死海文書」には共同体生活にかんする規則を記した文書もふくまれていて、そこでの厳しい規律をうかがうことができる。たいへん厳しい儀式的な生活を行うことが、彼らにとって自分たちを神の前で「浄《きよ》い」状態に保つことだった。そして彼らはエルサレムの神殿の権威を認めない。このことは、神殿当局が定める暦《こよみ》とは別の暦を彼らが使用したことなどにはっきりとあらわれている。エッセネ派は、反サドカイ派である。

こうしたタイプの運動は、基本的にはセクト的なものである。このような生活は、いわば宗教的エリートだけが実現できるものであって、社会の大多数の者は参加することができない。彼ら自身も自分たちの生活を、社会一般のものから一線を画したものとしており、「荒野に退く」という態度はこうした立場を端的に示すものである。厳しい修行をしたり、厳しい規則にしたがった生活を行うことは、宗教的にそれなりに誠実なものかもしれない。しかしそのような厳しい生活をしなければならないと考えることは、エリート主義に避けがたく結びついてしまう。

ところが、一般社会に混じって生活する「在俗のエッセネ派」というべき者たちが生じるようになる。

彼らは、仕事や地域の生活は、一応のところ一般の町や村で、他の者たちと似たような普通の生活を行う。しかし彼らは、その上に、「聖なる者」になろうとする。「聖なる者」になろうとするとは、神との関連で普通の者たちとは違った高い価値があるとされる者になろうとする、ということである。荒野に退いて厳しい修行を行うのは、生活の場所においても生活スタイルにおいても、普通の者たちと違った選択がなされた「厳しいエリート主義」である。これに対して「在俗のエッセネ派」は、まずは普通の生活をしているのだが、その枠内で通俗の者たちとは違う高い価値のある者でありたいとしていて、いわば「穏健なエリート主義」である。

しかし彼らは、一般の者たちの出身なので、たいしたことはできない。身のまわりの生活のあり方を、彼らの単純な判断力で「良い」とされるものに適合させることくらいしかできない。それは外面的（社会的）にも、内面的（感情や感覚）においても、落ち着いて整然とした、安定した生活スタイルを実現することである。通常の社会でも悪事とされるようなことを避けるのはもちろんだが、特徴的なのは、喜びを罪（神との関連でなすべきでないこと）として避けることである。しかし性交を行わないのでは集団が存続しないので、したがって、たとえば性の喜びは罪である。感情・感覚の大きな動きに抵抗する。性交は子孫を確保するためだけに容認される。彼らは、エリートなので、エリート集団を形成して、相互の助け合いを重視する。生活の細かい場面のうちで、工夫できるのは、食事の場面と睡眠の場面だけである。他の場面では、仕事の活動は、一般の者たちと混じっているので、勝手なことはやりにくい。食事との関連では、家族や、あるいはエリート集団の会食の場合に、食前に「祈り」とされる動作を行う。食事中は沈黙する。あるいは誰かが聖書を朗読して、それを聞きながら食事を進める。会話をかわす、笑うなどは、もってのほかである。睡眠との関連では、睡眠に入る前に、「祈り」とされる動作を行う。思春期の者たちが、大人になることの複雑さの前でたじろいで、思春期の者の頭で「良い」とされるような生活スタイルをそのまま維持しようとしていると考えられる。

「在俗のエッセネ派」とされるべき、こうした者たちは、祭司階級の子孫である必要はない。祭司階級の子孫たちの「修行者集団としてのエッセネ派」の者たちの様子をみて、一般の者で自分たちもできる範囲内での「エリート主義」にあずかりたいという欲求をもつ者たちが、こうしたグループを作るようになったと考えられる。

彼らは、律法や神殿について、公然と否定するのではないし、敬意を払うような様子を見せる。しかし彼らには、律法や神殿は、真に重要なものではない。彼らが関心をもっているのは、自分たちの周りの小さな生活スタイルだけである。たとえば、食前・就寝前に祈るという行為は、律法の規定ではなく、彼らが勝手に行うことにしているだけである。したがって、彼らの立場は「集団的な自己中心主義」になっている。

彼らは、自分たちが選んだ生活スタイルは「神の前で正しい」と考えている。彼らは「宗教的に敬虔《けいけん》」である。「敬虔である」ということは、「集団的な自己中心主義」である仲間たちにとってきわめて重要で、高い価値があることであるかのように用いられる。

しかし彼らは、実は神そのものともつながっていない。神の前で何が正しいかは、神が決めることであって、人間が決めることではないはずである。なのに彼らは、何が「神の前で正しい」かを自分たちは知っていると主張していて、これは神そのものを退けているのでなくてはあり得ない立場である。彼らが神に言及するのは、自分たちの立場を正当化するのに、神に依拠すると納得しやすいからでしかない。したがって「敬虔である」とは、神と繋がっていないのに、仲間集団で「正しい」とされていることを実行することである。簡単な表現に言い直すならば、「敬虔である」とは、「分かっていないけれど、やるべきとされていることはきちんとやっている」ということである。彼らは「神の前での自己正当化」を行う者たちである。

彼らは主観的には、そのような特殊な生活をすることが神の前で正しくあるために「必要」だと考えるから、特殊な生活を行うのである。こうして彼ら自身は自分たちが納得するところの「神の前で正しい者」となるのかもしれない。だが、そのような厳しい生活をしない大多数の者たちは、どのように位置づけられるのだろうか。当然のことながら、こうした大多数の者たちは「神の前で正しい者ではない」ということになる。彼らの厳しい生活態度には、大多数の者たちについての根本的な軽蔑が潜《ひそ》んでいる。こうした論理は、エッセネ派に限らず、特殊な修行や生活が必要だとするあらゆる流れに潜んでいる。

たとえば彼らは、自分たちがエリートであることをひけらかすために、奇妙な服装をしたりするようになる。自分たちは、大多数の者たちとは「違う」ということを顕示するためである。エッセネ派の者たちも、純白の服を着ることなどが目印になっていたようである。

一部の者にしかかかわらないエッセネ派の立場がユダヤ人社会全体の指導原理となりえないことは明らかだが、それればかりでなく、彼らの立場は、神の民であるはずのユダヤ人のあいだに社会宗教的差別を生み出す一つの要因となっていた。こうした問題については、セクト的な運動に走る者たちだけを責めればよいのではなく、真摯《しんし》になろうとするとセクト的運動を進める方向に傾かざるをえない状況をつくりだしている社会の側の問題でもあることを忘れてはならない。

エッセネ派の立場がつまるところ「集団的な自己中心主義」であることとの関連で、もう一点指摘しておく。彼らは、いわば「自分たちさえよければ、それでいい」とする者たちである。彼らの立場は、ユダヤ人社会全体のことを考えるものではない。

したがって、ユダヤ民族がローマの支配下にあるという政治的問題は、彼らには重要ではない。だからといって、彼らが「親ローマ」的だとすることはできない。ローマによる支配の問題に、彼らは無関心である。

こうしたことは、支配者であるローマ側にとっては、好都合だったと考えるべきだろう。エッセネ派のうち「修行者集団としてのエッセネ派」は、ユダヤ人社会の主流であるサドカイ派に対抗する知識人勢力である。また「在俗のエッセネ派」は、既存社会の中でお高くとまった態度を示して一般のユダヤ人を軽蔑し、社会に分裂を作り出している。異民族統治において被支配民族内の分裂を促進しておくのは常套手段だから、エッセネ派については、どことなく好意的で、温存するような姿勢で臨むことは、ローマ当局にとって有利である。

他方、ユダヤ民族がローマの支配下にあるという政治的問題を重視する立場——特に、ユダヤ国粋主義者である「ゼロテ派」（すぐ後に検討する）——からは、民族全体の政治的問題に無関心なエッセネ派は、民族の裏切り者だということになる。

「白く塗りたる墓」——ファリサイ派

ファリサイ派は、一言でいうならば、律法主義者である。律法とは、神が民に与えた命令の全体のことで、「ユダヤ教の聖書」（これがキリスト教に継承されて「旧約聖書」と呼ばれることになる）に書かれた律法と、口承の律法がある。書かれた律法も口承の律法も権威があった。律法は神によって与えられたものとされており、ユダヤ人にとっては絶対的権威がある。この律法の規定を細部にわたるまで守ることが神の前で正しい態度だとするのが、ファリサイ派の立場である。

ファリサイ派は、祭司階級でない一般ユダヤ人のなかで律法を学んだ者たちが中心となっており、ユダヤ人社会のいわば知識階級である。律法はたいへん複雑なものとなっており、子どものときから組織的な養成を受けなければ専門家になることはできない。このような教育を受けるためには、生活にある程度の余裕がなければならないので、ファリサイ派はユダヤ人社会の中流以上の者の流れだということになる。

ある程度以上の経済的余裕と時間的余裕があるという条件が背景になっていることは、ファリサイ派の立場が基本的には都市的な性格をもつことも意味する。そしてこの性格は、律法についての彼らのとらえ方にも認められる。

彼らは律法の細々《こまごま》とした規定を守ることを強く主張していた。それらの規定は、律法の全体を、日常生活の範囲内で守ることができるような規定に再解釈したものであった。この操作によって彼らは、神の民であるはずのユダヤ人が非ユダヤ人に支配されているという現実についての問題を正面から扱うことを回避する。

こうして彼らの関心は、律法の再解釈が正当なものなのかどうかという問題と、価値があると認められた日常生活の範囲内での細々とした規定が実際に守られているかどうかについての相互監視に集中する。集会に参加したり、巡礼を行ったり、十分の一税を払ったり、祈りや断食を規定通り行うといった、宗教的に「敬虔」と見なされる態度をとることばかりが重要になる。

こうした立場も、形式主義的なものに陥ってしまいやすい。「杯《さかずき》や皿の外側はきれいにするが、内側は強欲と放縦《ほうじゅう》で満ちている」「外側は美しく見えるが、内側は死者の骨やあらゆる汚《けが》れで満ちている」とされ、「白く塗りたる墓」という厳しい批判がイエスによって向けられ（マタイ福音書二三章）、また日常生活の小規模な規定の問題ばかりに拘泥《こうでい》して、それをこえた律法の次元をないがしろにしていることについて、「あなた方は自分の先祖が殺した預言者《よげんしゃ》の墓を建てている」（ルカ福音書一一章）と批判を受けることになる。

こうした傾向は、「在俗のエッセネ派」の態度に似たものも含めて近代のヨーロッパで生じた敬虔主義やピューリタン主義のキリスト教の流れにも認められるものである。これらの流れは、産業革命の初期に大量に都市に流れこんだ労働者を対象に展開したもので、彼らの生活向上の面では大きく貢献するところがあったが、キリスト教が都市労働者の小綺麗な日常生活実現のための原則を提供する「信心」程度のものに矮小化《わいしょうか》されてしまっている。

敬虔主義やピューリタン主義の流れは、アメリカで大きな勢力となり、これが明治以降の日本に伝えられた「プロテスタント」のキリスト教の主流になってしまった。彼らは神の大きな計画を無視しているので、政治的には寡黙《かもく》であり、また無知である。そしてキリスト教徒とは清く正しい日常生活を行う「クリスチャン」であるというイメージが定着してしまっている。こうした状態が一九世紀から二〇世紀にかけて労働者の社会的地位の向上を求めるキリスト教外部の勢力から特に批判されることになったが、彼らの批判もまったく不適切ではなかったということになる。「あなた方は、知識の鍵を取り上げ、自分が入らないばかりか、入ろうとする人びとも妨げてきた」(ルカ福音書一一・五二)と、イエスによってファリサイ派に向けられた批判は、ユダヤ人社会におけるファリサイ派のあり方だけに当てはまるものではない。

シナゴーグの活動の担い手

ファリサイ派の立場には、ユダヤ人社会内部の社会宗教的差別を生み出すという問題もあった。日常生活における細々とした規則を守ることが、神の前で正しい者であるために必要ならば、そうした規則を守らない者は神の前で正しい者ではないということになってしまう。個々人の心構えが問題である場合もあるだろう。しかし外的状況に問題がある場合もある。貧乏で教育を受ける機会のない者は、細々した規定を知るべくもないといったことも考えられる。また規定がわかっていても、守れない場合もある。

たとえば安息日は、働いてはいけない日とされていた。とすると、たとえば安息日には家畜に水や餌を与える仕事ができないことになる。けれども安息日といえども、家畜に水や餌を与えないわけにはいかない。いくらか余裕のある者は、安息日にだけ外国人を雇うといったことでこの問題を解決できる。だが、貧乏な者には、他人を雇う余裕などない。彼らは安息日にも家畜に水や餌を与える仕事をしてしまう。これは律法違反であるから、彼らは救われないことになる。

こうしてファリサイ派の立場から、ユダヤ人社会のなかに救われる者と救われない者という区別がつくりだされる。特に田舎で教育を受ける機会もなく苦しい生活をしている者は、低く位置づけられていた。救われない者たちは「地の民《ちたみ》」などと呼ばれて蔑視されていたのである。また「罪人《つみびと》」という用語の適用範囲をはっきりさせることは難しいが、いずれにしても「罪人」と呼ばれる者たちがいて、社会宗教的差別の対象となっていた。

したがってファリサイ派もエリート主義者である。しかし彼らは、エッセネ派とちがって、仲間集団の内部で自己満足するのではなく町や村にとどまって他の者たちにも積極的に働きかけた。

すでに述べたように、神殿はエルサレムに一つあるだけであった。多くの者たちは頻繁《ひんぱん》に神殿に巡礼をすることができない。パレスチナに住んでいても、神殿に頻繁におもむくことは必ずしも容易ではないが、当時のユダヤ人にはパレスチナ以外のところに住む者も多く、彼らは「ディアスポラ」のユダヤ人と呼ばれていた。

そこでユダヤ人たちは、いたるところに「シナゴーグ」と呼ばれる会堂をつくって、そこで定期的に集会を行っていた。エジプトのアレキサンドリアのような大都市で、多くのユダヤ人がいるところでは、いくつものシナゴーグが存在したという。またエルサレムにもシナゴーグがあった。

シナゴーグでは聖書が朗読され、その聖書テキストについての解説がなされ、神を賛美するといった活動が行われていた。シナゴーグはまた、ユダヤ人たちの社交の場でもあり、子どもたちに組織的な教育を行う場でもあった。こうしたシナゴーグの活動を中心的に担っていたのが、ファリサイ派の者たちで、彼らは「ラビ」と呼ばれる律法の教師であり、聖書を朗読して解説するのも、彼らの役目だった。

このシナゴーグの活動は、ユダヤ人が自分たちの伝統についてある程度以上の理解をえるうえで決定的な役割をはたしていた。またユダヤ人が地理的にはたいへん広範囲に散らばって生活していながら、全体としてユダヤ人としてのアイデンティティを失わなかったのも、シナゴーグ活動の故であるといって過言ではない。イエスやその弟子たちの活動に多くのユダヤ人が関心を抱き、その意味が問題とされるのも、シナゴーグ活動による素地が存在しなければありえないことである。またこのシナゴーグの活動をキリスト教徒たちが模倣したのが、キリスト教における個々の教会の活動である。

国粋主義者——ゼロテ派

ゼロテ派は、いわばユダヤ国粋主義者である。「ゼロテ」とは「熱心」という意味で、日本語では「ゼロテ派」は「熱心党」とされることもある。ローマ帝国による支配という状況を前にして、多くのユダヤ人は、政治的には無関心ないし無干渉の立場をとる。しかし絶望的ともいえる状況のなかで、それでもユダヤ人の独立王国の実現をめざす者たちも存在した。彼らにとっては、これが神の意志にしたがう態度である。

したがって彼らは律法を遵守《じゅんしゅ》しようとする。しかしファリサイ派のように、整った日常生活を行うだけでよいとするような立場には満足しない。そして非ユダヤ人の支配権力をくつがえすために、彼らは暴力も厭《いと》わない。これはたいへん過激な立場であり、したがってゼロテ派は自ずと少数の者だけが参加する秘密結社的集団になってしまう。彼らのなかのさらに過激な者は、懐《ふところ》に小刀を潜ませて、必要とあらばテロをも辞さないという覚悟をしていたという。小刀はラテン語で「シカ」といい、ここから彼らは「シカリ派」と呼ばれることもあった。

彼らも、神の前での正しい態度についての自分たちなりの理解にしたがって行動しようとした者たちである。しかし小刀でテロを行うといった手段だけでは、ローマ帝国の支配に打撃を与えることはできない。そもそも小さな集団でしかない彼らにとっては、ローマ当局の要人に近づくことさえ容易ではない。ユダヤ人社会における親ローマ派のヘロデ派は、王や領主の勢力だから、彼らに近づくことも容易ではない。そこで彼らは、自分たちの国粋主義的理念からは裏切り者と考えられるようなユダヤ人の小物を狙うことになる。

すでに見たようにエッセネ派はローマ支配の問題に根本的に無関心で、ゼロテ派の目には「親ローマ的」と映る可能性があったと思われる。そのため、白い着物を着て無防備に旅をしているエッセネ派の者が狙われたりしたようである。このような活動は一般民衆のあいだでは、恐怖と猜疑《さいぎ》心を引き起こすばかりである。つぎに誰が狙われるかといったことばかりに関心が向けられてしまう。

したがってゼロテ派は、民全体の独立を目標としながら、民から遊離して、たいていの過激派の秘密結社的集団とおなじような矛盾に陥ってしまう傾向にあった。

潜在的な支持

ゼロテ派は「強盗」という意味の「レースタイ」という名前で呼ばれることもあった。イエスとともに十字架につけられた二人の「強盗」は、ゼロテ派の者である可能性が大きい。

またルカ福音書に記されている「サマリア人《びと》の譬《たとえ》」(ルカ福音書一〇・三〇―三五)で、旅人が「強盗たち」に襲われるが、この強盗たちもゼロテ派だと示唆されていると思われる。旅人を「半殺し」にしたというのも、まずは十戒《じっかい》の「殺すな」という掟《おきて》を守っているためと考えられる。たんなる物取りの強盗の手口ではなく、律法を守ろうとする意図が感じられ、ゼロテ派の立場とよく一致する。

また通りがかった祭司とレビ人という二人のユダヤ人がこの旅人を助けない(隣人にならない)のも、ゼロテ派によって襲われた者を助けると今度は自分の身があぶなくなると考えたからとするならば了解できることだし、サマリア人が旅人の隣人となって救助活動を行ったのも、サマリア人が外国人で、ユダヤ人社会内部の対立の局外にいるからだと考えるとよく理解できる。

ちなみに、襲われた旅人はエッセネ派の者だったという説があり、これは魅力的な説である。襲われた旅人がエッセネ派の者ならば、ゼロテ派が彼を襲ったことも理解できる。また通りがかった二人のユダヤ人が祭司とレビ人で、どちらも神殿勢力の者であるとされていることは一つの謎だが、サドカイ派とエッセネ派の対立が前提となっているのかもしれない。しかも、神殿勢力の二人のユダヤ人が、襲われた旅人がおなじユダヤ人であるにもかかわらず、隣人ではないという前提で譬が語られていること、そして反神殿の立場のエッセネ派の者であるこの旅人を彼らが助けないのもよく理解できることになる。

日常生活の道徳のことしか眼中にないようなキリスト教の流れにおいてこの譬は、「困っている人を見たら助けましょう」といった教訓を与えるものとしてしか解釈されていないようだが、ルカ福音書の文脈のなかでは、この譬はそんな暢気《のんき》な教えを述べたものではない。

困っている人を見たら助けるべきかもしれないが、社会内部の厳しい対立において犠牲者となった者の場合には、対立の圏内にいる者が彼を助けることは困難である。対立の圏外にいる外国人ならば助けることができる。しかもこの譬のサマリア人には、援助のための物的な手段（運搬のための家畜や、宿屋の費用）なども備わっている。物的な手段に余裕がない場合には道徳的善意だけでは援助を行えないということが示唆されているのも明らかである。

しかしゼロテ派には、民の側からの潜在的な支持もあったと思われる。イエスが十字架につけられる経緯のなかで、バラバという「強盗」が死刑を免れたとされているが、民衆にある程度の人気のあったらしいこのバラバもゼロテ派の者である可能性が大きい。そしてゼロテ派的な主張は、一世紀半ばを過ぎるころにユダヤ人社会において支配的となる。ユダヤ人全員が武器をとってローマに立ち向かおうという機運が高まったのである。そして六六年に、ローマにたいするユダヤ人による全面的な反乱である「ユダヤ戦争」がはじまる。しかしこの企《くわだ》てはローマ側の勝利に終ることになる。

ゼロテ派との関連でもう一つ指摘しなければならないのは、一世紀前半のユダヤ人社会においては、直接の効果はあまり期待できなくても自分が具体的に行動することには意味があるという考え方が、いくらかの者たちのあいだに存在したという事実である。命を賭《と》してでも行動を起こそうとする例は、ゼロテ派の者たち以外にも存在する。一つは洗礼者ヨハネの例であり、もう一つはイエスの例である。またパウロの疲れを知らない活動も、こうした「熱心」の態度のあらわれととらえることができる。

ローマの傀儡――ヘロデ派

ヘロデ派は、ユダヤ人社会のなかの親ローマ的流れの代表的存在である。ローマは支配下にある広大な領域について直接管理を行うこともあったが、被支配民族のなかから選んだ者に「王」「領主」などといったタイトルを与えて管理させることもあった。

パレスチナのユダヤ人社会は、前一世紀後半は、ヘロデ大王によって管理された。ヘロデ大王は、エルサレムのあるユダヤ地方のさらに南にあるイドマヤという地方の出身で、ユダヤ人であるといっても、あまり正統的でない、いわば「半ユダヤ人」だったといわれている。彼は残酷だった面などが強調されて悪役にされることが多いようだが、政治的にはかなりの手腕の持ち主だった。ローマ当局とユダヤ人とのあいだにあってパレスチナを半世紀近くのあいだ管理し、「大王」と呼ばれるようになった。

前四年に彼が亡くなった後は、彼が管理していた領域は彼の息子のうちの三人が引き継いだ。その後は、地域や時期によってはローマ総督が送られてきて管理することもあった。

ローマによる支配は異邦人（非ユダヤ人）による支配であって、ユダヤ人たちにとっては大きな問題だった。しかしヘロデ派の者たちがローマの権力を背景とする自分たちの地位をたんに私利私欲だけで守ろうとしていたとか、たとえユダヤ戦争のような事件が結局起こるにしても、ヘロデ派でない者たちはいつでもどこでも誰もが徹底的な反ローマ主義者だったと考えるのは、不当な単純化である。

ローマの支配がなければ広範囲な安定した平和は実現しないのが現実だった。ヘロデ派の政権はローマの傀儡《かいらい》だったが、ローマが支配維持のためにヘロデ派を利用する一方で、ともかくもユダヤ人の政権の存在が認められていることはユダヤ人たちにも利点があった。

たとえばヘロデ大王は神殿の大修復事業を行った。ヘロデ大王によるユダヤ人の人気取り政策であり、費用のことを考えるならばローマによるユダヤ人懐柔《かいじゅう》政策の一環だと考えることもできるだろう。しかし戦乱直後の安定した時代に必ず大きな問題となる失業の問題を解決する面があっただろうし、惨めだった神殿が壮大かつ豪華なものとなって、神殿の威信回復に資するところがなかったとはいえないだろう。ローマ当局が神殿修復の事業を直接行うことは不可能だが、ユダヤ人政権をとおしてならば、可能である。エッセネ派は政治に無関心なので、特に反ヘロデ派ではなかったと思われる。サドカイ派も政治的現状を肯定する立場だからヘロデ派と対立しているのではなかった。ファリサイ派も政治的無干渉の態度をとることによって、ローマおよびヘロデ派の支配を事実上認めている。

またローマおよびヘロデ派によるユダヤ人懐柔政策には具体的に効果のあった例としてルカ福音書に記されているカファルナウムの例を指摘することができる。カファルナウムの町の長老たち（つまり町のユダヤ人社会の代表者たち）は、町にいる百人隊長（治安維持のためのローマ軍部隊の現場の隊長）について「彼はシナゴーグ（の建物）を建ててくれたのだから」（シナゴーグの建物の建設費用を負担したのだから）「私たちユダヤ人を愛している人物である」とイエスに述べている（ルカ福音書七・五）。

カファルナウムはガリラヤの町であり、ガリラヤ地方の当時の直接の管理者はヘロデ・アンティパスだった。ユダヤ人たちのなかには、ローマやヘロデ派のユダヤ人にたいする「愛」を肯定的に評価する者もいたのである。

差別を受ける存在——一般ユダヤ人

一般ユダヤ人についても確認しておきたい。彼らは生活に追われ、日常生活のさまざまな問題（特に貧困と病気）に苦しめられていて、大多数の者には本格的に意味ある行動を行う余裕も術《すべ》もなかったと考えるべきだろう。宗教的には社会のなかで慣習的に行うべきとされるヤーヴェ崇拝にかんするいくつかの活動——神殿への巡礼、シナゴーグ活動への参加、守れる範囲内での律法の遵守など——を実践していた。また外国人と結婚しない、外国人と交わらないといった掟も比較的よく守られていた。

しかし神学の本格的な問題については無関心であるか、せいぜいのところ浅薄な関心しかもっていなかった。メシアの待望についても、現状をめざましくよくしてくれる存在である程度の理解しかなく、誰がメシアなのかといった謎解き的な関心ばかりが先行していた。また宗教的な運動についても、御利益《ごりやく》（特に病気の癒《いや》し）を求める程度の関心しかなかった。奇跡も、御利益的関心から利用する対象でしかないか、興味本位の見物の対象でしかなかった。

彼らはエリート主義的な指導者層から、程度の差はあるとはいえ、差別を受ける存在だった。エリート主義的な指導者層の側に欺瞞《ぎまん》があることはたしかである。しかし被差別の状況にある者たちの立場が、差別を受けているというだけで正当なものでなければならないといった短絡《たんらく》的な評価は避けねばならない。差別を受けるような状況にあっても、差別を受けることが不当であると十分に主張しえないような場合もあるし、そのような状況に彼らが安住しているような場合もある。

また差別を受けねばならないような状況にあることを余儀なくされているような場合でも、差別的な状況の個々の問題が解決されるべきであるという問題と、社会全体の問題を解決するようなあり方が彼らの側から提案されるかどうかという問題は別である。

2　ユダヤ教の人間観

ユダヤ人だけが救われる

ユダヤ人社会についてさらにいくつかの重要な点を、確認する。

ユダヤ教において人間がどのように考えられているかだが、複雑な問題はともかくとして、とにかく人間はまず二種類にわけられている。ユダヤ人と非ユダヤ人（異邦人）である。これはあまりに当然であるためにかえって見過ごされていることかもしれない。世のなかには、ユダヤ人と、非ユダヤ人であるところの「異邦人」がいるというのが、ユダヤ教における根本的な人間についての考え方である。これはあらゆる民族中心主義に多かれ少なかれ認められる考え方である。

しかもユダヤ教においてこの考え方は、神学的根拠にも裏付けられている。つまり神はユダヤ人の神であって、異邦人の神ではないのである。ユダヤ人は神によって選ばれた「選民」であって、ユダヤ人だけが救われるのであり、基本的には異邦人は救われない。これがいわゆる「選民思想」の基本的な構造である（「ユダヤ教の人間観」の図参照）。

神を畏れる者

しかし異邦人であっても、救いの可能性がまったくないのではない。異邦人はユダヤ教徒になればユダヤ人になるのであって、そうすれば異邦人出身であっても救われる。異邦人出身でユダヤ教徒になった者を「プロゼリット」（改宗者）という。けれども異邦人がユダヤ教徒になるのは、容易ではない。ユダヤ教の神の価値を神学的に認めればよいだけではない。ユダヤ教徒になるには、割礼《かつれい》を受けねばならず、律法のさまざまな規定を守らねばならない。割礼は体に加える印なので一度受けると取り消すことができない。また律法の規定のなかには、ユダヤ人は異邦人と交わってはならないという規定がある。異邦人の家に入ってはならないし、異邦人とおなじテーブルで食事をしてはならない（共卓の禁止）。

異邦人でユダヤ教徒になる者は、それまでの異邦人共同体におけるさまざまなつながりの多くを断念しなければならないことになる。家族全員がユダヤ教徒にならないならば、ユダヤ教徒になった元異邦人の者は、自分の元の家族の者とともに食事もできない。こうしたことが、異邦人がユダヤ教徒になるうえで大きな障害になっていたと思われる。

したがってユダヤ教に積極的な関心を抱きながらも、ユダヤ教徒になる決心がつかない者がユダヤ教の周辺には数多くいた。彼らを「神を畏《おそ》れる者」という。

ユダヤ教の人間観

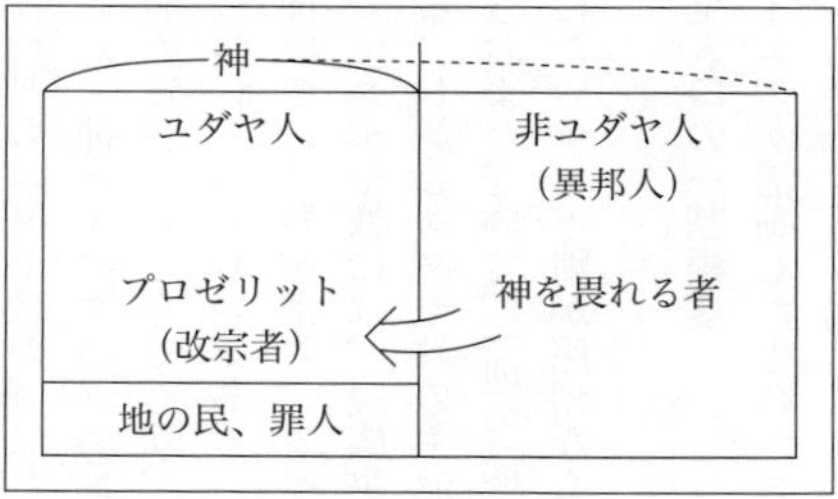

けれどもユダヤ教の側にも、こうした民族中心主義的な立場を乗りこえる考え方が存在していた。神はすべての者の神であり、「神は分《わ》け隔《へだ》てしない」という考え方である。これは普遍主義的な考え方であり、すでに指摘したように「創造神」としての神の考え方に端的にあらわれているものである。

神はこの世界を創《つく》り、すべての人間を創ったのだから、神はすべての者の神である。したがってユダヤ教には、民族主義的・差別的傾向と普遍主義的・開放的傾向が存在したことになる。しかしユダヤ教の主流は、前者の立場だった。そしてこの差別的傾向はユダヤ人内部にもおよんでいて、「地の民」「罪人」などと呼ばれる者たちは救われない者たちとして、彼らにたいする差別が深刻なものとなっていた。

全人口の一割程度

イエスが活動した当時のユダヤ人は、エルサレムを中心としたパレスチナばかりでなく、パレスチナ以外の場所にもかなりの数の者が生活していた。パレスチナ以外の場所では、エジプトのアレキサンドリアとメソポタミアの南部にかなり大きなユダヤ人共同体が存在した。また他の地域にも多くのユダヤ人がいた。

新約聖書の勉強をはじめると、ローマ帝国のユダヤ人のことばかりが語られるが、ローマ帝国の東側にはパルチア帝国という大きな帝国が存在して、このパルチア帝国の領域にも多くのユダヤ人が生活していた。中近東のユダヤ人たちは、基本的にはアラム語というセム系の言語を使っていた。またエジプトや、それから小アジア・ギリシアのユダヤ人はギリシア語を使っていた。しかし各地のユダヤ人は、それぞれの地方で通用する言語も習得していたと考えられる。

すでに指摘したように、各地のユダヤ人はシナゴーグをそれぞれ作って、そこで定期的集会などのシナゴーグ活動を行っていて、かなり広い範囲にわかれて生活しているにもかかわらず、全体としてユダヤ人としてのアイデンティティを保っていた。シナゴーグの集会には、異邦人も参加することができたので、「プロゼリット」や「神を畏れる者」があらわれるのも、シナゴーグの活動の故である。

ユダヤ人の人口がどれほどであったのかを正確に知ることはできないが、ローマ帝国においてもパルチア帝国においても、全人口の一割程度だったとする学者がいる。現代のアメリカ合衆国の黒人の人口は全人口の一一パーセントだとのことである。だいたいの雰囲気を想像できるだろう。どちらの帝国においても、ユダヤ人は少数民族だったが、かなり有力な少数民族だったということができる。このように多数のユダヤ人の存在は、パレスチナから移住したユダヤ人の子孫が増加したというだけでは、とても考えられないという。かなりの数のプロゼリットが存在しなければ、理解できない状況だとされている。ユダヤ教はかなり強い魅力のある運動だったのである。

こうした状況のなかでパレスチナではユダヤ人が多数派だった。そしてエルサレムは、ユダヤ人世界の中心であり、神殿には多くのユダヤ人が巡礼に訪れ、十分の一税が各地のユダヤ人から送られていた。またディアスポラのユダヤ人でエルサレムに移住する者もかなりいたという点においても、エルサレムは特殊である。終末が生じた際にエルサレムにいると有利であるということが、こうした移住者たちが故郷を捨ててエルサレムに定着した動機であった。つまり彼らは宗教熱心な者たちだということになる。

パレスチナのユダヤ人は、基本的にはアラム語を用いていた。イエスもその弟子たちも、アラム語しかわからなかった可能性が大きい。しかしディアスポラのユダヤ人でエルサレムに移住する者のなかには、ギリシア語圏からの者も多く、エルサレムにはアラム語を使うユダヤ人とギリシア語を使うユダヤ人とがいた。エルサレムにいたこのギリシア語を使うユダヤ人を「(ユダヤ教の)ヘレニスト」という。彼らは、初期キリスト教の展開においても、また結局のところ新約聖書成立に帰結することになる動きにおいても、重要な役割を演じる。

地位の低い者も神の代理に

ユダヤ人社会における最高の権威は、いうまでもなく神である。しかしこの神の権威が具体的にどのように表現されるかとなると、問題が複雑になる。

神の権威が表現されているものとしてもっとも安定した形態のものは、やはり律法であるというべきだろう。神殿制度も、ユダヤ人指導者たちの権威も、もともとの成立の経緯がどのようなものであったにしろ、つまるところ律法に基づいたものである。律法をどのように解釈するかについては議論の余地のある場合が数多く存在した。そのような議論の際にも、根拠となるのは基本的には律法そのものである。すでに指摘したように、書かれた律法（「ユダヤ教の聖書」）と、口承による律法があり、書かれた律法も口承の律法もおなじように権威があった。キリスト教の母胎であったユダヤ教において、口承の律法にも、書かれた律法とおなじ権威があったということは、新約聖書の成立に関心をもつ場合には、たいへん重要である。

しかし律法の枠外にも、権威が問題になる場合が存在した。預言者やメシアを通じて神が働きかけることがありうるという考え方が存在した。しかも神は、すでに高い地位にある者ばかりでなく、低い地位の者を代理者として選ぶこともあるという伝統的な考え方が存在した。イエスのような者が活動をはじめた場合に、まったく無視されるのではなく、民衆ばかりでなくユダヤ人指導者たちも、彼がどのような存在なのかを見極めようとするといった態度をとったのは、こうした伝統の存在を前提にしなくては理解できない。

3　イエスが登場したとき

民全体に働きかけたヨハネ

ユダヤ人社会の状況は神の前で不十分なものであった。さまざまなユダヤ人指導者たちも、それぞれの矛盾を解決できず、無気力かエリート主義に陥っていた。一世紀前半におけるこうした状況にたいして、新たな解決策を提案しようとした者たちがいる。そのなかで、私たちにある程度よく知られている者が、二人いる。一人は洗礼者ヨハネであり、もう一人はイエスである。

洗礼者ヨハネは、「らくだの衣を着て、腰に革の帯を締めていた」「蝗《いなご》と野の蜜を食べていた」（マルコ福音書一・六）とされていて、荒野で修行するエッセネ派的雰囲気のある人物である。しかしヨハネの態度には、荒野のエッセネ派のものとは根本的な相違点が存在する。

荒野のエッセネ派は、町や村で他のユダヤ人とともに生活することを厭って、荒野で自分たちだけの共同体生活を行う徹底的なエリート主義集団だった。これにたいし、ヨハネは民全体に働きかけようとしたのである。彼は神の裁きが迫っていると警告し、救われるためには各人の存在の全的な方向転換が必要であるとした。これを日本語では「回心」と訳しているようだが、問題とされているのは「心」といった人間に備わったさまざまな機能のうちの一つの変更だけではない。これは誤解を招きかねない訳語である。

状況は何も変わっていない

ヨハネは、この「存在の全的な方向転換」を示す具体的な印として、洗礼という儀式を受けるようにと呼びかけた。ヨハネのこうした活動はかなりの影響力をもったようである。ヨハネ自身は、自分は準備をする者であり、最終的な解決はまもなく神自身が訪れることによって実現すると考えていたと思われる。

ヨハネの活動の対象はユダヤ人だけに限られていたようで、エッセネ派のエリート主義の壁は乗りこえたが、まだ真に普遍主義的なものではなかった。またヨハネはユダヤ人たちがヨルダン川のほとりに出かけてきて、洗礼を受けるように求めた。

ヨハネの洗礼によって、さし迫った神の訪れに備えることはできるのかもしれない。しかしこれは神学的レベルでの問題の解決でしかない。洗礼を受けるためにヨルダン川のほとりに出てきた者たちの大部分は、ふたたび自分たちの日常生活の世界に戻らざるをえない。そこではユダヤ人社会のあらゆる問題が、洗礼を受ける前とおなじ状態で存在している。被支配の状況は変わっていないし、差別の問題、生活の苦しみの問題も変わらないのである。

日常生活の世界へ

イエスについては「地上のイエス」と「復活のイエス」とを区別しなければならない。ここで注目するのは、あくまで「地上のイエス」の活動のあり方である。

地上のイエスについて確実にいえることは、あまり多くない。イエスという者が存在したこと、パレスチナの社会で活動して、かなりの影響力をもったこと、そしてエルサレムで十字架刑に処されたこと、これくらいだろうか。

福音書の記事などから私たちは、地上のイエスについて比較的豊かなイメージをもっている。しかしこれらの情報は、後のキリスト教徒たちがイエスについて報告していることである。彼らはイエスについての客観的な情報を記そうとしているのではなく、自分たちの立場に見合ったイエスのイメージを示そうとしている。だからといって、すべての情報が事実に対応していないとはいえない。しかし確実なことを知ろうとしてさまざまな情報を吟味《ぎんみ》しはじめると、いろいろと困難な問題が出てくる。

簡単にいうならば、証言に食い違いが存在するのである。しかもどれか一つの証言が正しいと前提することもできない。この問題については、一九世紀を通じて激しい議論が行われたが、結局のところ「イエスの伝記（確実な歴史的事実の叙述）を書くことはできない」という結論にいたった。歴史的事実を知るという観点からは、ほとんどの情報が曖昧《あいまい》だからである。

こうした研究の結果を逆に利用して、キリスト教に反対する勢力から、じつはイエスは実在しなかったのだという説が主張されることもあった。イエスは「弟子たち」がでっち上げた虚構の存在だというのである。これにたいして、イエスは実在したという議論が展開されねばならないといったこともあった。

イエスが公活動をはじめるにいたるまでに、どのような経緯があったのかを確実に知ることはできない。しかし、イエスがヨハネの弟子の一人であった——あるいは、ヨハネの活動にかなりの影響を受けた者であった——可能性はかなり大きい。後のキリスト教においてイエスがヨハネにたいして優越していると示すことに多くの関心が向けられていることから、この可能性が逆に強くなる。またイエスがヨハネ運動の洗礼を受けたことも確実だと思われる。

イエスもヨハネのように民全体に働きかけようとした。しかしイエスの態度には、ヨハネのものとは根本的に異なる点が存在する。ヨハネがヨルダン川のほとりにとどまって、民衆は彼のところに出かけねばならなかったのにたいして、イエスは自分が、町や村の日常生活の世界にいるさまざまな人びとのところに出かけて、働きかけたのである。

「いつまで我慢しなければならないのか」

イエスがかかわった問題が多岐にわたっていて、イエスの活動の性格が簡単にはまとめられない複雑なものになってしまった最大の原因は、イエスのこうした態度にあるといえるだろう。それでもあえて述べるならば、地上のイエスがその比較的短い公活動のあいだに中心的に取り組んだのは、ユダヤ人社会内部の差別の撤廃の問題であった。

イエスは病人を癒し、罪人などと呼ばれている者たちと公然と交わりをもった。特に後者の活動は、ユダヤ人社会の体制の側からは律法違反であるとされる可能性があり、体制側の者たちとの議論が展開することになる。

また神殿制度の経済的搾取《さくしゅ》の問題を激しく攻撃した。彼は、神殿制度が神の前での本来の機能に集中し、神殿がそれにふさわしい姿を取り戻すことを求めたようである。このこととの関連で注目しなければならないのは、神殿の境内にいる商人たちの台などをひっくり返すという直接行動をイエスが行ったことである。たった一人で、商人の台をいくつかひっくり返してみても、それで神殿制度全体のあり方があらたまるものでもないと思われるが、彼はこのように単独の直接行動に出ることにも価値があると考えたのである。

この点において、イエスの態度には、ゼロテ派について検討したところで指摘した、個人的な直接行動にも価値があるとする雰囲気を共有するところがあるといえるだろう。

イエスの活動は、民衆のあいだにかなりの人気を博した。またイエスは弟子たちを集め、イエスの集団は、社会内部の差別撤廃を主張しながら町や村のあいだを移動する巡回集団となっていた。こうした集団を維持するための経済的な問題も生じはじめていたであろう。また一般ユダヤ人の多くは、病気の癒しといった御利益的な面についてしか関心を抱かない。差別撤廃の働きかけについても、人びとは一応は歓迎するようだが、ユダヤ人指導者側からの圧力がかかると、人びとの態度も萎縮してしまう。彼らは自分たちが日常生活をつつがなく送ることしか考えていないのである。「いつまで私は、あなたがたに我慢しなければならないのか」（マルコ福音書九・一九）というイエスの厳しい言葉は、一般ユダヤ人のこうした態度についての悲痛な叫びだと思われる。

イエスが結局のところエルサレムにおもむいて、ユダヤ人指導者の中枢《ちゅうすう》との対決を試みたという行動も、こうした状況について留意するならば、ある程度は理解できることである。しかしイエスはほどなく逮捕されて、ゼロテ派のメンバーと思われる二人の「強盗」とともに十字架刑に処されてしまう。紀元三〇年ごろのことである。

イエス自身がこうした自分の扱われ方についてどの程度予知し、どのような意義を見出していたかについては、私たちの手元の資料には後世のキリスト教の側からの解釈が複雑に入りこんでいて、はっきりとしたことを述べるのは困難である。けれども弟子たちが逮捕されないように配慮した様子がうかがえるところなどから、イエスの側にもこうした扱われ方を求めたところがなかったとはいいきれないであろう。

イエスの活動について、もう一つ確認しなければならない。イエスの活動には、二本の柱があったといえる。「教え」と「癒し」である。これにもう一つの柱を加えるならば、それはイエスが弟子を集めたということである。

イエスの活動については詳しいことはわからないと述べたが、イエスはまず一人で活動をはじめたと思われる。あるいはごく少数の者と活動をはじめたのかもしれない。いずれにしてもイエスは、運動を進める途上で弟子を集めるという活動を行っている。これは、最初のうちは一人ないし少数で行っていたことが、次第にそれでは不足になり、協力者を増やす必要が出てきたことを意味している。つまり「人手」が必要になってきたのである。

このことは、たとえば奇跡による癒しの活動の様子からも、よく理解できる。イエスは奇跡による癒しを行った。ここではその「奇跡」を、どのように現代の私たちが理解すべきかが問題なのではない。それよりもこの癒しの活動の様子が問題である。イエスが超自然的な力をもっていてそれで癒しが実現するならば、たとえば全人類の病気を一挙に癒してもよいようなものである。ところが奇跡の力をもつイエスの場合にも、やはり一人一人の病人がイエスの前に出て、そして癒しを実現してもらわねばならなかったようである。一人一人の患者を医者が診なければならないのと、似ている。この方法では、癒しを行うことのできる病人の数は、たとえイエスといえども、おのずと限られてしまう。

実際に弟子たちの活動は、イエスの活動を肩代わりするようなものであった。そしてイエスとその弟子からなる集団の規模が少しばかり拡大しても、存在するすべての問題を解決はできないということが、避けがたく認識されるようになったのではないだろうか。劇的な結末にいたるような方向にイエスが活動の転換をしたとすれば、このような要因も影響していたかもしれない。

そしてこの問題は、イエスの後に運動を再開した弟子たちにとっても、未解決のままであった。初期のイエスの活動のあり方をたんに真似るだけでは、解決できない問題であることは確かである。弟子たちは、やはり考えねばならなかっただろう。第二のイエス、第三のイエスになっていくだけでは、問題は解決されないのである。

「神の支配」の実現を試みたが

洗礼者ヨハネの活動もイエスの活動も、ユダヤ人のあり方が神の態度に十全に見合ったものではないという認識から出たものであった。ヨハネの活動は、洗礼といういわば「易行《いぎょう》」によって個々のユダヤ人の位置づけを神学的に修復しようとしたものだったが、ユダヤ人社会内部の問題に効果をもたらすところがなかった。

イエスは、ユダヤ人社会内部の問題に具体的に取り組もうとした。ユダヤ人指導者が解釈するところのモーセ律法の支配を退けて、「神の支配」を実現しようと試みたといえるだろう。しかし神学的根拠に基づいただけの働きかけでは、ユダヤ人社会全体は変化しなかった。「存在の全的な方向転換」が全面的に生じることはなく、ユダヤ人社会の逼塞《ひっそく》した状況は継続することになる。

この後、ユダヤ人社会は国際情勢の変化とも相俟《あいま》って、政治的な解放を暴力的手段で実現しようとする傾向に向かっていき、六六年のユダヤ戦争にいたることになる。

書いたものをまったく残さなかったイエス

新約聖書との関連で確認しなければならないのは、地上のイエスの活動とコミュニケーション手段との関係の問題である。地上のイエスが、弟子たちや民衆に教えを述べたり、ユダヤ人指導者たちとの論争を行ったりした際に、律法をどの程度理解し、用いたのかを正確に知ることは難しい。福音書などに記されているイエスの議論にも、後のキリスト教の立場が入りこんでいるからである。

しかしイエスが律法についてまったく無知だったという根拠はない。シナゴーグの集会などを通していくらかの知識を蓄積できただろうし、もしかしたらある程度の組織的な教育を受けたことがあったかもしれない。ただしイエスは読み書きができなかった可能性が大きいことも事実である。

いずれにしてもイエスは、書いたものをまったく残さなかった。イエスは何かを書いたのだが、それは失われてしまったという可能性を退けてしまうことはできないが、イエスが書いたものを何か残したという記録さえない。書くという活動をイエスがまったく行わなかった可能性はかなり大きくなる。

イエスは人びとに直接口頭で語りかけることを活動の中心にしていたのである。これはイエスが民全体に働きかけようとしたという態度とよく見合っている。またシナゴーグなどで、ユダヤ教の神学上の議論や教えに接することも、大部分のユダヤ人にとっては口頭の言葉を通じてであったこととも対応している。そして律法にも、書かれたものとともに、口承のものが同等の権威をもって存在していたことはすでに指摘した通りである。古代においては口頭の伝達における情報の方が権威があったということは、多くの学者が指摘していることでもある。イエスが口頭の伝達を情報伝達の手段としてもっぱら用いたことは、読み書きができなかったために余儀なくされた選択であるという面もあるかもしれないが、当時の状況においてはごく当然の選択であった。

第二章　「復活」したイエス

1　エルサレム共同体の誕生

もっとも厳しい刑罰

イエスがはじめた運動を継承する流れについて、「キリスト教」という呼び名を適宜用いることにする。しかしこの流れは、ユダヤ戦争後にユダヤ教とキリスト教の決別が決定的となるまでは、あくまでユダヤ教の一つの流れである。当時の言い方にしたがって、たとえば「ユダヤ教のナザレ派」という表現で呼ぶ方が誤解が少ないかもしれないが、叙述が煩瑣《はんさ》になってしまう場合がある。「キリスト教」という名称は、ユダヤ戦争後までについては、あくまで便宜的なものである。

イエスを救うために弟子たちが騒ぎを起こすということはなかった。騒ぎを起こさないようにとのイエス自身の指示が、事前にあったのかもしれない。しかしイエスのこうした指示についての示唆は、後になってつくりだされた情報なのかもしれない。いずれにしてもイエスは、弟子たちにさえも見捨てられた形で、孤独に処刑された。

十字架刑はもっとも厳しい刑罰の一つであり、こうした刑に処されるということは、社会においてもっとも否定的な評価が下されたということである。指導者がこのような刑にあったことは、イエス運動に参加していた者たちにとっては、まずは自分の身が危ないことを意味する。弟子たちは散り散りとなり、おそらくエルサレムから遠ざかっただろう。そのままイエス運動を見限った者も少なくなかったと考えるべきである。イエスがはじめた運動は、こうして立ち消えてもおかしくなかった。

神に匹敵する権威

しかし少数の者たちがしばらくしてエルサレムに戻ってきて、イエスがはじめた運動を継続する活動を開始した。当局から危険視された運動を継続しようとすること自体、たいへん勇気がいることである。しかもイエスが処刑された場所であり、当局の目が行き届いたエルサレムでこうした活動を行おうとしたのだから、彼らの選択は一見するとたいへん無謀なものである。

彼らはイエスがはじめた運動を継続する活動を行うのだが、イエスはたんにこうした活動を最初に行った者として位置づけられたのではない。つまり彼らはイエスの地上での活動を、たんにイエスがいなくなったので、かわりに彼らがひきつづいて行うという形で継続したのではない。処刑されたイエスが復活して、彼らにあらわれ、運動を継続するようにという命令を与えたと彼らは主張したのである。

しかもイエスの復活および顕現《けんげん》として報告されている出来事は、公然と生じたのではなく、限定された者たちにのみ密《ひそ》かに生じたとされている。これは、字義通りの現象としては、私たちの合理的な理解の枠をこえたものである。けれどもこの出来事が、社会的にどのような機能をもつことになったのかについて指摘することは可能である。まずこの出来事が、彼らの無謀とも見える大胆な選択に見合うだけの力に満ちたものだった、といえるだろう。したがってこのイエスの復活および顕現の出来事は、彼らの大胆な行動を説明しえる要因となっている。

しかし、つぎのことも確認しなければならない。イエスが復活して彼らにあらわれたと主張することは、イエスが神に匹敵《ひってき》するような権威のある存在だとすることである。ユダヤ人社会にこれまで存在していなかった権威が生じたのだと主張されていることになり、その権威にしたがって行動する者たちが出現したのである。しかもこうした権威は、限定された者たちだけに示されたとされる。イエスが復活して顕現したということは、このイエスの権威が神によって認められたものであることを示すものと解してよいだろう。しかし人間の側でこのことを認めているのは、復活のイエスの顕現が直接生じた少数の者たちだけである。

復活のイエスの権威が社会的に認められるかどうかは、まだわからないのである。復活のイエスの権威がユダヤ人社会で認められるためには、他のユダヤ人を説得しなければならない。つまり伝道の活動を進めねばならないことになり、そのための準備が行われることになる。

一般の者たちへの配慮

エルサレムで活動をはじめた集団は、二つのグループから構成されていた。一つはイエスの弟子たちのグループで、中心は「十二人」と呼ばれる者たちであり、その筆頭はペトロだった。もう一つはイエスの親族からなるグループである。そのなかに後のエルサレム教会の第一人者になる「主の兄弟ヤコブ」がいたと考えられる。しかし「主の兄弟」という言い方の意味はあまりに曖昧で、このヤコブは、普通の意味での「イエスの家族の一員」ではなかった可能性もかなりある。

いずれにしろ、集団全体の指導的役割を担ったのは、まずペトロだった。

彼らは、エルサレムに財産共有制の生活を行う共同体をつくりだす。彼らはガリラヤでの財産をすべて処分してエルサレムに来たと思われ、それらが共同体生活の最初の資金になったであろう。この共同体は荒野のエッセネ派的雰囲気が濃厚だった。ただし場所が「荒野」でなく「都市」の中である。仲間に加わる者は全財産を共同体に寄付した。全的な団体生活が行われ、共同体内部ではさまざまな儀式的活動が定期的に行われていたようである。

また共同体の指導者が「十二人」とされていることが、クムランのエッセネ派共同体の組織のあり方と酷似していることなども、よく指摘される。しかし彼らは神殿の権威と対立するのではなく、祈りのために日々神殿におもむいた。そして共同体のメンバーとして加わることを求める伝道活動が少しずつ行われるようになる。また癒しの活動は、共同体外部の者にたいしても行われたようである。

生前のイエスがこのようなタイプの共同体をつくりだすことを求めていたかどうかは、微妙である。しかしイエスがエッセネ派的雰囲気のある洗礼者ヨハネ集団の出身であった可能性が大きいこと、活動を進めるなかで、弟子の数がかなり大きなものになったことが少なくとも一時期はあったと思われることなどから、こうしたタイプの共同体の形成は、イエスがはじめた運動の流れのなかでまったく新しいことではなかったと考えるべきであろう。

しかもここには共通して、二重の構造が認められる。イエスは民全体に働きかけようとしたが、弟子集団をつくって彼らを優遇した。日常生活の枠内に残る一般民衆にたいしては、癒しなどの日常生活の修復の働きかけと、限られた教えが与えられた。エルサレムの共同体の場合も、共同体に全的に参加する者たちと、彼らから癒しのような利益にあずかる一般の者たちとが区別されている。

このようにして一般の者たちへの配慮が忘れられていないところが、イエスの弟子集団やエルサレムの共同体が、エッセネ派の共同体と決定的に異なる点である。

ただ、イエスの弟子集団は町や村を巡回する活動を行っていた。これにたいしてエルサレム共同体は、エルサレムに定着し、エルサレム以外の場所に活動範囲が広がっても、エルサレムを本拠とする立場を崩さなかった。ここが両者のあいだで大きく異なっている。エルサレム共同体の創始者たちが、この選択について当初どの程度まで意識的に考えていたのかを推し測るのは困難である。しかしこの選択が、キリスト教運動が、既存のユダヤ人指導者の神学的・社会宗教的権威にかわって、「神の民」にたいする指導的役割を担おうとする方向への努力を進めることとよく見合ったものとなっているのは確かである。

イエスの出来事の積極的な位置づけ

けれども、ごく初期におけるエルサレム共同体の伝道活動は、あまり精力的なものでなかったようである。彼らにはまず解決しなければならない問題があったからである。それはイエスの十字架事件という、一見すると否定的このうえない出来事をどのように位置づければよいのかという問題である。

エルサレム共同体の創始者たちは、イエスの復活と顕現という超自然的な事実だけでイエスの権威は神によって認められたと考えたのだから、このことだけを主張するという方法も可能な選択肢の一つだったかもしれない。しかし彼らは既存の権威によっても、イエスの権威を正当化しようとした。

この際に彼らが選んだのは、ユダヤ人指導者たちの権威ではなく、ましてやローマ帝国の権威でもなく、ユダヤ教の聖書の権威だった。彼らはユダヤ教の聖書を繙《ひもと》いて、十字架・復活の事件をふくめたイエスの存在に積極的な意味を与えるようなテキストをそのなかに見つけだす作業を行ったのである。聖書に記されている神の大きな計画のなかに、イエスの出来事を積極的に位置づけようとする試みだった。かなり集中した作業が行われたと思われる。

これはかなり知的な作業であって、ガリラヤの職人や漁師が中心メンバーだった共同体の指導者グループだけでこうした作業が行われたのではないと考えるべきかもしれない。伝道活動を通じて仲間に加わった者たちのなかに、ある程度以上のレベルの知識人がいて、この聖書検討作業を助けた可能性が大きいように思われる。

　こうした知識人は、エッセネ派的傾向の者で、共同体がエッセネ派的雰囲気のものとなっていたことから仲間に加わった者だったのかもしれない。古いテキストを自分たちの目の前で生じた出来事についての預言であると見なして検討するという態度自体が、エッセネ派的だと指摘されたりしている。あるいは、宗教に熱心で聖書などもよく読んでいたと思われる「ディアスポラ」からのエルサレムへのユダヤ人移住者たちで仲間になった者たちのなかに、こうした知識人がいたのかもしれない。いずれにしても、ここにおいて「ユダヤ教の聖書」が権威あるものであることが再確認され、書かれたテキストを本格的に検討することのできる知識人が重要な役割を演じたのである。ただし、聖書全体が権威あるものとされているようでありながら、実際には、聖書のテキストから、役に立ちそうなところだけが選択され、それらのテキストばかりが権威あるとされる、聖書の御都合主義的な扱いが堂々と行われることになってしまっている点、そしてこの御都合主義的選択が人間の判断によるものである点は確認されるべきである。

　この結果、義人や神の僕《しもべ》の苦しみが語られ、それが神の勝利や圧迫されている者たちの解放につながるとされているような箇所が強調されることになる。イエスの死と復活がそこに予告されていると考えられ、こうしたテキストに結びつけられることによってイエスの出来事には救済をもたらす意味があるとされたのである。

また、さまざまなキリスト論的称号が、イエスに当てはめられることになる。「メシア」（「キリスト」）「主」「神の僕」「義者」「聖者」「王」「救済者」などである。そして「イエスはキリスト」「イエスは主」といった単純な文句が、共同体の内外の一般ユダヤ人にたいして強調された。

復活のイエスには権威がある

復活のイエスの権威の根拠づけのために聖書が選ばれたのだが、聖書全体が強調されたのでないことが、重要である。聖書が選ばれたのは、聖書がユダヤ人社会においてすでに権威あるものとされていたからである。しかし、権威があるのが当然とされている聖書の扱われ方に注目する必要がある。聖書の一部分が選択されて強調されたのである。その選択の基準は、ユダヤ人社会にたいする復活のイエスの権威の根拠づけという当面の問題に解決を与えることができるかどうかということであった。

聖書で選ばれた箇所は、エルサレム共同体の指導者たちの立場から有効なものであると判断されたのである。そして選ばれた箇所は、ユダヤ人社会において権威があるのが当然とされている聖書から選ばれたのだから、ユダヤ人社会にたいして権威あるものである。しかし選ばれた箇所だけが強調されるのだから、まずはこれらの箇所だけがエルサレム共同体の指導者たちの立場との関連で、ユダヤ人社会において権威あるものとして機能することになる。

エルサレム共同体の指導者たちの立場とは、復活のイエスには権威があるという立場である。こうしてエルサレム共同体の指導者たちは、神には認められているが、ユダヤ人社会にはまだ認められていない復活のイエスの権威を、聖書の権威を利用しながらユダヤ人社会に認めさせるという活動を行うことを通じて、神とユダヤ人社会のあいだに介在し、ユダヤ人社会全体にたいして権威ある立場に立とうとしているということができる（「エルサレム共同体指導者のユダヤ人社会にたいする立場」の図参照）。

エルサレム共同体指導者の
ユダヤ人社会にたいする立場

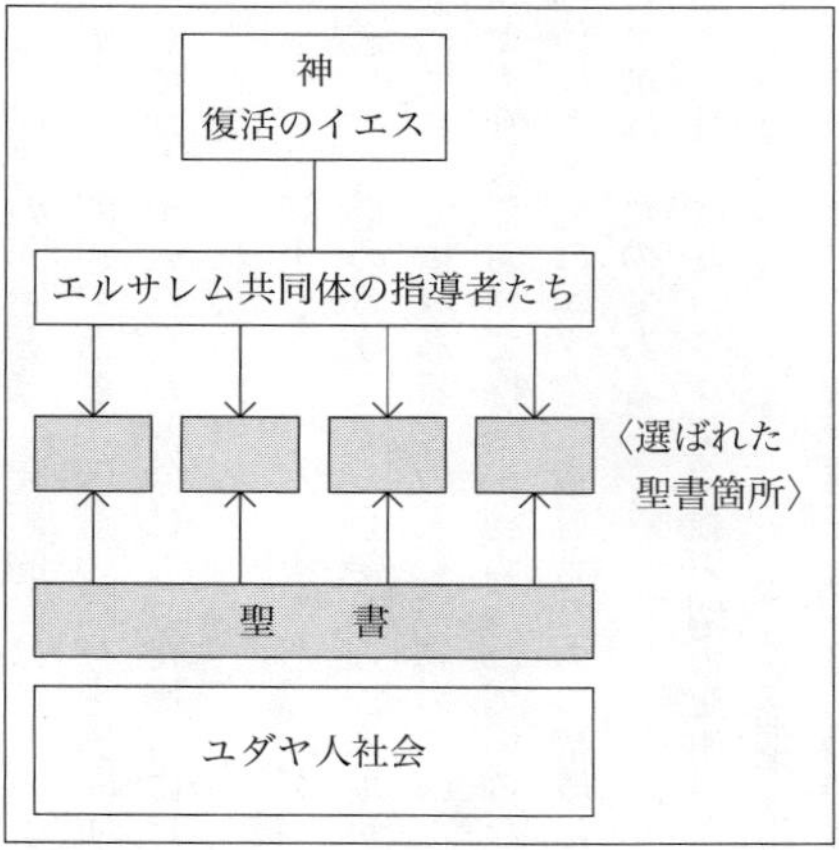

　エルサレム共同体の指導者たちは、神支配実現のためのイエスの活動を継承したのである。神の民を管理するのは既存のユダヤ人指導者ではなく自分たちであり、そのことが認められるようになるために民全体に働きかけるという活動を行っていることになる。

新約聖書がなくても

　彼らの権威は、神によって認められた復活のイエスの権威によって基礎づけられている。伝道の問題とは、究極的には、どのようにすればこの復活のイエスの権威が認められるかという問題である。伝道の活動を展開するなかでさまざまな対象に出会うことになる。そしてユダヤ人社会が対象になった場合には、ユダヤ人社会において権威が認められている聖書が用いられたのである。

思いきって単純化した言い方をすると、ユダヤ人社会において権威が認められている聖書は、伝道活動を進めるうえでの必要から、エルサレム共同体の指導者たちの側からもユダヤ人社会にたいして権威あるものとして認められたということになる。

ユダヤ人社会において権威が認められているならば何でも、そのまま権威が認められたのではない。たとえばユダヤ人指導者たちの権威は基本的には認められていないのである。聖書が特に選ばれたのである。

ユダヤ人社会においてユダヤ教の聖書を用いたのは、具体的な一つの問題にたいする具体的な解決手段の一つである。このときに強調された聖書の箇所だけに最初から権威があって、それに合わせてイエスや弟子たちの活動が行われたのではなく、具体的な活動を進めていくなかでそれらの箇所が有用なものとなったので、それらが強調されるようになったと考えるべきである。

ユダヤ教の聖書が直接の検討の材料として選択されたのは、説得しなければならない相手がユダヤ人社会であって、そこでは聖書が権威あるものとされていたからである。つまりこの場合には、聖書の権威は二次的なものである。さらに一般化するならば、キリスト教が自らについて示すところの説明は、どれも便宜的なもの、二次的なものだということになる。キリスト教は、自分を取りまく社会環境のなかで、すでにそこで了解可能となっている枠組みを利用しながら自らの説明を試みようとしているともいえるだろう。

この指摘は、新約聖書の成立を考えるうえで、たいへん重要である。新約聖書がまとまった一つの書物として成立し権威をもつようになるのは、四世紀以降である。つまりそれ以前のキリスト教には、このような意味での新約聖書は存在しなかったことになる。したがってキリスト教は新約聖書を絶対的根拠とするものだと考えることは、現実のキリスト教の理解としては不十分だということになる。

新約聖書がなくてもキリスト教は存在したのである。キリスト教が新約聖書との関連において考えられるべきなのではない。新約聖書の意義は、新約聖書が絶対的根拠だとされているることもふくめて、歴史の具体的な枠組みのなかでのキリスト教の展開との関連において考えられねばならないことになる。

神の民の全体集会

エルサレム共同体については、彼らが自分たちの共同体を「教会」という名で呼んでいたことも重要である。「教会」はギリシア語では「エクレシア」であって、このギリシア語は「集会」を意味するごく一般的な語である。日本語でも同様だが、多くの人が集まっているだけでは「集会」ではない。何らかの公的な目的をもって多くの人が集まっている場合、

「集会」が成立していることになる。古代の町で何か重要なことを伝えたり決めたりするために人びとが集まれば、これが「エクレシア」である。

しかもこの「エクレシア」という語は、ヘブライ語から訳されたギリシア語聖書で、ヘブライ語聖書とならぶ権威をもっていた「セプトゥアギンタ」(七十人訳聖書)において、神の民の全体集会を示す「クハル・ヤーヴェ」という表現の訳語として用いられていた。

したがってエルサレム共同体は、自分たちの共同体を「神の民の全体集会」と位置づけていたことになる。ユダヤ人指導者たちによって管理されているユダヤ人社会にたいして、自分たちこそが「神の民」であると主張したのである。

つまり地上で神の権威を代表しているとする「民」が二つ存在していることになる。ここにも、ユダヤ人指導者の権威を基本的に退けて、復活のイエスの権威を認めるというエルサレム共同体の立場が主張されていることになる。

2　主流派対ヘレニスト

根深い対立

しかしエルサレム共同体内部にまもなく、重大な分裂が生じてしまう。すでに見たように(第一章)、エルサレムには、パレスチナ以外のところから移り住んだユダヤ人も数多くいて、このなかにはギリシア語を母語とする者たちも少なくなかったと思われる。こうした

「ユダヤ教のヘレニスト」のなかから、エルサレム共同体の仲間になる者が少なからずあった。そして彼らのなかから、教会主流に対立するようになるグループが出現する。彼らが「キリスト教のヘレニスト」のグループである。

ただしギリシア語を話すユダヤ人でキリスト教徒になった者ならば、誰でも「キリスト教のヘレニスト」であるのではない。「ヘレニスト」は、初期キリスト教史における特殊な概念である。エルサレム教会のごく初期、まだエルサレム教会が分裂する以前にギリシア語を話すユダヤ人でキリスト教徒になった者でなければならず、さらに神殿批判の立場などに同調して教会主流に対立した勢力の側にいる者でなければならない。

したがって、この時期にギリシア語を話すユダヤ人でキリスト教徒になった者でも、教会主流と対立しなかった者はヘレニストではない。ヘレニストは、この後に起こる迫害によってエルサレムから追放され、パレスチナ周辺の各地で伝道活動を行い、同調者を増やしたと思われるが、こうしたヘレニストの同調者たちもヘレニストと呼ぶことができるだろう。しかしバルナバやパウロは、ギリシア語を話すユダヤ人のキリスト教徒だったが、ヘレニストではない。またその後、ギリシア語圏においてパウロや教会主流がそれぞれに伝道活動を行って、ギリシア語を話すユダヤ人が数多くキリスト教徒になったと考えられるが、彼らもヘレニストではない。

こうしてエルサレム共同体には、教会主流であるところのアラム語を話す者を中心とする勢力（「ヘブライスト」と呼ばれることもあるが、あまり一般的ではない）と、ギリシア語を話す者の一部からなる勢力（「ヘレニスト」）が存在するようになる。アラム語を話す者たちを中心とする主流派の指導者が「十二人」グループで、その筆頭はペトロである。ヘレニストの指導者が「七人」グループで、その筆頭はステファノである。この区別が使用言語による区別とほぼ重なっていること、つまり文化的な区別であることは重要である。

使徒行伝六・一―七の記述によれば、エルサレム共同体での食事の配給の不公平の問題をめぐって、両者のあいだに対立が生じたとされている。報告されている出来事をそのまま史実と考えてよいかどうかは微妙だが、いずれにしても、食事という人間の生物的存在の根本にかかわるところで差別が行われたとされていることは、両者の対立がかなり根深いものであったことをうかがわせるに十分である。

そしてこうした対立は、すでに存在していた対立が表面化したものと考えるべきだろう。特にしかし両者の対立については、文化的なちがいの他にも原因があったと考えられる。特に注目しなければならないのは、神殿についての態度のちがいであると思われる。エルサレム共同体のあり方の変化についても指摘しなければならない。さらに、ユダヤ人当局との関係において微妙な展開が生じて、その結果、厳しい対立が生じることになったと考えるべきだろう。

「イエスの名において語る」

エルサレム共同体は、ユダヤ人社会の既存の権威を乗りこえる権威が自分たちにあるという立場を成立させていた。それは共同体の外部から見るならば「イエスの名において語る」という態度に典型的にあらわれていた。ユダヤ人当局はペトロなどにたいして、「イエスの名において語る」ことを控えるようにと圧力をかけはじめていた。しかしエルサレム共同体は、ユダヤ人当局と正面から対立するようになることを避けながらも、「イエスの名において語る」ことはやめなかった。

またエルサレム共同体は、エッセネ派的な傾向を強くもちながらも、神殿の意義を全面的に否定はしなかった。神殿の中心的活動である犠牲祭には参加しなかったようだが、神殿に頻繁におもむいて、そこを伝道の場とするばかりでなく、祈りの活動の場としても使用していた。

しかし祈りは、神殿以外の場所でも行える活動とされており、神殿でなければ祈ることができないのではなかった。エルサレム共同体は、神殿が従来のユダヤ教の枠内でもっていたような神学的な絶対の権威は認めないが、神殿が尊重されるべきものであり、彼らにとって有意義なものであることは否定しなかったのである。こうした現実的・功利的な態度には、ユダヤ教の聖書についての彼らの態度とおなじ構造が認められる。

神殿の破壊

しかしキリスト教のヘレニストたちのあいだには、神殿の権威を完全に否定する考え方が存在した。こうした態度が何に由来するのかは、推論することができるだけである。つぎのように考えられるだろうか。

ヘレニストは、神殿の権威は否定しているが、聖書は使用している。これはエッセネ派の態度に通じるものでもあるが、やはり彼らがディアスポラの出身であることから説明を試みるべきだろう。ディアスポラのユダヤ人にとってユダヤ教とは、シナゴーグの活動が中心であり、そこで彼らが日常的に接しているのは聖書の権威である。このことから、彼らが聖書を否定しないことが理解できるだろう。そして彼らがエルサレムに移り住んだのは、基本的には、さし迫っていると考えられている終末において有利な立場に立つためである。終末は、神による直接の全世界的介入であって、そこでは既存の神殿も破壊されるべきものだとされる余地は十分にある。神殿の権威はディアスポラにおいても大きなものであり、終末の出来事に必ず既存の神殿の破壊がふくめられねばならないとはいえないかもしれないが、既存の神殿の破壊もふくまれるという立場も十分に存在しえる。エルサレムにいるディアスポラ出身のユダヤ人たちには、神殿支持派と神殿否定派がいたのではないだろうか。

そしてエルサレム共同体の仲間になった者には、後者の立場の者が多かったと考えられる。エルサレム共同体では、神殿の権威は絶対のものではないとされているからである。しかし共同体の主流は、神殿の権威を完全に退けるのではなく、神殿をある程度は尊重する態度をとっている。こうした態度は、神殿の権威を認めない者たちには、妥協的なものと映っただろう。したがって神殿の位置づけをめぐって、ディアスポラからのユダヤ人出身の者たち(のおそらく一部)と、共同体主流とのあいだに、対立があったことになる。

この神殿の位置づけをめぐる対立と、使用言語に端的にあらわれる文化的な対立が相俟《あいま》って、ヘレニストと共同体主流とのあいだの対立が先鋭化したと考えられるのではないだろうか。

財産共有制の崩壊

すでに指摘したように（本章第一節）、エルサレム共同体では完全な財産共有の共同体生活が行われていた。仲間になる者は全財産を共同体に寄付して、そして具体的に一つの集団をつくって団体生活をしていた。ところがこの体制がまもなく崩れてくる。その原因は、人数が多くなってきたこと、そして特に貧しい者で仲間になる者が増えてきたことである。

あまりに人数が多くなっては、全員がいつも一緒にいるような団体生活をすることが難しくなる。このために自分の家で暮らす者も出てくる。これは私有財産制を認めることを意味する。共同体への寄付は、各人の裁量に任されることになる。それから貧しくて寄付する財産もない仲間が増えると、財源の確保がだんだんと難しくなるという問題が生じてくる。

このために外部への活動において、特に貧しい者については、癒しの活動などが中心となり、共同体生活への参加は強く求められなくなってきたと考えられる。

こうして完全な団体生活をしなくても、エルサレム教会の仲間になることができるようになる。この段階にいたると「エルサレム共同体」という名称はメンバーの全体をさすものとしては適切ではないので、以後は「エルサレム教会」と呼ぶことにする。このころになると、神殿で働く祭司たちでエルサレム教会の仲間になる者が出てくる。完全な団体生活をしなくてもよいという変化があったためだろう。

また神殿をめぐる態度について主流派とヘレニストとの対立がかなりはっきりしてくると、祭司たちは主流派の仲間としてエルサレム教会に加わることができるようになったといったことも考えるべきだろう。神殿について妥協的な態度をとる者たちと、神殿を否定する者たちのあいだのエルサレム教会内部での対立が、このことによってもさらに厳しいものとなったであろう。

ステファノの殺害

このようにして教会主流との対立が深まった状況のなかで、ヘレニストたちは「十二人」の監督の力からある程度離れるようになり、神殿についてのラディカルな批判を展開するようになる。

こうした活動は、ユダヤ人当局の目には、すでに問題視されていた運動の一部の者たちが、さらに過激な活動をはじめたと映るだろう。エルサレム教会は、民衆のあいだではかなり大きな人気を獲得するようになって、エルサレム教会全体に圧力をかけるのは難しくなっていたと思われる。たとえば、祭司のなかからエルサレム教会の仲間になる者が出てきても、ユダヤ人当局はそれを抑えられないのである。

しかし神殿の権威は民衆の多くにとっては無条件に認められるべきものであり、したがって神殿を根本的に否定する立場をとるグループには、民衆の同情は集まらない。そこでユダヤ人当局は、ヘレニスト・グループの指導者格であったステファノを、石打刑で処刑する。そして、このステファノ処刑をきっかけに、エルサレム教会のヘレニストのグループにたいして、迫害を行う。

「十二人」によって指導されているエルサレム教会の主流派は、迫害の対象とはされなかった。そしてヘレニストのグループにたいする迫害が生じても、主流派は、ヘレニストのグループを助けるような行動は一切とらなかった。

迫害の直接の犠牲とならなかったヘレニストたちは、エルサレムから逃げることになる。しかしエルサレム教会主流派は、エルサレムに留まる。

この事件によってヘレニストたちとエルサレム教会主流派との対立は決定的なものとなる。このヘレニストの分離が生じたのは、三〇年代の前半のことと考えられる。

第三章　主の兄弟ヤコブが登場したとき

1　なぜマルコ福音書は成立したか

イエスのあり方にならう――伝道と癒しの活動

エルサレムから出て行かざるをえなくなったヘレニストたちは、サマリアや地中海沿岸の諸都市など、エルサレムのユダヤ人当局の追及がおよばない場所へ逃げて、活発な活動を行うようになる。彼らの活動については、以下の点を指摘することができるだろう。

彼らの活動においては、伝道活動と癒しの活動の二つの面が中心だった。伝道の活動は、「福音を告げ知らせる」ことであり、福音とは「神の支配とイエス・キリストの名についての福音」であった。癒しの活動は、おもに悪霊祓《あくれいばら》いだった。

これはエルサレム教会が対外的に行っていた活動と基本的におなじである。しかしさまざまな町や村に積極的に出かけてこうした活動を行ったところが異なっている。これにはヘレニストたちがエルサレムから追放されてあちこちに行かねばならなくなったという実際的な事情もあずかっているだろう。けれどもエルサレム教会で彼らが接したイエスの言動についての情報に認められるイエスの活動の様子にならったものであると指摘する学者もいる。

また、エルサレムからの追放後、ヘレニストたちがイエスがおもに活動していたガリラヤ周辺においてイエスについての思い出に接したことにより、啓発を受けたところもあったかもしれない。彼らにとっては「イエスにしたがうこと」は、行動の面でもイエスのあり方にならうことだった。これはエルサレムにとどまり、聖書の検討などに専念して、伝道活動にあまり熱心でないエルサレム教会主流派の態度とは対照的な態度である。

ヘレニストの伝道を受け入れた者たちは、洗礼を受けた。これもエルサレム教会の場合とおなじである。エルサレム教会の場合に、洗礼を受けた者が聖霊も受けたかどうか、はっきりしない。ただ、このことはあまり問題にされていない。これにたいして、ヘレニストたちの場合には、指導者格の者たちだけが聖霊を宿しており、一般の信者は聖霊を受けていないとされている。そして、洗礼を受けたが聖霊を受けていない者について、ペトロが手を置くと彼らが聖霊を受けた、とされるエピソードが存在する（使徒行伝八章）。この場合の「聖霊を受ける」は、神との生き生きとしたつながりのことでなく、エルサレム教会の権威の下のメンバーとされたという社会宗教的な位置づけのことである可能性が大きい。

ヘレニストたちは、使徒行伝（八章、二一・八—一六）にいくらか具体的に記されているフィリポの活動のあり方にうかがえるように、しっかりした組織をつくるということにはあまり熱心ではなかったようである。指導者格の者たちにおいては、超自然的な霊の体験が重視され、彼らは霊によって直接導かれながら活発な活動をするが、賛同者たちを各地で組織的にまとめるといった方針はもっていなかったようである。

エルサレム教会の活動はそれまでエルサレムの町に限定されたものだったが、やがてこうして生じた分離派のキリスト教徒たちを母教会としてのエルサレム教会の権威の下に取り戻す活動をせざるをえなくなる。エルサレム教会をこうしてエルサレムの枠から引き出したことは、ヘレニストの活動がエルサレム教会に与えた影響として重要である。またヘレニストの一部は、非ユダヤ人にも伝道活動を行うようになるが、この問題については後で検討する（第四章）。

なぜ口頭の伝達だけなのか

ヘレニストの活動については、重要な点がもう一つ存在する。ヘレニストたちのなかから最初の福音書であるマルコ福音書が誕生した。

マルコ福音書が最初の福音書であるということは、マルコ福音書以前にはこのような文書は存在しなかったということである。したがって、なぜマルコ福音書のようなある程度の長さの文書がここで書かれることになったのかを検討することが重要である。

イエスは書いたものを何も残さなかった。イエスが何らかの執筆活動をした様子もない。イエスは口頭で人びとに語りかけることを、コミュニケーションの手段としていたのである。またイエスの直接の弟子たちも、人びとに口頭で語りかけることを、もっぱらコミュニケーションの手段としていた。

すでに見たように（第二章）、エルサレム教会はユダヤ教の聖書をユダヤ人にたいして権威あるものとして認めて、そこに見出されるいくつかの要素を復活のイエスの権威を正当化するために用いていたが、彼らがユダヤ教の聖書以外に独自の文書をつくりだすという活動は基本的には行っていなかった。

当時の社会における権威ある情報は、書かれたものより、口頭のものの方が価値が高いとされていたという事情があったことによる部分もあるだろう。しかしこのことだけでは、イエスやその弟子たちが新たに書かれたものを生み出さなかったことを説明できない。ユダヤ人社会においてはユダヤ教の聖書も権威あるものとされていたのであり、書かれたものが権威をもつ素地はあったのである。現にユダヤ教においては、この時代にも、さまざまな文書が書かれていた。

したがってイエスやその弟子たちが新たに書かれたものを生み出さなかったことについては、さらに特殊な事情があったと考えるべきである。

イエスについては、まずイエスが教えと癒しという二つの活動の両方を重視していたと思われることが重要だろう。つまりイエスは、人びとに直接はたらきかけることを重視した。また最初は、イエスの活動も小さな規模のものだったので、このような手間のかかる活動を行うことができた。このときには口頭によって語りかけることは、ごく自然な手段だっただろう。しかし活動の規模が大きくなり、弟子の数も増えてきたところで、コミュニケーションの手段について再考する可能性が出てきたかもしれない。しかしイエスは、さらに行動することを選んだ。そして地上のイエス自身の活動は中断してしまう。

弟子たちもこうしたイエスの姿に強く影響されたところがあっただろう。しかしエルサレムにおける弟子たちの活動においては、旧約聖書についてもかなり反省的な態度が見られる。キリスト教運動の規模も徐々に拡大している。イエスの場合には、イエス自身に権威があったのでイエス自身が出向く必要があったといえるのかもしれない。しかし弟子たちの活動は、基本的には弟子たちの外部にある権威（イエスの権威）を他者に認めさせる活動である。つまり弟子たちにとっては、伝道活動において、他の人びとへの情報の伝達が重要となる。この際に、彼らはなぜ口頭の伝達だけをコミュニケーションの手段として用いたのだろうか。

イエスにかんする情報の独占

弟子たちが伝道活動において伝えていたのは、イエスの言動についての情報であった。ユダヤ教の聖書からのイエスにかんする解釈も、つまるところイエスの言動の解釈である。したがって、イエスの言動についての情報が、伝道活動で伝えられる情報の中心となっていたということができるだろう。

ところで復活と顕現をふくめたイエスの言動についての情報をもっているのは、生前のイエスにしたがった弟子たちである。彼らはイエスが言ったこと、行ったことについての直接の証人として、他の者には検証のしようのない情報をキリスト教の基礎となる権威ある情報として伝えていた。イエスはもはや地上にはいないので、他の誰も新たにイエスの言動について の直接の証人になることはできない。復活のイエスの顕現も、十字架事件の直後の時期に、限られた者にだけ生じたとされていた。

したがって他の者は、イエスの言動の直接の証人となることができず、彼らは弟子たちが伝える情報について異議を唱えられないことになる。このことを通じて弟子たちは、他の者にたいして絶対的な権威をもつようになる。

弟子たちから聞いたイエスの言動についての情報を記憶する者もあらわれるだろう。しかしそれは断片的な知識の蓄積でしかない。弟子たちだけがイエスの言動について、全体的な情報を手にしていると主張できるのである。他の者が何か異議を唱えても、弟子たちは、抗議をした者が知らない別の情報を提示して、非難から逃れられるだろう。

特に口頭のコミュニケーションの場面では、断片的知識しかない者と全体的な情報を手にしていると主張できる者が対立した場合、後者がはるかに有利な立場に立つことができる。しかしイエスの言動についての情報を網羅的に書き記したと主張する文書が成立して、それが権威あるものになってしまうとどうなるだろうか。

弟子以外の者は、弟子の証言を聞く必要がなくなってしまう。弟子たちは尊重されつづけるかもしれないが、イエスの言動についての情報を独占することで自分たちの絶対的権威を維持するのは難しくなってしまう。弟子たちは、そのような文書に記されている情報は、じつは網羅的ではないのだと、主張することができるかもしれない。しかしそのような文書が権威あるものとして成立してしまうと、弟子たちが新たな情報を提示しても、今度は弟子たちが勝手な作り話をしているのだと非難されるような場合も生じてくるだろう。

したがって弟子たちは、イエスの言動の情報についてのコミュニケーションについては、口頭のものだけが行われることを維持しようとしたと考えられる。イエスの言動についての情報を書き記したある程度以上まとまった文書が書かれようとしても、圧力をかけて、何としても阻止しようとしていたのではないだろうか。

「引き下がれ、サタン」

ところがマルコ福音書が成立してしまう。マルコ福音書がヘレニストたちのあいだで成立したのは、偶然ではない。ヘレニストは、ギリシア語を話すユダヤ人出身のキリスト教徒であり、彼らのなかにはイエスの直接の弟子だった者は一人もいなかったと考えられる。したがってイエスの言動を記録するまとまった文書を、彼らにとっての客観的な権威を体現するものとしてつくる必要があっただろう。しかもその文書は、イエスの言動を網羅的に記したと主張できるものでなければならない。マルコ福音書がイエスの公活動の「初め」（一・一）からの物語になっている理由は、ここにあるのではないだろうか。

物語は登場人物の活動の様子を時間的経緯にしたがって語る形式である。したがってイエスの活動の「初め」から語りはじめるならば、そこにイエスの言動の全体が語られているという主張を盛りこむことができる。

ヘレニストは、基本的には、イエスの直接の弟子たちが指導者となっているエルサレム教会主流派と厳しく対立した勢力である。イエスの言動を網羅的に記したとされている文書をつくることは、イエスの直接の弟子たちの権威を相対化することにつながるのだが、これはヘレニストの立場にとっては不都合な問題ではない。しかもそのような文書がつくられることを阻もうとするエルサレム教会の圧力は、厳しい対立をしているヘレニストのあいだにはおよびにくかったであろう。

こうしてマルコ福音書が成立する。マルコ福音書はイエスについて書かれた物語であるという点だけでも、反エルサレム教会の立場の文書である。実際、マルコ福音書の内容を見ると、そこでは厳しい弟子批判がくりかえし記されている。ここではそのすべての箇所を示すことはできないが、一ヵ所だけ、もっとも端的な例を示すことにする。マルコ福音書八・三一以下である。イエスが自分の受難について予告する言葉が記された後の文章である。

32 するとペトロはイエスを脇に連れていき、彼を叱りはじめた。
33 彼(＝イエス)は振り返り、弟子たちを見ながら、ペトロを叱って言った。「引き下がれ、サタン」。

ペトロがまずイエスを叱っているのである。つまりペトロはイエスの意図を変更しようと試みていることになる。イエスの言動を、自分たちの都合のよいように変更するところのある弟子たちの姿が反映されている可能性がある。しかしペトロはイエスに叱られてしまう。しかもペトロは、イエスによって「サタン」と呼ばれている。ペトロ自身がサタンなのではなく、ペトロにサタンが宿っているといった解釈もできるだろう。その場合でも、サタンが宿っているとされている者が、この上なく否定的に位置づけられていることに変りはない。

そして弟子たちは、自分たちにとって不利な状況を生み出すことにつながる意味と内容をもつマルコ福音書の成立を阻むことができなかったばかりでなく、それが権威あるものとして次第に認められてくる流れを押し止めることができなかった。

弟子の権威の弱体化

ペトロに代表される弟子たちの権威が弱体化する原因には、さまざまなものがあったと考えられるが（後述）、マルコ福音書の権威の伸張との関連で指摘しなければならないのは、弟子たちの後継の問題である。

弟子たちの絶対的な権威は、彼らがイエスの言動の直接の証人であるということに依拠していた。しかし時間とともに人は老いるという厳然とした現実がある。このために弟子たちには、おなじような権威をもつことのできる後継者が存在しないということになってしまう。どんなに優秀で弟子たちに忠実な若者も、イエスの言動の直接の証人になることができないからである。この問題は、弟子たちの勢力がまだそれほど衰えないころに、すでに感じられはじめていたと考えられる。イエスの言動を記した文書が必要であることは、ヘレニストのように弟子たちと対立する流れ以外でも、すでに無視できなくなっていたのではないだろうか。

書かれたものという根拠

こうしてマルコ福音書は、それまでイエスの直接の弟子たちが独占していた権威を解放する本格的な発端となったといえる。だが、すべての者が平等に、権威をもつようになったのではない。

マルコ福音書は書かれた文書である。したがって読む能力がなくては、マルコ福音書に記された情報を自分のものにすることはできない。弟子たちの権威は、知識の独占に基づいたものであった。マルコ福音書は、その知識を客観的なものにしたのだが、その知識を獲得することができるのは、いわば知識人だけである。読む能力のない者は、読む能力のある者の権威の下に位置づけられざるをえない。一部の者が他の者にたいして権威をもつという構造自体は、変化していないのである。

ただしその権威の根拠は、個人的な過去の体験ではなく、書かれたものであるという可能性が開けたのである。

またマルコ福音書が成立したからといって、すぐに口頭によるコミュニケーションにおける権威の構造がなくなってしまうのではない。マルコ福音書が権威あるものとして成立するかたわらで、口頭による情報も、依然として権威あるものとして存在しつづけた。マルコ福音書の権威も、読むことのできない者たちにたいしては、読むことによって権威ある知識を獲得している者たちからの口頭によるコミュニケーションの権威構造の基盤になっているのである。

加えて、マルコ福音書が、ギリシア語で書かれたということが重要である。マルコ福音書がギリシア語で書かれたのは、マルコ福音書がヘレニストの流れから生まれたからである。そして、使用言語の違いが一つの原因となって、アラム語を話す者からなるエルサレム教会主流派と対立したヘレニストによってマルコ福音書が書かれ、このために最初の福音書であるマルコ福音書がギリシア語で書かれることになったのである。

このことによって、新たに書かれた文書を権威あるものとする伝統が、ギリシア語を用いるキリスト教徒たちのあいだで生まれることになる。この点においても、マルコ福音書の成立は、新約聖書の成立にとって重要な意義をもっている。

2　ペトロの失墜

ペトロの逮捕

ヘレニストの分離は、教会の分裂の危機がはじめて大規模に現実的になった事件である。これ以降のエルサレム教会の基本的立場は、さまざまなあり方で展開するキリスト教の多様化を前にして、エルサレム教会を中心とするキリスト教世界の統一を維持することにあったといえるだろう。この文脈のなかでまず生じたのが、ペトロの権威の失墜《しっつい》と、主の兄弟ヤコブの台頭である。

ペトロは、すぐ後に示すいくつかの例からもわかる通り、たいへん大きな権威を享受《きょうじゅ》していた。そのペトロが具体的にどのように権威を失墜することとなったのかを確信をもって語るのは、困難である。エルサレムでの迫害が生じて、ヘレニストたちがエルサレムから追放されたのは、三〇年代の前半であろう。この後おそらく紀元四四年に、ヘロデ・アグリッパ一世によって、十二人の一人のヤコブが処刑され、ペトロも逮捕されるという事件が起きる(使徒行伝一二・一以下)。ヘロデ王が、十二人の主要メンバーであるヤコブとペトロを迫害の対象としていることは、このころはまだ十二人の権威がある程度以上は否定しがたいものであったことを物語るものだろう。

しかし処刑を免れたペトロは、エルサレムから逃げざるをえなくなる。このときから主の兄弟ヤコブの権威が絶対的なものになったと考えるべきだろう。

あまりに厳しい態度

ペトロの権威の失墜の理由としては、あくまで憶測であることを断ったうえで、つぎのような点を指摘しておくことにする。

(1)すでに見たように(第二章二節)、エルサレム教会においてはメンバーの全員が財産共有制の団体生活を送るという体制は崩れ、私有財産制が基本的に認められるようになっていた。しかし完全な団体生活をする者たちもいた。金持ちで全財産を寄付した者と、寄付する財産などほとんどないような貧しい者で仲間になった者である。このうち全財産を寄付した者が特に尊敬を受けるようになる。すると財産の一部を隠しながら全財産を寄付したかのように偽って、大きな尊敬を獲得しようとする者が出てきて、規律が乱れるようになる。

こうした規律の乱れの問題についてペトロはかなり厳しい態度で臨んだようだが、問題を完全に解決することはできなかった。これはペトロの権威が崩れはじめたことを意味する。またペトロの厳しい方針に恐れを感じる者が共同体の内外で少なくなかったと思われる。

共同体への寄付について虚偽を語った者が、ペトロの言葉を聞くとその場で息を引き取ってしまうというエピソードが使徒行伝に記されている（五・一―一一）。しかもペトロの周囲には「若者たち」が控えていて、そのようにして亡くなった者の死体を素早く葬ってしまう。

このエピソードはペトロの権威がいかに強力だったかを示している。しかしあまりに厳しいペトロの態度の前に、ペトロから距離をとる者たちが出てくるようになる。

無理な主張

(2)またイエスの言動についての情報をめぐる対立も生じはじめてきただろう。ペトロたちがイエスの言動についての情報を独占するあり方にたいする不満は、マルコ福音書が成立することになったことを考えるならば、ヘレニストの分裂の一つの要因であったであろう。

もっともイエスの直接の弟子たちがまだ若く元気で、イエスの言動についての文書成立を阻むための圧力が強かったと考えるならば、マルコ福音書の成立をあまりに早い時期に想定することはできない。どんなに早い場合を考えても四〇年代の後半だろう。あるいは五〇年代から六〇年代はじめのころを考えるべきだろうか。

したがって、マルコ福音書の成立がペトロの権威の凋落《ちょうらく》の直接の発端となったと考えることには無理がある。しかもマルコ福音書は、エルサレム教会と対立していたヘレニストたちのなかから生まれたものである。マルコ福音書は、ペトロたちの権威のあり方にたいする対立がかなり熟した結果として成立したと考えるべきであろう。

しかしマルコ福音書の成立につながるような動きは、この文書が成立する以前から徐々に高まってきたと考えられる。こうした雰囲気はヘレニストたちのあいだにおいてばかりでなく、エルサレム教会の内部にも生じてきていたと思われる。イエスの言動についての情報の伝達手段として、ペトロたちが口頭のコミュニケーションに固執《こしつ》していただろうことはすでに指摘した（本章一節）。ペトロたちが精力的に語ることによって、彼らが伝える情報は他の者たちにも蓄積されるようになる。このことによってもペトロたちの権威は、次第に相対化されてくる。

こうした状況のなかで、ペトロの権威を絶対のものであると示すことがだんだんと必要になってくる。ペトロはかなり無理な主張をするようになったのではないだろうか。

たとえば、マタイ福音書につぎのようなイエスの言葉がペトロに語られたものとして記されている（一六・一九）。

私はあなたに天の国の鍵を与えよう。

この言葉は、イエスがペトロにこの上なく高い神学的・社会宗教的権威を与える約束をしたことを意味する。しかしこの言葉は、ペトロ自身、あるいは少なくともペトロの権威を高めようとする者たちが、イエスの言葉としてつくりだした可能性がある。この言葉は、マルコ福音書にはもちろん記されていない。

ペトロの権威は、ユダヤ戦争後にキリスト教がおかれた状況のなかで高められたといったことも考えられるので、マタイ福音書に記されている上のような言葉が、ペトロがまだ存命しているときにつくりだされたと確言することはできない。

だが、ヘレニストの分離以後のエルサレム教会でペトロの権威が揺るぎだした際に、ペトロの権威を守るために思いきった主張がなされたと想像してみることを不当とすることもできないだろう。そしてペトロ側のこうした態度によって、かえってペトロが敬遠されるようになった面も存在したかもしれない。

たび重なる不在

(3)さらに指摘しなければならないのは、エルサレム以外の場所にキリスト教徒たちが存在するようになったという事実である。エルサレム教会は伝道にあまり熱心ではなかったと述べたが、伝道を避けていたのではない。危険であるにもかかわらずエルサレムを活動の場所として選んだ理由には、エルサレムには多くの者がおり、特に巡礼のために多くのユダヤ人が訪れるということもあったと考えられる。彼らにたいして伝道活動が行われ、少なからぬ賛同者が出た。

こうしてキリスト教徒になる者たちのなかには、そのままエルサレムにとどまる者もいただろうが、エルサレムの域外にある自分の家に帰る者もいた。そして彼らのなかには、故郷の町や村で伝道活動をする者もあったと思われる。またエルサレムを追放されたヘレニストたちは、各地で活発な伝道活動を行い、各地に賛同者が増えている。

この事態を前にして、エルサレム教会からは指導者たちが各地におもむいたようである。母教会としてのエルサレム教会の権威を確保することが、主要な目的だったと思われる。こうした活動にペトロ自身も積極的に参加していたようである。ペトロのこうした態度は、自ら町や村におもむくというイエスの活動のあり方にならったものかと思われるが、確かなことはわからない。

いずれにしても、その後のペトロの活動範囲がかなり広いもので、最終的にはローマにもおもむいたと伝えられていることもあながち否定できないことを考えると、ペトロが長い旅を厭うような人物でなかったことは確かである。

しかしこのことはエルサレム教会の最高指導者であるペトロが、エルサレムに不在がちになることを意味する。ペトロのたび重なる不在は、エルサレム教会におけるペトロの権威を維持するうえではあまりよい影響を与えなかったのではないだろうか。またキリスト教が地理的にも人数的にも拡大してくると、エルサレム教会の指導者たちが各地に直接おもむかねばならないという方針を実行することは、大きな負担になってきたのではないだろうか。この方針はいつか見直されねばならない状況になっていたのだが、この問題についてペトロは有効な解決策を示さなかったと思われる。

ヨハネ福音書を成立させた者たち

⑷ヘレニストの分裂は、ペトロの指導力が絶対でないことを端的に示す出来事である。しかしエルサレム教会には、ヘレニストの他にも、ペトロたちの立場に必ずしも同調しない者たちがいたと思われる。そうした者たちとして指摘できるのが、結局のところヨハネ福音書を成立させることになるような流れである。

ヨハネ福音書は、内容的には神学的ないし哲学的な傾向の強い特殊な文書で、その成立は一世紀末か二世紀はじめと考えられるが、イエスの言動についての情報には共観《きょうかん》福音書（マタイ・マルコ・ルカ福音書）に記されているものとは異なった独自なものがあり、それらのなかには地上のイエスにまでさかのぼるものも少なくないとされている。彼らはエルサレム教会から完全に離れてしまうことはなかったが、自分たちの独自な立場を捨てることはなかった。

既存の体制にとっての脅威

(5)こうした状況のなかで、おそらく紀元四四年に、ヘロデ・アグリッパ一世による迫害が生じることになる。このときの迫害は、キリスト教運動全体ないしエルサレム教会全体にたいするものではなく、また民衆が動員されたのでもなかった。

まず十二人の一人であるヤコブが処刑され、それが「ユダヤ人に喜ばれるのを見て」(使徒行伝一二・三)ヘロデ王はペトロを逮捕する。このような順序を踏んでいることから、ヤコブの処刑は民衆の反応を確かめるための試験としての性格が強いように思われる。キリスト教運動は民衆にかなりの人気があり、ヘロデ王といえども無闇《むやみ》に教会を迫害できなかったのである。そしてこの迫害の最終的な目的は、ペトロを退けることにあったと思われる。

この後、エルサレム教会は主の兄弟ヤコブを頂点として、エルサレムに存在しつづける。ヤコブが指導者ならばエルサレム教会は迫害されないのである。実際このときに民衆は騒がないし、エルサレム教会もこの迫害をきっかけにしてユダヤ人当局と公然と対立するということはなかったようである。

ペトロはなぜ、迫害の対象として特定されたのだろうか。ヘロデ王はパレスチナのユダヤ人社会の管理者である。したがってペトロの存在がユダヤ人社会の秩序にとって好ましくなかったからだと、考えるべきだろう。使徒行伝の限られた記述から推測するしかないが、あえて述べるならば、それはユダヤ人当局の再三にわたる警告にもかかわらず、ペトロが「イエスの名において語る」ことをやめなかったからではないだろうか。

つまり既存のユダヤ人当局の権威を、まったく否定するのではないとしても、相対化する立場をペトロはあからさまに表明しつづけていたのである。このような者が人気の増大しつつあるキリスト教運動の最高責任者であることは、ユダヤ人社会の既存の体制にとって脅威になっていたと考えることができるだろう。

しかも右で検討したようなさまざまな理由から、エルサレム教会内部におけるペトロの権威は必ずしも絶対的なものではなかった。こうした状態を考慮したうえで、ヘロデ王はペトロを退けるべく動いたと考えられる。

ペトロはこのときに処刑からは逃れる。しかし、少なくともしばらくのあいだはエルサレムから遠ざからざるをえなくなり、主の兄弟ヤコブのエルサレム教会における最高指導者としての地位が確定する。これ以後ペトロは、重要な伝道者の一人といった地位に甘んずることになる。ペトロにたいする迫害の手が執拗《しつよう》に迫るということはなかったようである。ペトロがエルサレム教会の最高指導者でないならば、彼はそれほどの脅威にならなかったからであろう。この事件をめぐってヘロデ王とエルサレム教会の反ペトロ的勢力とのあいだに共謀があったかどうかという問題は微妙であり、断定はできない。

主の兄弟ヤコブの台頭

ヘロデ王による迫害によって、ペトロの権威の失墜は決定的となったと考えられる。一方、主の兄弟ヤコブの権威が高いものとして認められる経緯については、具体的に詳しいことはわからない。

ヤコブは、初期教会の展開にとってたいへん重要な人物である。ヤコブは四〇年代の前半から、ユダヤ戦争がはじまる六〇年代半ば過ぎまで、二〇年以上にわたってキリスト教の母教会であるエルサレム教会の最高指導者の地位にあった。こうした役割を長期にわたって担うのに見合うだけの力量が彼にあったということは否めないだろう。

しかし権威を安定して維持することができたのは、やはり彼が「主の兄弟」であること、つまりイエスの血縁の者であるということがあったからだといわざるをえない。彼の権威の根拠は、イエスとの血のつながりである。

すでに若干指摘したように、「主の兄弟」という表現はきわめて曖昧である。「主」が誰のことなのか、はっきりしないところがある。「主」「キュリオス」はギリシア語聖書（旧約聖書のギリシア語訳、つまり「七十人訳聖書」）の用法では、神のことである。しかしイエスについても「主イエス」といった表現が使われるようになっていた。「主」が「神」だとすると、ヤコブは「神の兄弟」ということになるが、人間が「神の兄弟」であることは、基本的にはあり得ない。とするなら「主」はイエスのことで、ヤコブは「イエスの兄弟」ということになり、イエスの血縁の者ということになる。ならば単純に「イエスの兄弟」あるいは「主イエスの兄弟」と言えばよいのに、なぜそう言わないのか。こう考えてくると、ヤコブは組織の統一・運営に優れた力量がある者でしかなく、イエスとの血のつながりはなかったのかもしれないと疑いたくなる。しかし、マネジメントの能力が優れているというだけでは権威が足りない。そこで「主の兄弟ヤコブ」という言い方が採用された。ヤコブが「イエスと血のつながりがある兄弟」だとはっきり言ってはいない。だから嘘ではない。だが実際には、事情に疎い者たちは、ヤコブの権威をイエスと結びつけて考えてしまう。こうしてヤコブの権威が確保される、といった事情だったのかもしれない。

さまざまな意味で多様化し拡大しつつあるキリスト教世界を統一する権威の根拠として、血縁の原理を採用することは一つの巧妙な選択である。ペトロや彼を中心とするグループのように、イエスの言動についての直接の証人であることを権威の根拠としていたのでは、まず後継者が存在しえないということが問題になる。またイエスの言動についての情報を保持しているということに重点をおくならば、知識は伝達によって他の者も獲得できるので、いくらかの時間がたって以後は、競合者があらわれるようになるだろう。指導者の神学的立場や宗教的・人間的価値を根拠にする場合にも、競合者があらわれるのは避けられない。

しかし血縁の原理を権威の根拠とするならば、権威を担いえる資格をもつ者の数はかなり少数になる。血縁関係のない者には指導者となることを主張する根拠は存在しないので、混乱を避けることができる。統一のための権威が、さまざまな立場をこえて集団全体によって認められるという状態を安定して維持することが比較的容易である。また後継者を順次立てていくこともできる。

エルサレム教会はユダヤ戦争をめぐる混乱のなかでヤコブを失い、事実上崩壊して、キリスト教世界における重要性を失うが、それでもヤコブの後継者としてイエスの従兄弟であるシメオンという者が選ばれ、さらにイエスの兄弟であるユダの二人の孫とされる者が跡を継いだようである。

イエスの忠実な継承者

また実際の指導においてヤコブは、たいへん現実的で柔軟かつ慎重な態度を示したようである。

彼は、少なくともエルサレムにおいては「イエスの名において語る」ことを避けていたようである。このことは、ユダヤ人当局との衝突を招かないために必要だっただろう。しかしエルサレム以外の地域で、伝道者たちがイエスの名において語ることを強く禁止することもなかった。

またヤコブはユダヤ人でキリスト教徒になった者には、律法を厳しく守ることを求めたようである。キリスト教徒となるようなユダヤ人は、ユダヤ人であることをやめるのではなく、かえって模範的なユダヤ人とならねばならないのである。ヤコブ自身もたいへん敬虔《けいけん》な生活を送り、それ故にエルサレムの民衆から大きな尊敬を受けていたようである。しかし異邦人でキリスト教徒になった者についての問題が生じると、かなり妥協的な選択を行った（後述）。

彼は律法を重んじたが、民族主義的な態度に閉じこもるのではなく、律法を普遍的に適用できるような方向への努力を行っていたといえるだろう。いわばユダヤ教の普遍主義的拡大を企てていたといえるかもしれない。

イエスも律法そのものの権威を完全に否定していたのではなかったと思われることを考えるならば、神学的・社会宗教的差別を乗りこえた神の国を実現するというイエスの運動のあり方を、もっとも忠実に引き継いでそれをユダヤ民族の枠外にも拡大しようとしたのはヤコブであるといってよいのかもしれない。ユダヤ戦争の混乱による挫折がなければ、イエスのはじめた運動は、律法を否定しないで、しかしユダヤ民族の境界を越えるところがあるという、拡大した新しいユダヤ教といったものに結実したかもしれない。

第四章　パウロの分離

1　パウロの回心

なぜ命を狙われたのか

パウロはディアスポラのユダヤ人であり、小アジアのキリキアにあるタルソスという町の出身である。ユダヤ人として高い教育を受けただけでなく、ギリシア的学校教育も受けたと思われる。ローマ市民権をもっており、これは当時としてはたいへん特権的なことだった。そしてローマ的なものに大きな共感を抱いていた。

パウロが生まれたのは紀元一〇年ごろと考えられる。イエスよりもいくらか年下だが、イエスとほぼ同時代の人物としてよいだろう。キリスト教に回心する前に彼がゼロテの一員であったという仮説が存在するが、否定してしまうことはできないと思われる。その根拠としてあげられるのはつぎのような点である。

第一に、パウロはディアスポラのユダヤ人で、ファリサイ派としての教育をかなり組織的に受けた知識人だった。ゼロテの立場も律法遵守《じゅんしゅ》を基本としており、ファリサイ派的な律法遵守の素養は、ゼロテ的精神の基盤となる。

第二に、彼はステファノを処刑した活動家たちのなかに混じっており、ステファノの仲間にたいする精力的な弾圧活動をしていた。そしてパウロは、自分を突き動かしていたのは父祖の伝統を守ろうとする「熱心さ」であると語っている(ガラテヤ書一・一四、フィリピ書三・六)。これは民族主義的かつ行動主義的なゼロテの立場に一致する。

第三に、エルサレム教会の仲間に入るにあたってパウロには多くの困難があり、結局は暗殺の危機を逃れるために逃げ出さねばならない(使徒行伝九・二六―三〇)。

第四に、パウロがエルサレムへの最後の訪問に旅立つ際、彼はエルサレムに向かうことに命の危険を感じている(ローマ書一五・三一)。

第五に、実際、ローマ当局によって捕らわれているパウロを、四〇人以上のユダヤ人たちが誓いを立てて殺そうとしている(使徒行伝二三・一二―二二)。

第三点・第四点・第五点に示したようにパウロの命が特定して狙われるのは、秘密結社の裏切り者にたいする制裁が問題となっている可能性が高い。いずれにしても彼は疲れを知らない活動家であり、自分の個人的な行動に大きな意義があると考える態度――ゼロテのメンバーや洗礼者ヨハネ、そしてイエスに認められる態度――がパウロにも認められる。

パウロの活動は、後のキリスト教の展開にとって大きな意義をもつことになる。しかしつぎのことを確認しなければならない。パウロは基本的に、ペトロそして主の兄弟ヤコブを頂点とするエルサレム教会の側に属していた人物である。彼はエルサレム教会主流と厳しく対立することになるが、最終的にはヤコブの権威の前に屈することになる。そして結局はローマ当局に捕らえられ、囚人として生涯を閉じる。パウロはこのまま、忘れさられたかもしれない。

しかしユダヤ戦争後のユダヤ教とキリスト教の分裂の後で、パウロはいわば再発見されて高く評価されることになる。

回心——ダマスカスの出来事

エルサレム教会でヘレニストの分裂が生じはじめたころ（三〇年代前半）、パウロはエルサレムにいた。そしてヘレニストへの迫害が生じたときにパウロはステファノを石打ちにした活動家たちのなかに混じっていた（使徒行伝七・五八、八・一）。

ステファノの仲間たちへの迫害をさらに推し進めるべく、彼はダマスカスにおもむこうとする。そして使徒行伝で報告されているところでは、その途上でパウロはキリスト教に回心する。有名な「ダマスカスへの途上の出来事」である。あるいは単純に「ダマスカスの出来事」といわれることもある。ヘレニストへの迫害が起こった直後のことだから、三〇年代前半のこととするべきだろう。

この出来事については使徒行伝に三つの話が記されている。しかしパウロの書簡では、この出来事については控え目にしか語られていない（ガラテヤ書一・一五—一六、第一コリント書一五・八—九）。使徒行伝の物語では、パウロに復活のイエスがあらわれたとされている。

この回心によってパウロのその後の態度に大きな変化が生じたことは、確かである。しかしパウロがユダヤ教を捨てて「キリスト教」に回心したと理解すると、誤りを犯しかねない。そもそも当時は、ユダヤ教とは別のキリスト教なるものはまだ存在していない。本書のこれまでの叙述で「キリスト教」という表現を用いているが、これはすでに断ったとおりあくまで便宜的なものである。イエス運動を引き継いだ者たちが行っている運動は、まだユダヤ教のなかの一つの流れにすぎないのである。

そして実際のパウロの立場もユダヤ教を捨てさったものではなく、ユダヤ教の神にいかに忠実であるべきかの模索から変化が生じたものだと考えるべきである。

エルサレム教会と同等の権威

ではこの変化は、どのようなものだったのだろうか。復活のイエスがあらわれたとされていることとの関連で考えることができると思われる。復活のイエスがあらわれたとされていることから確認できるのは、パウロが復活のイエスの権威を神的なものとして認めたということである。つまりこれ以降のパウロの行動は、復活のイエスの顕現において認められるところの神の権威に直接基づいたものだとされていることになる。

このことは同時に、既存のユダヤ教の地上のさまざまな権威がパウロにとって相対化されたことを意味する。たんに「父祖の伝統」に忠実であるのではなく、神に直接に依拠することが彼の行動の基本的な姿勢となったのである。

しかしパウロ自身が書簡のなかで、この劇的で根本的な出来事を具体的に語っていないのは、やはり奇妙ではないだろうか。

ところで復活のイエスがあらわれたことには、もう一つの機能がある。この主張において、エルサレム教会の指導者たちに生じたものと同様の現象がパウロにも生じたとされている。このことはエルサレム教会の指導者たちが有する権威と同等の権威がパウロにも存しているると主張するための根拠になりえる。

とするならば、復活のイエスの顕現の要素がパウロの回心の出来事の話に結びついたのは、エルサレム教会の指導者たちの権威に匹敵するような権威がパウロにも必要になったためだと考えてみることもできるかもしれない。

つまり復活のイエスの顕現の要素が回心の出来事に結びつくようになったのは、パウロがエルサレム教会から決別して、独自の活動をはじめ、エルサレム教会の活動と競合するようになってからだと考えられるかもしれない。

これはいささか大胆な仮説だが、このように考えるならばパウロ自身が書簡のなかでこの出来事をあまり具体的に語っていないことがかなり無理なく了解できるように思われる。

いずれにしても回心の後、パウロはダマスカスに行き、アラビア（いまのヨルダン）で伝道活動を行う。そしてダマスカスに帰るが、ダマスカスから逃げざるをえなくなる。回心のおそらく三年後にパウロはエルサレムにおもむいて、ペトロおよび主の兄弟ヤコブに会う。

しかしこのときには少数の者にしか会わず、滞在も一五日間と短いものだった。パウロがダマスカスから逃げたり、エルサレムに長く滞在できなかったりした主要な原因は、彼が「ユダヤ人」（パウロのかつての仲間であるところのゼロテ派の者たち？）に命を狙われていたためだと思われる。

パウロは故郷の町タルソスへ帰ることになる。この時期のパウロの立場は、イエスの言動にかんする伝承に基づいたエルサレム教会主流のものと異なるところがなかったと思われる。異邦人出身のキリスト教徒に割礼を免除することについてパウロがどれほど明確に考えていたのかはっきりしないが、いずれにしてもパウロはこの点についてかなり慎重であったと思われる。もしかしたらパウロの立場はすでにかなり明確だったのかもしれない。しかしエルサレム教会の活動のあり方との関連においてパウロは、意識的に慎重だったとも考えられる。エルサレム教会側も、このことをある程度は了解していたと考えられるが、このことについては、アンティオキアにパウロが呼ばれた様子を検討する際に、ふたたび触れる。

2 アンティオキア事件の波紋

多様性を許容する都市——アンティオキア

エルサレムを追放されたヘレニストたちのなかには、異邦人（非ユダヤ人）にたいしても伝道活動を行う者が出てくるようになる。フィリポスがサマリアで行った伝道活動が、その最初の例として使徒行伝に記されている（使徒行伝八・五以下）。

ルカ文書（ルカ福音書と使徒行伝）におけるサマリア人の位置づけには微妙な問題がある。したがってルカ文書の立場では、サマリア人についてかなり好意的、例外的な位置づけがなされているという可能性をまったく退けてしまうことはできない。しかし基本的には、やはりサマリア人をユダヤ人の範疇《はんちゅう》に入るものと見なしてしまうことはできないだろう。

とするならばフィリポスの活動によって、ユダヤ教徒にならずに回心した者がキリスト教徒となるという事態が生じたことになる。使徒行伝の物語では、フィリポスの洗礼によっては聖霊が降《くだ》っていないということが問題にされ、事態を修復するためにエルサレム教会から介入があったことが記されている。しかしこのように非ユダヤ人がキリスト教徒になること自体については、当初、エルサレム教会は特に問題視しなかったようである。

ところがヘレニストの一部の者が、アンティオキアで「ギリシア語を話す者たち」にも伝道活動を行うようになる（使徒行伝一一・二〇）。アンティオキアはシリアの大都市で、オリエントとの商業の結節点であり、住民はコスモポリタン的だった。

「コスモポリタン」という語は「国際的」と単純に訳されることが多い。簡単にいうならば、さまざまな種類の者が混ぜ合わさった状態のことである。コスモポリタンな状況は、帝国支配のような広大な地域で平和が維持されるような枠組みで、特に大都市に生じてくる。「コスモポリタン」「国際的」というと、多様な価値に開放的でたいへん自由であるような肯定的な雰囲気があるかもしれない。確かにそのような面も存在するが、裏を返すと、多様な価値が並存する大都市の環境のなかで、どの価値にもしっかりと属していない孤独な個人が生じてしまう環境でもある。

このアンティオキアには、少数派とはいえかなりの人数のユダヤ人も移り住んでいた。そこにユダヤ人であるヘレニストがやってきて、ユダヤ人だけでなく、非ユダヤ人にも伝道活動を行ったのである。

アンティオキアにヘレニスト系の教会とエルサレム教会系の教会の二つの教会が存在したのかどうかは、微妙である。一つの教会しか存在しなかった可能性がある。この場合、エルサレムにおける神殿の評価をめぐる対立、文化的違い（言語の違い）をめぐる対立は、アンティオキアではあまり意味がなかったということになる。また二つの教会が存在したと考える場合、エルサレム教会系の教会が、ヘレニストの活動以前から存在していたのか、それともヘレニストの活動があったためにエルサレム教会の活動もアンティオキアで行われるようになったのかは、判断しがたい。

いずれにしてもこれ以降「アンティオキア教会」として問題になるのは、エルサレム教会とつながりのある教会である。この教会に非ユダヤ人出身のキリスト教徒がメンバーとして加わるようになる。この結果アンティオキアに、ユダヤ人出身と非ユダヤ人出身のキリスト教徒からなる教会が出現する。

非ユダヤ人出身のキリスト教徒――たとえばサマリア人――だけからなるキリスト教共同体は、それ以前にも存在していた。しかしユダヤ人出身と非ユダヤ人出身のキリスト教徒が混じった一つの教会が成立したのである。これは新しい事態である。紀元四〇年前後のことだろう。

このような事態について、アンティオキアのユダヤ人社会から厳しい批判が起こった様子がない。これはあらためて考えてみると、いささか驚くべきことかもしれない。こうしたことには、やはり多様性・異質性を容易に許容する大都市アンティオキアのコスモポリタン的雰囲気のあずかるところがあったと思われる。

使徒行伝ではこの出来事の前に、カイサリア（やはりコスモポリタン的都市）におけるコルネリウスの回心のエピソードが記されているが、コルネリウスの回心は実際にはおそらくアンティオキアにおけるユダヤ人・非ユダヤ人出身のキリスト教徒からなる教会成立の後に生じたと思われる。いずれにしても初期教会の展開の流れにとっては、アンティオキアでの出来事の方がはるかに重要だった。

広大なパースペクティヴ

この新しい事態にたいしてエルサレム教会が動きだすことになり、キプロス出身のレビ人でエルサレム母教会で高い地位を獲得していたバルナバがアンティオキアに派遣される。彼は、おそらくアンティオキア教会にたいするエルサレム教会の母教会としての権威を確認したうえで、アンティオキアでの新しい現実をそのまま容認した。

これによって、異邦人出身でユダヤ教徒にならずに回心した者と、ユダヤ人出身で回心した者とが同一のキリスト教共同体のメンバーになりえることが、エルサレム教会によって認められたことになる。

ユダヤ人が異邦人と同一の共同体に参加して交わりをもつことは、伝統的な律法の観点からは許しがたいことである。エルサレムで神殿の権威を徹底的に否定していたヘレニストは、共同体構成員にかんする律法のこのような規定も無視することを厭わなかった。そしてエルサレム教会は、神殿の権威を否定したために迫害を受けたヘレニストを助けようとしなかったが、アンティオキアで律法の規定を無視した共同体が成立すると、それを容認したのである。エルサレム教会は、おなじような事態についても、それを取りまく状況によって柔軟な態度をとれることがうかがわれる。

ここでは、アンティオキアがコスモポリタン的大都市であることが重要である。そしてアンティオキアがパレスチナのユダヤ人社会の圏外にあることもあって、この大都市ではユダヤ人当局の圧力がおよびにくかったために、エルサレム教会側がこうした態度をとれるようになったと考えるべきだろう。

このことについてのバルナバの態度は、エルサレム教会の立場を反映したものでなく、いわば個人的な逸脱であるといった場合を想定することもできるかもしれない。しかしエルサレム教会にとって伝統的なユダヤ教の諸価値はじつは二次的なものであることは、すでに指摘した。したがってバルナバの判断を個人的な逸脱であると一概に決めてしまうことはできないだろう。バルナバが示した態度はやはり、エルサレム教会の基本的立場に合致したものと考えるべきである。

エルサレム教会は、所与の社会状況のなかで尊重されるべきものを無闇に否定することは控える態度をとる。しかし異なった社会状況において可能だと判断されるならば、大胆な判断を示す用意がある。エルサレム教会が根本的な原則にたいしてどのように忠実であるのか、そしてどのように現実的で柔軟な態度をとれるかを示すよい例ではないだろうか。

こうしてアンティオキアにおいて、非ユダヤ人が共同体のメンバーになりえるという広大なパースペクティヴがキリスト教に開ける。バルナバはここで、タルソスに退いていたパウロを呼びに行く。バルナバもパウロもアンティオキアの教会によく溶けこみ、共同体の指導的役割を分担するようになる。

ローマ的都市を伝道の対象に

バルナバとパウロはしばらくのあいだアンティオキアを中心に活動をしていたが、おそらく四〇年代の半ばごろ、彼らはアンティオキアから伝道旅行にでかけることになる。パウロはこの伝道旅行の後、さらに二回の大規模な伝道旅行をしたと数えるのが伝統的な見方である。そしてエルサレムで捕らえられ、長く拘留された後、最終的にローマに送られる。したがってパウロは、パレスチナから三度にわたって伝道旅行に旅立ち、そして最後にローマへ護送されることになる。

第一回の伝道旅行でバルナバとパウロは、アンティオキア教会からの使者という資格で旅をした。したがって費用について基本的に教会の援助を受けていたと思われ、教会の方針にある程度は拘束されるということがあっただろう。

この伝道旅行で選択された行き先には、重要な意味があると思われる。

彼らはまずキプロス島におもむき、その後パンフィリア州ペルゲからデルベまで行き、引き返してアタリアに着く。以下では、使徒行伝（一三章以下）における記述を基にして検討する。

まず、キプロス島での活動についての叙述に、地方総督セルギウス・パウルスという人物が登場する。彼は「賢明な人物」とされており、そして「信じた」とされている。使徒行伝の記述では、パウロはじつはここまでサウロという名で呼ばれており、ここでパウロという名があらわれて、これ以降はこのパウロという名で呼ばれる。そしてこのエピソードにおいて、ヨハネ・マルコという助手がいたと記されている。

その後、一行は海をわたって、小アジアのパンフィリア州ペルゲに着く。この町は大都市でありながら、彼らが伝道をした様子がない。ここでヨハネ・マルコは、エルサレムに帰ってしまい、バルナバとパウロは、ピシディア州アンティオキアへ向かう。ヨハネ・マルコと、バルナバおよびパウロとのあいだに分裂が生じている。その理由は、伝道活動の場所についての意見の対立であるとしか考えられない。

ここで特にヨハネ・マルコが、（シリアの）アンティオキアでなく、エルサレムに帰ったとされている点に注目する必要がある。ヨハネ・マルコは、バルナバとパウロをいわば監督するために、エルサレムから派遣されていたのではないだろうか。バルナバとパウロは、エルサレム教会側が好ましいと判断する伝道活動の実行を、拒否したのだと思われる。それはピシディア州アンティオキア方面へ向かうためであった。

ピシディア州アンティオキア方面は、ペルゲなどにくらべると、まだ「野蛮人」の多い地域で、旅も困難だったといわれている。そしてピシディア州アンティオキア、イコニオン、リストラ、デルベは、どれもローマ植民都市、あるいはその地位を希望している都市であった。つまりローマ的色彩の強い都市であった。

こうした観察から考えられるのは、小アジアにおいてパウロたちは当初の予定を変更し、ローマ的諸都市を特に伝道の対象として選んだということである。そしてこうした方針変更が行われたのは、キプロス島における地方総督セルギウス・パウルスとの出会いが原因ではないだろうか。

キリスト教徒となったローマ帝国の高級官僚である地方総督セルギウス・パウルスがパウロたちに、ローマ帝国の枠組みを利用しながらキリスト教を広めるという方針を示唆したと推測される。そしてこのことによって態度を大きく変えたのは、やはりパウロであったと考えられる。使徒行伝の記述において、サウロというユダヤ的な名前から、パウロというローマ的名前に変更が行われているのは、こうしたことを示唆しているのではないだろうか。だが、こうした方針は、エルサレム教会側には受け入れがたいものだった。ローマ帝国の枠組みを利用しながらキリスト教を広めるという方針は、パウロのこれ以降の活動のライトモチーフとなる。

「ゼウス」と「ヘルメス」

しかしペルゲにおいてヨハネ・マルコとの分裂が生じた際に、バルナバがパウロと行動をともにしたことを看過するべきではないだろう。

バルナバは、そもそもアンティオキア教会の状況を監督するためにエルサレム教会から派遣されてきた人物である。彼がパウロに同行しているにもかかわらず、さらにヨハネ・マルコがエルサレム教会から派遣されてきたのは奇妙である。エルサレム教会の目にはバルナバも、監視を必要とする人物として映っていた可能性がある。

この問題と関係して、使徒行伝の記述には興味深い指摘が記されている。小アジアのリストラという町を二人が訪れた際に、パウロが足の不自由な男を癒すという奇跡を起こす。これにたいして群衆がギリシア宗教の慣例にしたがって犠牲を捧げようとするエピソードがある。そこで群衆は、バルナバを「ゼウス」と呼び、パウロを「ヘルメス」と呼ぶ（使徒行伝一四・八以下）。周知のように、ゼウスはギリシア神話における最高神であり、ヘルメスはゼウスの権威の下にある神である。群衆は二人のうちどちらに権威があるのかを、よく見極めているのではないだろうか。

そして、問題となるのは、やはり伝道旅行の行き先である。二人はまずキプロス島におもむく。バルナバは、「キプロス島出身」である。最初の目的地を選んだのは、バルナバではないだろうか。そしてバルナバは、キプロス島でどのようなことが起こるのか、より具体的には地方総督セルギウス・パウルスとパウロが出会うことによってどのようなことが生じるのかをある程度予知したうえで、キプロス島を選んだのではないだろうか。

さらに、バルナバがアンティオキアに派遣されてきて、一応のところ事態を収拾《しゅうしゅう》したときに、わざわざ遠く離れたタルソスまでパウロを呼びに行ったことがそもそも奇妙である。パウロは確かに優秀な人物だったろう。しかし大都市であるアンティオキアに、人材が不足していたとは思われない（使徒行伝一三・一参照）。それでも人材が必要ならば、バルナバはエルサレムから派遣されてきたのだから、エルサレム教会からさらに誰かを連れてきてもよさそうなものである。

バルナバは、パウロでなければできないことがあると考えたと思われる。しかしバルナバが、パウロに具体的な指示をした様子はない。バルナバはむしろ、パウロの激しい性格に目をつけていたのではないだろうか。

バルナバの目論見《もくろみ》は、「アンティオキア事件」で、はっきりとした成果につながることになる。

エルサレムでの決定

アンティオキアにパウロたちが帰ると一連の事件が生じて、パウロは結局のところエルサレム教会主流派と厳しく対立する。

ユダヤ地方のキリスト教徒たちがアンティオキアに来て、救いには割礼が必要だと主張しはじめる。パウロとバルナバは、これに反対する。アンティオキア教会はすぐには裁決を下さず、エルサレム母教会に判断を仰ぐべく、使節団を作ってエルサレムに送る。パウロとバルナバもこの使節団のメンバーだった。ギリシア人で割礼を受けていないキリスト教徒であるテトスもしたがっていた。この旅は、紀元四八年のことと思われる。

エルサレム教会でパウロたちが見出した雰囲気は、かなり開放的なものだったようである。テトスに割礼を受けさせようとしたのは一部の者たち――パウロが「もぐり込んできた偽の兄弟たち」と呼んでいる者たち（ガラテヤ書二・四）――だけであった。

エルサレム教会の当時の最高指導者は、すでに主の兄弟ヤコブだった。エルサレム教会では会議が開かれる（じつはこのときの会合は「会議」というほどのものではないとする意見もある。後述）。会議は、自明でない事柄について合意点を求め、その決定を権威あるものとする手段である。エルサレム教会の現実的な態度のあり方が、ここにもうかがえる。

また聖書の文書のなかに会議についての報告があるのは、聖書に記されている個々の事柄のすべてが絶対的なものとされているのではないことを端的に示している。このエルサレム会議では、使徒行伝（一五章）の記述通りではなく、二つのことだけが確認されたとするべきだろう。すなわち、異邦人は割礼を受けなくてもキリスト教徒となりえること、ペトロが割礼を受けた者への伝道の召命を受け、パウロが割礼を受けていない者への伝道の召命を受けたこと、である（ガラテヤ書二・六―七）。

共卓から身をひいたペトロ

パウロとバルナバは、アンティオキアに帰還する。この時、ペトロも、アンティオキアに来る。アンティオキアでは従来通り、ユダヤ人出身のキリスト教徒と異邦人出身のキリスト教徒が同一の共同体を構成していた。

こうした状況を象徴的に示していたのが、「共卓」である。つまりメンバーがおなじテーブルについて、ともに食事をするということが行われていた。アンティオキアにやってきたペトロも、共卓に参加していた。

そこへエルサレム教会のヤコブから遣わされた使者がやってくる。異邦人キリスト教徒の存在が認められたといっても、それはユダヤ人出身のキリスト教徒と異邦人出身のキリスト教徒が同一の共同体を構成することを容認するものでないと確認する。これはエルサレムを訪問した際に合意されたこととして使節団が了解したこととは、異なっていた。

ペトロとバルナバは、このときにヤコブの立場に立ち、異邦人出身のキリスト教徒との共卓から身をひいてしまう。ペトロは最高指導者の地位は失ったとはいえ、依然として大きな尊敬を集める有力者である。しかしパウロは、ペトロを皆の面前で非難する。こうしてパウロとエルサレム教会主流派との対立が、はっきりと具体的なものとしてあらわれてしまう。これが、いわゆる「アンティオキア事件」である。エルサレム会議からほどないころのことだから、紀元四八年か四九年のことであろう。

なぜバルナバを非難しないのか

ガラテヤ書（二・一四）には、パウロがペトロを非難した際の言葉がこう記されている。

「あなたは、ユダヤ人であるのに、自分自身はユダヤ人のように生活しないで、異邦人のように生活している。どうしてあなたは異邦人たちにユダヤ人のように生活することを強いるのか」。

この言葉は遠回しな言い方になっている。「あなたは、ユダヤ人であるのに、自分自身はユダヤ人のように生活しない」とは、たとえば「共卓」といったことについて律法の規定（ユダヤ人は異邦人とおなじテーブルで食事をしてはならない）にしたがわないペトロのあり方を指摘したものだろう。

したがって「（あなたは）異邦人のように生活している」とは、ユダヤ人のような生活（律法を守る生活）ではなく、異邦人のような生活（律法を守らない生活）をしているペトロの態度のことである。

つぎの部分の「ユダヤ人のように生活することを強いる」とは、「律法にしたがう（特に、異邦人とおなじテーブルで食事をしない）という生活を強要する」ということである。

このことをペトロは「異邦人たち」に「強要している」のだが、この「異邦人たち」とは誰のことなのか、微妙である。

まず考えられるのは、すでに「異邦人のような生活」をしているところの、ペトロなどをふくんだユダヤ人出身キリスト教徒たちである。パウロにとって彼らはすでに「異邦人たち」である。このことが前半部分で確認されている。それなのに、またこの「異邦人たち」が律法にしたがわねばならないかのように、ペトロは行動している。ペトロの態度における一貫性の欠如が非難されているのである。

もう一つの可能性は、「異邦人出身のキリスト教徒たちにたいしてユダヤ人のように生活すること」、つまりユダヤ人と異邦人の共卓は許されないということが意味されている可能性である。前者の可能性が大きいと思われる。その上で後者の意味もふくまれているのかもしれない。

いずれにしてもパウロにとっては、キリスト教徒の全員が同一の共同体に参加することが絶対の条件になっていたと思われる。パウロはここでエルサレム主流派と決別し、これ以降、キリスト教徒の全員が同一の共同体に参加することができるあり方を模索することになる。

またペトロにたいするパウロの非難のあり方から、つぎのような点も指摘できるだろう。律法を個人的に完璧に守るかどうかという問題と、キリスト教徒として自分が権威を認めている当局——この場合、エルサレム教会——から具体的な指示があった際にそれにしたがうという問題とを、パウロが混同しているということである。

こうした様子から、パウロにとっては個人にこそ権威があり、そして彼は、少なくとも原則として個人に権威があるという立場が普遍的に誰にでもあてはまると考えようとしていることがうかがわれる。

これにたいしてペトロとバルナバの立場では、エルサレム教会の正式の命令があれば、それ以前に個人的に選択していた態度がどのようなものであれ、エルサレム教会の命令のほうにしたがうべきだとされていることになる。組織の立場がはっきりしていないのならば、個人の判断で行動するが、組織の立場が明らかになって、それが個人の判断と異なる場合には、個人の判断をあらためて、組織の立場にしたがうべきではないだろうか。しかしパウロはこうした点には、まったく触れていない。

それから、たとえ共卓の実践が禁止されても、異邦人出身の者たちがキリスト教徒であることがエルサレム教会主流派の立場において否定されているのではないということが確認されねばならない。二つのカテゴリーのキリスト教徒の交わりを無条件に受け入れることはできないとしているだけである。

ここでもバルナバをめぐる記述は奇妙である。エルサレム教会からの使者が来てペトロが共卓から身をひいたときに、バルナバもおなじ態度をとっている。パウロはこのことも忘れずに記している（ガラテヤ書二・一三）。

しかしパウロが直接非難するのは、ペトロだけである。ペトロとバルナバではやはりペトロの方が格が上で、したがって共卓から身をひくという行為について責任がもっとも重いのはペトロであるとパウロが見なしたためだろうか。そうかもしれない。しかし第一回伝道旅行をめぐっても、バルナバについては奇妙な徴候が認められることは、すでに指摘したとおりである。

バルナバをパウロが直接非難しないのには、相応の理由があるのではないだろうか。ペトロとおなじようにバルナバは、律法主義的な方向にかたむくエルサレム教会の立場を是認する態度をとる。しかしバルナバには、エルサレム教会のこうした動きを全面的に肯定しないところがあったのではないだろうか。パウロは、自分が選びとっている立場がバルナバのこうした面を担うことになっていることに、いくらかでも気づいていたのではないだろうか。

「使徒決定」

アンティオキア事件の結果、最終的にはほとんどパウロ一人が孤立するということになったと思われる。一般信徒のあいだでもある程度の動揺はあっただろう。使徒行伝一五章の物語におけるエルサレム会議で合意されたとする「使徒決定」は、アンティオキア事件やそれに類した動揺から生じた事態を収拾するためにとられた措置《そち》だと思われる。

パウロとバルナバをふくむアンティオキアの使節団がエルサレムにおもむいたときの会合は、まだ会議といえるほどのものではなく、使徒行伝一五章の会議の主要な枠組みはアンティオキア事件以後の会議のもので、そこに使徒行伝の著者によってアンティオキア事件以前の会合の要素が結合されているとする見方があり、かなり説得力のある説だと思われる。

このエルサレム会議では、ユダヤ人出身キリスト教徒と異邦人出身キリスト教徒の共卓を単純に禁止するわけにはいかないという問題が検討された。

使徒行伝に記されている「使徒決定」はモーセ律法から採用したもので（レビ記一七〜一八章）、民のなかにいる「寄留の外国人」が民とともに共同体生活をするために最低限守らねばならないとされていたこと（四つのものを避ける）を援用したものである。すなわち偶像に供えて汚れたもの、性的不品行、絞め殺したもの、血、を避けること）を援用したものである。

イスラエルの民の共同体で生活することを外国人にも許すためのこの規定を守るならば、割礼のないキリスト教徒もユダヤ人出身キリスト教徒とともに共同生活を行ってもよいとされたのである。

意図的な選択

ところで使徒行伝の記述によれば、エルサレム教会の指導者たちはこの「使徒決定」の内容を他の共同体に伝えるために「手紙に記した」とされている（使徒行伝一五・二二以下）。この記述に信憑性《しんぴょうせい》があるとするならば、この手紙は、記録があるものとしては主流派のキリスト教運動の枠内で書かれた最初の本格的文書だということになる。

「使徒決定」を伝えるこの手紙にも奇妙な点がある。「使徒決定」自体は、すべての異邦人出身キリスト教徒が守らねばならないような内容になっている。ところが手紙の宛先は「アンティオキアとシリア州とキリキア州に住む異邦人の兄弟たち」と限定されている（使徒行伝一五・二三）。

これはやはり、エルサレム教会側の意図的な選択であろう。適用範囲が限定されることによって、絶対的なものであるかのような雰囲気をもつ内容の規定が相対化される可能性が出てくる。

このことは本書での中心的関心にとっても、重要である。新約聖書にも書簡の体裁をとった文書がいくつもふくまれており、それらにおいても宛先が限定されている。

たとえば「ローマの者への手紙」（ローマ書）とされている文書の内容は、現代の日本人にも適用されるべきものなのだろうか。内容の個々の要素には普遍的適用性があるように思えるものもある。しかし宛先が限定されている手紙の内容の適用範囲を無闇に拡大するのは不当であるとすることができる余地が、新約聖書の側には常に残っていることになる。そうであるにもかかわらず、宛先で限定されている範囲外に手紙の内容を適用してしまうと、新約聖書の側の立場からは、そのような者たちを宛先で限定されている範疇の内部に組み入れるような力が働くことになるのではないだろうか。

例にあげたローマ書は、現存のパウロの真筆の手紙のなかでは、神学的議論がかなり整理され、展開されているものである。しかしこの手紙は、たとえば「すべてのキリスト教徒への手紙」とはされていない。あくまで「ローマの者への手紙」とされている。

これは文書のタイトルであり、しかもかなり簡潔なタイトルである。読者が見落とすといった性格のものではない。ところが多くの「解釈」においてタイトルにおけるこの「限定」が、まったく無視されている。このような態度で「ローマの者への手紙」に接するならば、たとえその者が「ローマの者」ではなくても、「ローマの者」になってしまうといえるのではないだろうか。

たとえば「ローマの者への手紙」とされている文書の内容を現代の日本人にも適用しようとすると、「現代の日本人」が、新約聖書の立場からは「ローマの者」の範疇に組み入れられてしまうことになるのではないだろうか。

第五章　世界教会の構想

1　パウロの書簡

新約聖書の特殊な性格

パウロの書簡については、プロローグで簡単に説明した。

これらの書簡についてまず強調しなければならないのは、パウロにとってこれらの書簡を書くのは活動の主要な形態ではなかったということである。自分自身があちこちへ出かけていって、人びとに直接働きかけることが、パウロの活動の中心であった。そしてパウロはあちこちに教会共同体を成立させる。

ところがこうしたパウロ系の教会共同体にさまざまな問題が生じる。そのことについての情報をえたパウロは、本来ならば問題のある教会共同体に直接出向いて問題の処理にあたりたいのだが、その場におもむけない事情があるために、いわば次善の策として手紙を書くのである。大部分の書簡は、このような状況で成立した。

したがってこれらの書簡には、基本的には、個々の教会共同体における具体的な問題についてのパウロの考えが記されている。個々の書簡は、それぞれの具体的な状況にある限定された者たちだけに読まれるべきものとして書かれたものである。書簡であれば当然のことだが、それぞれの書簡に具体的な宛先人《あてさきにん》があることで、こうした事情が端的に認められる。個々の書簡も、またそれらが集められた書簡集も、全体として論理整然とした神学論文のようなものであるとしてしまうのは、基本的に誤りである。しかもパウロは活動を進めるなかで、次第に自分の考えを深めていったと思われる。つまりパウロの立場には展開ないし変化が認められる。「パウロの神学」「パウロの思想」といったことがいわれるが、パウロがあらゆる問題について、その活動の最初から最後まで首尾一貫した考え方ないし思想を細部にわたるまでもっていると想定して、それをこれらの書簡全体から知ろうとしても、あまりに多くの問題にぶつかってしまう。特に限定的に適用されるべきものとしてなされている主張を、普遍的に適用できるかのように想定してしまうと無理が生じることになる。

このように具体的・限定的な内容を避けがたくふくむことになる書簡という形式の文書が新約聖書に少なからず収められて権威ある書物の一部とされていることは、新約聖書の特殊な性格の一面となっている。書簡というジャンルの文書はその意義が一過的なものでしかない傾向が強いのだから、残されている書簡から普遍的に適用しえる要素だけを取り出して再構成したものを作って、それを新約聖書に収めてもよさそうなものである。だが、新約聖書が成立する過程においてそのような操作はなされていない。

しかしつぎのことも確認されねばならない。パウロ書簡集は、後に述べるように、一世紀の末になってまとめられたものが基礎となっている。その際に編集者の介入がなかったのではない。たとえば第二コリント書は複数の書簡が集められたもので、それが一つの書簡であるかのような体裁になっている。

また『ローマ書』の末尾である一六章には宛名人等にたいする挨拶が異常に長く記されている。これは一五章までのローマ書の内容がいくつもコピーされてあちこちに配られ、書簡集を作る際にテキストを決定した編集者がそれらをあちこちから集めてきて作業を行い、本論の部分はそれなりに一つにまとめたが、挨拶の部分はコピーによって異なったことが書かれているのをあまり省略せずにならべたためだと考えられている。しかし書簡集の編集者は、そのようにしてテキストが決定された文書が書簡であることは隠していない。

新約聖書は権威があるとされている主張から考えると、そこにふくまれている内容はすべて同様に普遍的に適用されるべきであり、また適用されえるかのように考えてしまいがちだが、その内容には限定的にしか適用されえない要素があることが、書簡形式の文書が書簡として収められていることによってはっきりと示されているのである。

2　「信仰義認」と「十字架の神学」

ローマに中心的教会共同体を

アンティオキア事件以後もパウロは精力的な活動をつづける。しかしパウロはたんに一人でも多くの賛同者を獲得するために手あたり次第に伝道をするといった活動を行ったのではないと思われる。パウロの活動のあり方を詳細に検討することは本書ではできないが、パウロの活動の全体的あり方から浮かび上がってくるパウロの基本的目標とでもいうべきものについて指摘しておきたい。

そのパウロの基本的目標とは、一言でいうならば、つぎのように要約できるだろう。パウロはいわば世界教会を作ろうとしたのであり、そのためにローマ帝国の支配構造を援用しようとし、具体的にはローマに中心的教会共同体を作ろうとした。

こうしたパウロの姿勢が第一回伝道旅行の様子にもすでに認められることは、前章で指摘した（第四章二節）。この考えについて、パウロはキプロス島の地方総督セルギウス・パウルスに具体的な示唆を受けたのではないかという仮説を述べたが、これはあくまで推測である。けれどもパウロとバルナバがヘレニズムの大都市では伝道旅行を行わず、ローマ的色彩の強い町で活動を行ったと考えられることは、パウロとバルナバの考えをかなりはっきりと示していると思われる。

そしておなじような傾向が、アンティオキア事件以降のパウロの活動にも認められる。アンティオキアを発《た》ったパウロは徒歩でガラテヤ南部の諸都市――第一回伝道旅行によって教会共同体が成立していた諸都市――に行き、さらにかなり急いで小アジアを横切り、マケドニアに向かう。彼が徒歩で旅をしたのは、この旅がアンティオキアでの決別の後で、アンティオキア教会から費用をえることができなかったからだと思われる。パウロは、旅費にとぼしく徒歩を強いられるという困難な条件にもかかわらず、小アジアの手近な都市にはあまり見向きもせず、ギリシアの北方のマケドニアに向かう。そして、ここでもアンフィポリス、アポロニアといった大都市では伝道活動を行わず、やはりローマ的色彩の強いフィリッポイ、テサロニケ、ベレアといった都市で活動を行っている。

ユダヤ人追放令

しかしパウロはマケドニアで時間を費やしている。彼はなぜ、さらにローマへ向けてさきを急がなかったのだろうか。ローマにいたるまでのいわば中継基地として、この地域にある程度の基盤を築いておくことが望ましかったとも想定できるだろう。そのような理由も重要だろう。しかし、それよりも決定的な理由が存在した。パウロには突如としてローマに行くことができない事情が生じたのである。

パウロがマケドニアに着いたのは五〇年のことと思われる。ところがこの年か、あるいはその前年に、クラウディウス帝によってローマからユダヤ人を追放する命令が出された。

この後にマケドニアからパウロがアテネを経てコリントにおもむいた際に、この命令によってローマからコリントに来ていたアキラおよびプリスキラというユダヤ人の夫妻とパウロが出会ったと報告されている（使徒行伝一八・一―二）。パウロはユダヤ人であり、この命令のためにローマに入ることはできない。この命令は一時的なもので、ローマではふたたびユダヤ人の姿が認められるようになるが、パウロがマケドニアに着いたのはこの命令が出されてまもないころだった。ローマに教会共同体を作るというパウロの目標は、ここで思いがけない障害に出合ったのである。

律法の拘束からの自由

パウロの主張ないし思想を論理一貫した体系のようなものとしてとらえるのは難しいと述べた。しかしパウロの立場は、後のキリスト教にとってたいへん重要なものとなる。そのなかでももっとも重要と思われる側面の一つについて指摘しておくことにする。

パウロがエルサレム教会主流と決別したのは、つまるところユダヤ人出身のキリスト教徒と異邦人出身のキリスト教徒からなる共同体の構成のあり方についての意見の対立からであった。

エルサレム教会主流は、律法の拘束をこの共同体においても何らかの形で維持しようとした。これにたいしてパウロは、キリスト教徒は律法の拘束から自由であると主張する。エルサレム教会主流も、異邦人出身の者がキリスト教徒になることを否定しているのではない。したがって律法の適用が必要であるという立場をとっているからといって、エルサレム教会主流が普遍主義的でないということにはならない。こうした観点から見たエルサレム教会主流の立場は、「律法主義的ないしユダヤ主義的な普遍主義」とでも呼べるだろう。

しかし律法の適用が必要であるとすると、ユダヤ人出身のキリスト教徒と異邦人出身のキリスト教徒がおなじ資格で共同体に参加するということには必ずしもならない。これがアンティオキア事件での問題であった。では神の律法を介するのでないならば、救いはどのように実現されるのだろうか。

pistis をどう訳すか

パウロの主張の重要な側面として必ず言及されるのが、いわゆる「信仰義認」の考え方、そして「十字架の神学」の考え方である。

「信仰義認」とは、普通の理解では、人が「信仰によって義とされる」ということである。「義とされる」とは「神の前で義《ただ》しい」という状態になることであり、神との関係が然るべきものとなることである。これを「救われること」と言い替えてもよい。このような意味での「義とされる」という状態が「律法による行い」がなければ実現されないという立場の者――エルサレム教会の主流の者――との論争的な状況において、パウロはこの「信仰義認」の考え方を深めたと思われる。

「律法」とは「ユダヤ教の律法」のことで、神が民に与えたものであり、ユダヤ教において揺るがし難い権威をもっていた。キリスト教運動の枠内においては、この律法遵守の義務をどの程度まで要求するかについてさまざまな立場があった。しかしパウロは基本的には、彼の考えるキリスト教の枠内でこの律法遵守は全面的に不必要であるという考え方を主張する。したがってこうしたパウロの立場は、「非律法主義的ないし非ユダヤ主義的な普遍主義」と呼ぶことができるだろう。

その際に強調されてくるのが「信仰義認」である。

しかし「信仰義認」という訳語に、大きな問題がある。「信仰」という語が問題である。「信仰」はギリシア語の「ピスティス」(pistis) という語が原語である。日本語では「信仰」という訳が定着してしまっている。しかし「信仰」という語は「信(じる)」「仰(ぐ)」という漢字が使われている。「仰(ぐ)」という表現があると、下から上への方向がある感じが強い。これが困る。

また「信じる」「仰ぐ」とされると、「信じない」「仰がない」ということも可能であって、どうするかは当人が決めることができる、「信じる」「仰ぐ」ということにするかどうかについては当人に主導権があるような雰囲気がある。

また「信じる」というと、単なる「思い込み」のことであるようにも取られかねない。確信をもつには十分な根拠がない、真なのか偽なのかを判断するための十分な根拠がない、しかし、とにかく対象に信頼を置く、対象を真だとする立場を選択する、といったような意味に取られかねない。十分な根拠にもとづいた判断ができないところで、やみくもに判断をしてしまうことなので、当人が決意するかどうかが問題になる。現実に「信仰」は、個々人の決定によってどのようにでもなるかのように考えられている場合が多いと思われる。

スーパーマーケットにさまざまな商品が並んでいて、商品についての十分な知識がないのだが選ばねばならない。そこで、とにかくも決意して、それらの中から自分の気に入った商品を選んで購入するように、自分の前には「○○教」「△△教」「××信心」などがあって、その中から自分の気に入ったものを選んで、そのようにして選んだのがたまたまキリスト教だったので「(本当はどれでもよいのだが、自分に合っているので）私はキリスト教を信仰している」ということになってしまう。

確かに「ピスティス」にもそのような軽い意味がない訳ではないが、本格的な意味で用いられる場合に「ピスティス」は、「忠実であること」とでも訳すのが適切である。

武士の主君にたいする態度

たとえば古代において、仕える者が主人（キュリオス）にたいしてもつべき態度が「ピスティス」だった。仕える者は主人にたいして「確信はできないが、とにかく信じることにする」といったような意味で「ピスティス」をもっているのではない。仕える者が主人にたいして絶対的に「忠実であること」が求められているのであり、それ以外のあり方は仕える者には存在しえない。仕える者の側の判断や決意は、問題にならない。仕える者は主人に絶対的に服従すべきだからである。神ないしイエスが「主」（キュリオス）と呼ばれることには、こうした「ピスティス」との関連において意味が生じてくるということになる。

また世俗的にも、たとえば「皇帝は主」と主張されるときにローマ帝国が求めているのは、そのように「思い込む」ことではなく、皇帝の権威を絶対のものとして、皇帝に絶対的に忠実である状態である。

もう一つ日本的な場合から例を選ぶとするならば、たとえば武士の主君にたいする態度は「ピスティス」という語を「ピスティス」の訳語として採用すべきだと主張したいほどである。「忠義」という語を「ピスティス」の訳語として採用すべきだと主張したいほどである。しかもパウロの立場において「ピスティス」は「神の前での義」に帰結することが強調されているのだから、「義」という文字が含まれている「忠義」という語はますます魅力的である。しかし「忠義」という語は、日本語の中でかなり限定的な意味をもっているので、この語を「ピスティス」の訳語として使用すると、また別の問題が生じてしまうと思われる。「ピスティス」の訳語として、「信仰」という語はあまりに問題が大きく、不適切である。「忠義」は避けるとして、ここでは「ピスティス」の訳語として「忠実であること」「忠実さ」といった表現を用いることにする。したがって「信仰義認」という表現は用いないで、「忠実さによる義認」と述べることにする。

一つの提案として

実は、「ピスティス」に対応するものとしてもう一つ提案してみたい訳語がある。「サービス」である。名詞なら「サービス精神」、動詞なら「サービスする」というように使える。しかあとで少し検討するが、「サービス」には「奴隷的である」というニュアンスもある。しかも「サービス」は、下の者の上の者に対する態度や活動のことでは必ずしもなく、上の者の下の者に対する態度や活動にも使える。これは特に「神のピスティス」という表現が出てくる場合の問題を、無理なく解決してくれるように思われる。「神の（人への）信仰」は、やはりヘンである。しかし「神の（人への）サービス精神」なら無理がない。最初のうちは違和感があるかもしれない。しかし「サービス」は、「礼拝」のことをいう英語表現から日本語においてもかなり定着しているので、無理のない訳語であることは納得しやすいだろう。

誰にたいする忠実さなのか

次に検討しなければならないのは、「忠実さによる義認」における「忠実さ」は、誰における忠実さであり、誰にたいする忠実さなのか、という問題である。

通俗の理解では、「信仰義認」「忠実さによる義認」における「信仰」「忠実さ」は、人の神に対する「信仰」「忠実さ」であるのが当然だという雰囲気になってしまっている。人が神に「信仰」をもてば、人が神にたいして「忠実である」という態度をとることにすれば、「義認」が生じる。「神の前で義しい」ということになる。つまり「救われる」。お手軽に言うならば、「(人が）信じれば救われる」という事態のことだ、とされている。

「忠実さによる義認」ということでパウロが究極のところで考えているのは、こうしたことではない。しかしパウロは、「忠実さ」「義認」ということについて論じる際に、「(人が）信じれば救われる」ということを述べていると受け取られかねないような言葉づかいをしている。このような誤解が生じるように、パウロは故意に工夫していると言ってよいと思われるほどである。

「信じれば救われる」とは

「(人が)信じれば救われる」という考え方について、まず一般的に検討する。「信じれば救われる」ということが問題になるということにおいては、当人はまだ「救われていない」ということが前提になっている。まだ「義とされていない」。また当人は「信じる」とされていることを、まだ行っていない。

そこで当人は、「信じる」ということを行う。「信じる」ということの内容はきわめて曖昧だが、とにかく当人の態度に「信じる」とされるような変化が生じなければならないことは、確実である。当人にこの変化が生じる。「信じれば救われる」のであるならば、当人のこの変化に応じて、「義認」「義とされる」ということが生じることになる。当人は「救われる」。当人は「神によって義とされる」「神によって救われる」ということになる。

こうしたことがあるとして、その場合の「神」はどのような存在だろうか。その場合の「神」は、人によってコントロールされてしまっている。人がどのような状態を選ぶかどうかによって、神はその者を救ったり救わなかったりするのが当然だとされている。

神は、人が操作する操り人形のようなものになってしまっている。神は「人を救う機械装置」のようなものになってしまっている。この「操り人形」や「人を救う機械装置」は、人がうまく操作しなければならない。人の側の態度がどうであるかによって、これらはうまく動作する。操作のコツないし秘訣は、「信じる」という人の側の態度である。この態度を人が採用すれば、「操り人形」や「人を救う機械装置」は人にとって好都合に動作して、人を救うという事態を実現させてくれる。

この場合、「主」であるのは、神ではなく、実は人になってしまっている。奴隷がいて、その主人がいる。奴隷が主人を操ろうとする。「あの主人とならば、〈信じている〉いう態度を示せば、あいつは俺たちに好都合なことをしてくれるんだ」というコツを発見して、それを実行しているようなものである。

「信じれば救われる」という考え方においては、人が神を人に服従させている。

神は、人が「信じる」「信じない」ということに依拠して、その者を救ったり救わなかったり、ということはしない。パウロはさすがに、このことは理解していたと思われる。ただし、ほとんどの人々は「信じれば救われる」いう考え方に囚われてしまっている。

しかしパウロは、「知恵のある者たちも考えのない者たちも」（ローマ書一章）も含んだひとつの巨大な宗教組織を作ろうとする、いわば「宗教政治家」である。「信じれば救われる」という考え方しかできない「考えのない者たち」も組織に組み込みたい。「信じれば救われる」という考え方をする者たちは、「救われたい」者たちである。浅薄な理解しかできない者たちは、「信じれば救われる」ということを述べていると受け取られかねないような言葉づかいをすれば、彼らは「信じる」。「信じる」ということは、「忠実になる」ということである。宗教組織の秩序に彼らは「忠実になる」。実は「信じれば救われる」のではないので、彼らは「救われる」ということ（神が都合よく動くということ）はない。しかし彼らは、「救われる」ためには、「信じる」ということが前提だと考えつづける。宗教組織の秩序の内部で、彼らは「信じる」という態度を継続する。つまり「忠実」であり続ける。

義しい者は……

残されている手紙の中でパウロは、かなり頻繁に、「信仰義認」「忠実さによる義認」について論じたり、ほのめかしたりしている。すべての場合について、ここで検討できない。

それらのうちで、ローマ書一章一七節の

「義しい者は信仰（忠実さ）によって、生きるだろう」

はきわめて有名だと思われる。「生きるだろう」の動詞は未来形である。

この言葉は、旧約聖書のハバクク書二章四節からの引用である。ハバクク書のテキストにおけるこの言葉がどのような意味なのかは、かなり微妙である。しかし、元のテキストの文脈におけるこの言葉の正確な意味がどうであるかは、あまり重要ではない。パウロは

「義しい者は信仰（忠実さ）によって、生きるだろう」と書いてあるとおりである。

と記している。権威ある律法（旧約聖書）に記されている言葉なので、この言葉が真実であるのは当然だ、というように示そうとしている。

この言葉自体はきわめて簡潔で、したがってさまざまな解釈が可能になってしまう。文脈から切り離されて、独立して示されると、さらに複雑なことになりかねない。

「（人が）信じれば救われる」ということをこの言葉は述べているというのが、通常の理解になっていると思われる。

「信じていない」「信仰（忠実さ）の状態になっていない」者が、「信じる」「信仰（忠実さ）の状態になる」というように変化すれば、その者は「（神との関連で）義しい」者であり、「生きる」（「真に生きる」「救われている」）という状態になる、といったように考えられていると思われる。

この言葉だけを聞くと、そのような意味かもしれないと思えてしまう。

しかし、ここで「信仰（忠実さ）」の状態になっているとされているのは、人なのだろうか。

ローマ書一章一七節のテキスト全体を引用する。まず、できるだけ直訳で。

なぜなら神の義が、そこ（＝福音）に啓示されている、信仰（忠実さ）から信仰（忠実さ）へ。「義しい者は信仰（忠実さ）によって、生きるだろう」と書いてあるとおりである。

この訳文では、かなり分かりにくいと思われる。特に「信仰（忠実さ）から信仰（忠実さ）へ」とした部分が、直訳ではうまく日本語にならない。

この文の前でパウロは、「福音」について語っている。「福音」は、まず単純には「神関連についての情報」である。情報だから、伝えられるものであって、この場合は、パウロが人々に伝える情報が問題になっている。しかしパウロは、この「福音」は「神の力」だと断定する。単なる情報である以上に、神の側からの何らかの実質的な働きかけがあるらしいことを思わせている。

そして一七節のテキストが続く。

この一七節前半の、「義（義しさ）」「啓示（示すこと）」「信仰（忠実さ）」は、どれも関係についての事態である。「啓示（示すこと）」は「情報」に対応する。誰かが誰かに情報を伝えることが「啓示（示すこと）」である。

とすると「義（義しさ）」「信仰（忠実さ）」は、「神の力」に対応することになる。「義（義しさ）」は、言いかえるならば「適切な態度」である。「神の義」とは、「神の適切な態度」だということになる。

「義（義しさ）」は、神との関連で（人が）適切な態度であることを表現するのが通常の用法である。神ときちんとつながるのが「義しい」ことである。なのにここでは、「神の適切な態度」が問題になっている。神が誰に対して適切だというのだろうか。神以外の者という

にされていることになる。

　しかし「神」は、本来的には神自身が「義」である。人々と関係をもとうがもたなかろうが、あえて「義」を話題にするなら、神は「義」であるしかない。しかし「義」は、関係についての語なので、「神は義だ」などということは言わないし、言っても意味がないはずである。なのに「神の人々に対する適切な態度」「神の義」が問題にされている。異常なことだし、普通に考えるなら意味不明の事態である。

　「信仰（忠実さ）」は、この異常な事態をいくらか説明してくれそうである。「信仰（忠実さ）」も、関係についての語である。通常は、奴隷が主人に示すような「忠実さ」のことである。奴隷が主人の役に立つことをする。奴隷が主人にサービスをする（ちなみに service の語源は、ラテン語の servitium であり、servitium は「奴隷状態」のことである）。主人が奴隷に「忠実である」といったことは、本来的にはありえない。

　神は最高位の存在なので、他の誰かに「忠実である」といったことはありえない。神が誰に「忠実である」というのだろうか。上の「神の義しさ」の場合と同様に、神以外の者ということになると、あとは人々しかいない。したがって「神が人々に忠実である」ということが問題にされていることになる。

　主人と奴隷の場合で考えてみる。主人が奴隷に「忠実である」といったことは、本来的にはありえない、と確認した。主人が奴隷の状態に配慮して、奴隷に好都合な活動をする、などということは主人は行わない。主人が奴隷に対して、「奴隷のように振る舞う」「サービス（主人に対する奴隷的活動）をする」ことになってしまうからである。しかし、こうしたことを主人が行えない、というのでもない。主人が奴隷に対して、いわば例外的に、「恩恵」のようにして、奴隷に好都合なことを行ってやる、ということができないのでもない。「神が人々に忠実である」ということは、「神が、例外的に奴隷であるかのような立場にたって、奴隷にたいしてサービスをする」ということである。

一七節前半のテキストの「信仰（忠実さ）から信仰（忠実さ）へ」は、「徹底的に奴隷的あり方で、奴隷的な忠実さという態度で」といった意味である。これは神の本来的なあり方からは、例外的なことである。しかし神はこの例外的なことを行っても構わない。「忠実さ」という表現では、まだ分かりにくいかもしれない。「全面的なサービス精神（奴隷的あり方）で」とすると、現代の日本語で分かりやすくなるかもしれない。

しかし、神は

ローマ書一章一七節のテキスト全体を、もう一度、引用する。

【直訳】

なぜなら神の義が、そこ（＝福音）に啓示されている、信仰（忠実さ）から信仰（忠実さ）へ。「義しい者は信仰（忠実さ）によって、生きるだろう」と書いてあるとおりである。

【分かりやすく言い直した訳】

なぜなら神が、（例外的なことではあるけれども）全面的なサービス精神を発揮して、人に対して適切な活動を実行すること（「義」）が、そこ（＝福音）に啓示されている。「義しい者は信仰（忠実さ）から出て、生きるだろう」と書いてあるとおりである。

神は人を無視して、放置していても、まったく構わない。こうしたあり方の方が、当然だとすべきほどである。しかし神は、人に対して、あえて（人にとって）好都合なことをする。神が行うことなので、それは「適切なこと」「義」である。神が人に好都合なことをするのが、奴隷に対して主人があえて奴隷的になってサービスすることである。だから「忠実さ」「ピスティス」のあり方の枠内でのことであるしかない。

やらなくてよいことを、神はやるのである。なぜ神は、そんなことをするのだ、という問題がある。それを処理しているのが、律法からの引用である。

「義しい者は信仰（忠実さ）によって、生きるだろう」

直前で「神の義」が問題とされているのだから、ここでの「義しい者」は、神のことである。「信仰（忠実さ）」は、この「義しい者」の「信仰（忠実さ）」のことなので、つまり神の「信仰（忠実さ）」のことである。神の（人に対する）例外的な「サービス精神」のことである。

そのような神は「生きるだろう」。神が人を放置するのであれば、人にとって神は「死んだよう」である。しかし神は人に適切に介入して、生き生きしている。だから、「分かりやすく言い直した訳」にするならば、右のテキストは、次のように言いかえられるだろう。

人に対して適切に介入することにした神（「義しい者」）は、（人に対する）例外的な「サービス精神」によって、人にとって生き生きした存在になるだろう（「生きるだろう」）。

「信じれば救われる」の解釈では、「信仰（忠実さ）」は、人の信仰のことで、「生きる」のも人が生きること、人が救われること、であり、「義しい者」は、神の前での人のことである。軽薄な解釈が、まったく的はずれであることは明らかである。

律法の行いなしに

「信仰義認」「忠実さによる義認」に触れているテキストを、もうひとつ検討する。

ローマ書三章二八節に、次のように記されている。

なぜなら（わたしたちは）考える、人は、律法の行いなしに、忠実さにおいて、義とされる。

「律法の行い」という行為は、人が行うものである。他の可能性はないと思われる。「義とされる」とは「救われる」ことであり、これも人に関わる。とすると「忠実さ（信仰）」は、人の態度だと思ってしまう。そのように理解されやすい表現になっている。

しかし人の忠実さによって神が動くのではないのが原則である。だから、人の忠実さに基づいて、神が動いて、人が救われるということはヘンである。この「忠実さ（信仰）」は、神の「忠実さ（信仰）」であり、いわば神の人にたいする「サービス精神」およびそこから発する神の人にたいする好都合な介入のことである。このことを盛り込んで訳文を敷衍《ふえん》すると、次のようになるだろうか。

なぜなら（わたしたちは）考える、人は、律法の（人による）行いなしに、神の人にたいするサービス精神において、義とされる。

このように書き直すと、パウロがきわめて筋の通ったことを述べていることが分かる。このことは、「忠実さ（信仰）」にたとえば「神の忠実さ（信仰）」といった限定をつければ、誤解されることがかなり少なくなると思われる。なのに「忠実さ（信仰）」に何の限定もつけない。浅薄な者たちが、「忠実さ（信仰）」とは「信じれば救われる」の「信じる」ことだ、自分は「信仰」をもたねばならない。そうすれば救われる、と考えてしまうように誘っている。

では神の「忠実さ（信仰）」「サービス精神」、そこから生じる「神の義」の動きは、具体的にはどのように実行されるのだろうか。

神ならばどんなことでも実行可能であるという感じがする。救う対象の者に「神の力」をはたらかせて、その者を救うというのが、もっとも単純かと思われる。マルコ福音書のイエスは、もともとは普通の人間のひとりでしかなかったが、神からの介入が突然に彼に生じたとされている。神によって「聖霊があたえられた」というように、このことが表現されている（マルコ福音書一章）。

マルコ福音書の物語では、神からのこのような直接の介入が生じたのは、イエスだけである。これに対してルカ文書（ルカ福音書と使徒行伝）では、神からの直接の介入が生じた者は、イエス以外にもいたとされている。

パウロにおいては、基本的に、こうした神からの直接の介入は、人々には生じない。神の介入のすべてが、イエスを介したものになっている。そしてイエスは、普通の人間のひとりなどではなく、特別な存在である。

イエスを介した神からの介入として、パウロにおいてもっとも有名なのは「十字架の神学」と呼ばれている考え方である。

十字架で解決された「原罪」

「十字架の神学」は、簡単にいうならば「イエスの十字架の事件によって、罪が贖《あがな》われた」という考え方である。「十字架（事件）による贖罪」などと言う。

もう少し丁寧にいうならば、次のようになるだろう。

①すべての人は「罪」の状態にある。神から離れている。救われていない。

②イエスの十字架の事件によって、罪が贖われた。つまり人における罪が解消した。神との断絶が解消し、神と結ばれるようになった。救いが実現した。

かなりコンパクトな考え方になっていて、教会にキリスト教のことをあまり知らない成人が来たりした場合、まず教えられるのがこの考え方ではないだろうか。

確認しておく。キリスト教においては「十字架の神学」が根幹であるとか、キリスト教のすべてがこの考え方を肯定しているかのように理解されてしまったりしているが、そうではない。この「十字架の神学」は、パウロの考え方の一部であって、いわばパウロ独自のものである。たとえば、新約聖書においては、四つの福音書にはこの「十字架の神学」「十字架（事件）による贖罪」の考え方はない。物語の中に十字架の場面があっても、これはイエスの一連の活動の中の一つの場面でしかない。パウロはローマ書五章で「私たちは信仰（忠実さ）によって義とされ、私たちの主イエス・キリストによって神への平和をもっている」（一節）と述べ、さらに「今や私たちはキリストの血によって義とされた」（九節）と述べている。これはどのようなことなのだろうか。こうした言明に続いて、つぎのようなテキストが記されている。

12一人の人を通して罪が世に入り、そして罪を通して死が入ったように、死がすべての人に広がった。（……）

17一人の罪過によって、その一人を通して死が支配したならば、なおさら、恵みおよび義の賜物《たまもの》を豊かに受けている者たちは、一人のイエス・キリストを通して、命にあって支配するだろう。

18したがって、一人の罪過を通して、すべての人が有罪判決を下された状態になっているように、一人の義を通して、すべての人が命の義を与えられている状態になっている。

19一人の人の不従順を通して、多くの者が罪ある者とされたように、一人の従順を通して、多くの者が義とされるだろう。（……）

21罪が死において支配したように、恵みも、義を通して、私たちの主イエス・キリストを通じての永遠の命の中へと、支配するだろう。

これらのテキストはそれほど長いものではない。たいへん重要なことが書いてあるような印象を受ける。しかし一読しただけでは、意味がはっきりしないところが多くあるのではないだろうか。ここでは、できる限り直訳をするようにして、原文であるギリシア語テキストの構造をできるだけ反映するようにした。これらのテキストが難解なのは、いくらかは日本語の訳文に問題があるのかもしれない。しかしギリシア語原文を見ても、難解さの問題はそれほど解決されるわけではない。

ここでは引用があまりに長くなるのを避けるために、五章のテキスト全体は引用しなかった。できれば手元の新約聖書で五章全体に目を通していただきたい。それでも、難解であるという印象は消えないのではないかと思われる。

パウロが、いわゆる「わかりやすい文章」を書く著作家でないことは確かである。疑問が生じそうなところを丁寧に説明しながら議論を進めるタイプではない。むしろその逆で、論理のつながりの必要最小限しか記さない。この部分では、すべての者が「罪」の状態にあったこと、そしてそこには「死」が関連していること、そしてイエス・キリストを通じてその問題が解決し、「義」の状態が実現すること、そこには「永遠の命」が関連していること、こうしたことが何となく了解される程度であろうか。

したがってさまざまな解釈が提案されて、解釈者たちの議論が錯綜《さくそう》する。ここでは微妙な検討をすることができない。パウロの議論の背景と思われるところを示しながら、思いきってできるだけわかりやすい解説を試みることにする。

ここで問題となっているのはいわゆる「原罪」の問題で、この原罪の問題がイエス・キリストの十字架の出来事によって解決されたというのが、一般的な理解である。ロマ五章一二節の「一人の人を通して罪が世に入り、そして罪を通して死が入った」という表現は、旧約聖書の創世記二〜三章に記されているいわゆる「エデンの園」の物語に依拠するものであるのは明らかである。パウロはキリスト教徒が律法の拘束を受けることを退けようとしていたのだが、そのような状態がどのようにして可能なのかについて、ここでは律法の一部である旧約聖書の物語に依拠しながら説明を試みていることになる。

律法の権威は実践的場面においては乗りこえられたとされているのだが、いわば「それ以前の段階」では律法の権威はパウロにおいてさえ否定されていないことになる。

食べてはならない木の実

では創世記二〜三章の物語において「原罪」ということで理解されている事態とはどのようなものなのだろうか。この「エデンの園」の物語も引用すると長くなるので、ここでは全文を引用しない。この物語についても、手元の聖書で目を通していただきたい。

常識的には、エデンの園にあった「善悪を知る木」の実を、神の禁止にもかかわらずアダムが食べてしまったということが「原罪」である。しかしこのことを理解するには、テキストをもう少し具体的に検討しなければならない。
女が蛇《へび》の誘惑を受けるということが、この事件の発端である。

（……）蛇は女に言った。「園にあるすべての木から取って食べるなと、ほんとうに神が言ったのか」。女は蛇に言った。「私たちは園の木の実を食べてよいことになっている。ただし園の中央にある木の実は別で、これを取って食べるな、これに触れるな、死んではいけないからと、神は言った」。そこで蛇は女に言った。「あなたがたは決して死ぬことはない。それを食べると、あなたがたの目が開け、神のように善悪を知る者となることを、神は知っている」。（三・一―五）

ところで、この対話には誤解を招きかねないところがある。実を食べることが神から禁じられている「園の中央にある木」とは、どの木のことなのだろうか。この「園の中央にある木」については、「エデンの園」の物語の冒頭近く、神が園の整備をしている場面でつぎのように述べられている。

〔神は〕園の中央に命の木と善悪の知識の木を生《は》え出《い》でさせた。（二・九）

とするならば「園の中央にある木」とは、「命の木」と「善悪の知識の木」ということになりそうである。蛇と女の対話における女の言葉で、「園の中央にある木」から実を取って食べることは神によって禁止されているとされている。したがって「命の木」と「善悪の知識の木」の両方から実を取って食べることは神によって禁止されているといった感じがする。

しかしエデンの園の物語では、神による禁止命令が具体的に記されている。神の言葉はつぎのとおりである。

「あなたは園のすべての木から取って食べてよい。しかし善悪の知識の木からは取って食べないように。食べるとあなたは死んでしまう」。(二・一六—一七)

食べてならないのは「善悪の知識の木」の実である。したがって「命の木」の実を食べることは禁止されていない。じつは蛇と女の対話における女の言葉にある「園の中央にある木」の「木」という語は単数形になっており、女もここで二つの木の実について食べることが禁止されていると述べているのではない。

しかし名詞に単数形と複数形がある言語で読んでいる場合でも、神が食べることを禁止したのは「善悪の知識の木」の実と「命の木」の実であると、多くの読者が漠然と了解しているように思われる。日本語では単純に「木」と記されると単数なのか複数なのかわからないので、女の言葉で二つの木のことが述べられていると誤解される可能性はますます大きくなる。くりかえすが、神によって食べることが禁止されていたのは、「善悪の知識の木」の実だけであって、「命の木」からは実を取って食べてもかまわなかったのである。

永遠の命をえる可能性

そして周知のように男も女も「善悪の知識の木」の実を食べてしまい、エデンの園から追放されることになる。神が男と女を追放する理由も、エデンの園の物語に具体的に記されている。追放の直前の神の言葉である。

「〔人は〕善悪の知識については、我々の一人のようになった。今は、手を伸ばして命の木からも取って食べ、永遠に生きるおそれがある」。（三・二二）

神が非難しているのは善悪の知識について人が神のようになったことであり、そして神は人が永遠の命をえることを未然に防ぐために、人をエデンの園から追放したのである。このことは「ケルビム」についての記述にも認められる。

〔神は〕命の木への道を守らせるために、エデンの園の東に、ケルビムと煌《きらめ》く剣の炎を置いた。（三・二四）

この「エデンの園」の物語には、「罪」という語は一度も用いられていない。「罪」とは、神との関連で不適切な状態にあること、神とつながっているべきなのに神から離れていることである。

こうした観点から考えるならば、この物語で「罪」が問題とされていると考えることは不可能ではない。

①「善悪の知識の木」の実を、神の禁止にもかかわらずアダムが食べてしまったこと。神からの命令にたいする不服従になっている。

②アダムが知恵を獲得して、神のようになっている。

③「エデンの園」から追放されたこと。

以上の三点が、「罪」「神との関連で不適切な状態」として考えられるだろう。

常識的には、一番目の「命令にたいする不服従」のことばかりが人々の念頭にうかぶようである。命令を破っているのだから、たしかに「神との関連で不適切な状態」である。

しかし神の立場から重大なのは、アダムがいわば半分だけ「神のようになったこと」である。「エデンの園から追放」は、罪にたいする処罰であるような雰囲気がある。しかし、罪があれば罰が科されるということを認めるとしても、「命令にたいする不服従」だけでは、それにたいする罰がなぜ「追放」なのかが分からない。他の種類の罰でもよかったのではないか。しかしなぜ「追放」なのかについて、神自身が説明してくれている。アダムが半分「神のように」なって、さらに「命の木」の実をたべると、全面的に「神のように」になってしまい、「永遠に生きる」ことになってしまう。これがよろしくないからである。「命の木」は園の中央にあり、園から追放されてしまうと、園の中央の木に届かないので、その木の実を食べることができない。

「エデンの園から追放」は、罪ではなく、罪にたいして科される罰であるような雰囲気である。しかし「神から離れている」ということが罪だという観点からは、「追放」によってアダムははっきりした「罪」の状態におかれたことになってしまっている。神は「エデンの園」の内部にいると考えられる。アダムは「エデンの園」の外にいる。「エデンの園」の内と外という区別で、神との断絶が空間的に表現された形になっている。

パウロの「やり口」

パウロが「十字架の神学」について、「エデンの園」の物語に依拠していることについては、実はさまざまな問題がある。細かい問題がいくつもある。ここでは列挙しきれないが、たとえば罪が解消された結果としての素晴らしい状態について、パウロは人が永遠の命をえることを挙げている。しかし「エデンの園」の物語では、永遠の命をえることは、神によって望ましくないこととされている。この問題をパウロは、まったく不問に付している。

しかし決定的な問題がある。「エデンの園」の物語でアダムは、食べると死んでしまうとされている「善悪の知識の木」の実を食べる。そして「エデンの園」から追放されるので、「命の木」の実を食べることができない。アダムは死に定められた展開になっている。そしてパウロは、「死」は解決すべき問題であることが当然であるかのように議論を進め、人がこの否定的であるところの「死」に定められているのは、アダムがたどった経緯が原因だとしている。

すでに引用したように、「一人の人を通して罪が世に入り、そして罪を通して死が入ったように、死がすべての人に広がった」(ローマ書五・一二)、「一人の罪過によって、その一人を通して死が支配した」(同五・一七)と、繰り返し確認されている。

この議論は、アダムが人類最初の人間だということになっていなければ、成り立たない。最初はアダムしかいなかった。そのアダムが「エデンの園」の外に追放された。人類はすべてこのアダムの子孫である。したがって、人類はすべて「エデンの園」の外にいる。したがって「命の木」の実を食べることができない。したがって、すべての人が、永遠の命を獲得できないという状態にあり、死に定められている。

ところで、アダムのこの物語が意義があるのは、この物語が聖書に記されているからである。聖書(「律法」)には絶対的権威がある。したがって聖書に記されていることには絶対的権威がある。アダムの物語は聖書に記されている。だからアダムの物語は、無意味な物語ではなく、意義ある物語である。

しかし聖書によるならば、アダムが人類最初の人間だ、ということにはなっていない。創世記二〜三章の「エデンの園」の物語だけを読むならば、そのような見解が示されていると読み取れる。ところが創世記一章には、別の「人間創造」の物語がある。

創世記一章の「人間創造」の物語では、男女が一挙につくられている。「エデンの園」の物語では、最初にアダム（男）がつくられ、いくらかの経緯があってから女がつくられている。男女が一挙につくられているのではない。

しかも植物創造と人間創造の順序の問題がある。創世記一章の物語では、植物がまずつくられ（三日目）、その後で人間がつくられる（六日目）。「エデンの園」の物語では、植物がなかったとわざわざ確認されてから、アダムがつくられ、その後で植物が生じたとされている。植物と人間とで、つくられた順序がまったく違っている。

聖書には、最初の人間の創造について、二つのあいいれない物語が並べて記されている。どちらも聖書の物語である。聖書に記されているからアダムの物語に権威があるのならば、創世記一章の物語も聖書に記されているので、アダムの物語と同様の権威があることになる。二つの物語は、同じテーマについての、内容が対立するものになっている。

どちらが本当なのか、ということになる。しかし聖書の権威を認めるならば、聖書に記されていることはどれも本当である。しかし同じテーマについて対立する内容の二つの物語のどちらも本当だということはありえない。

とするならば、権威ある聖書の立場は、どちらも本当ではない立場だということになる。人間の創造の様子について、互いに対立して明らかにあいいれない物語を並べるのは、言うならば「一応のところ二つの異なった見解を示したが、どちらが本当だということはなく、つまるところどちらも本当ではない、というのが聖書の立場だ」と述べているようなものである。つまり聖書は、人間の創造の様子については、「分からない」と述べている。

とするならば、二つの物語のうち一方だけを「本当だ」とするのは、聖書全体の権威を無視した行為であり、聖書の全体としてのメッセージを無視した立場である。パウロは、「エデンの園」の物語に登場するアダムが最初の人間だとしているようだが、これは男女が一挙につくられた創世記一章の人間創造の物語を無視しなければできないことである。この点に関してパウロの聖書の扱いは不当である。パウロは、聖書の権威を、実は無視している。聖書においては、「最初の人間はアダムだ」とは述べられていない。そうではなくて、「最初の人間はアダムだ」とするようなテキストは記しはしたけれども、この内容は本当のことではない、というのが聖書の立場である。

パウロは、聖書に示されている二つの物語のうち、一方を意義あるものとし、他方を無視している。この判断は、パウロが行っている。聖書は権威あるものとされている。しかし権威があるはずの聖書をどのように不当に用いるかを決める権威がパウロにあるとされていることになる。真に権威があるのは、パウロである。

パウロは、「聖書には権威がある」とされている状態を利用する。パウロの議論の相手を服従させるのに役立つからである。しかしパウロ自身は、聖書の権威をうわまわる権威を自分がもっているように振る舞う。権威があるはずの聖書のテキストの一部を平然と無視している。

なぜこのようなことをパウロが行うのか。それはパウロがこれから主張しようとする「教え」を権威あるものとすることが、何にもまして重要だからである。

このことは、キリスト教において、誰があるいは何が権威をもっているかを知る上で重要である。真の権威があるのは聖書ではない。聖書の権威を認めるような態度を示しつつ、他方で聖書の権威を平気で無視して自分の主張を権威あるものとする者に真の権威がある。

主張したいのは……

「最初の人間はアダムだ」という前提が成り立たないならば、これに続くパウロの議論――「一人の人を通して罪が世に入り、そして罪を通して死が入ったように、死がすべての人に広がった」（ローマ書五・一二）、「一人の罪過によって、その一人を通して死が支配した」（同五・一七）とされる以降の議論――はすべて成り立たない。したがって、これ以降のパウロの議論について検討してもしかたないところがある。

そうではあるけれども、この部分の議論の展開で重要と思われる点を検討する。

パウロが結論として主張したいのは、「すべての人が罪の状態にあるのだが、イエスが原因で、その罪が解消した」ということである。上で示した引用の部分でも、このことが繰り返し述べられている。

一人の罪過を通して、すべての人が有罪判決を下された状態になっているように、一人の義を通して、すべての人が命の義を与えられている状態になっている。（ローマ書

五・一八）

一人の人の不従順を通して、多くの者が罪ある者とされたように、一人の従順を通して、多くの者が義とされるだろう。（同五・一九）

罪が死において支配したように、恵みも、義を通して、私たちの主イエス・キリストを通じての永遠の命の中へと、支配するだろう。（同五・二一）

この議論は、ほとんど断定でしかない。「罪」「死」について、一人（アダム）が原因で、その結果が「すべての人」に及ぶ。このことは、「エデンの園」の物語に依拠するならば、それなりに納得できる。上に示した議論だが、簡単に繰り返す。アダムが園から追放されて「罪」「死」の状態に置かれる。人類のすべてがアダムの子孫なので、人類のすべてがやはり「罪」「死」の状態に置かれることになる。

そして「義」「命」、つまり「救い」についても、一人（イエス）が原因で、その結果が「すべての人」に及ぶ、とされている。

二つの場合に「一人」「すべての人」という形式上の並行関係があるという以外に、なぜイエス一人が原因で、「義」「命」「救い」が「すべての人」に及ぶのかがはっきりしない（ひとこと述べておくと、「一人」「すべての人」という形式上の並行関係も、少し崩れている。一八節では、「すべての人が有罪判決を下された」「すべての人が命の義を与えられている状態」とされていて、「すべての人」にかかわることとされている。ところが一九節では、「多くの者が罪ある者とされた」「多くの者が義とされる」となっていて、「すべての人」でなく「多くの者」にかかわることにいつのまにか変化している。この変化には何の説明もない。これはきわめて陰険で不誠実な議論上の操作である）。

十字架における罪の赦し

この疑問を説明するのが、いわゆる「十字架の神学」の考え方である。神は単純に人間を「永遠の命へ」と招き入れたのではない。罪の赦しは、パウロによれば、イエスの十字架の出来事において実現したとされている。神はなぜもっと単純な手段を採用しないのか、神は神なのだから、「人の罪を赦す」とすれば、それで済むではないか。王が恩赦を行う場合、恩赦を宣すればよいのと同様である。しかし、このような可能性はまったく検討されない。神はイエスの十字架刑という歴史的な出来事において罪の赦しを実現するという手段を用いたのであって、それが人間の目に複雑な手段であるように思われることがあっても、それが神のやり方だったのである。

このことについてのパウロの議論は、つぎのようなものだといえるだろう。

十字架刑は、罰である。罰を受けるというのは、その者に罪があるということである。罪は罰によって贖われねばならない。罪がある者は、罪を贖うために罰を受けねばならない。

これが罰をめぐる基本的な論理である。相応の罪を犯した者が十字架刑に処されるならば、それは当然である。したがって、

（a）十字架刑が行われたのは、罪があったからで、その罪を贖うためである。

ところがイエスは「神の子」である。彼は、普通の人間ではない。そして普通の人間と違って、「罪」という状態にはない。彼は、罪を犯していない（したがってイエスは永遠の命に与《あずか》っており、だから彼は「復活」する）。

他の人間はアダムの罪によって「神の前で義しい」という状態ではなくなっている。つまり罪の状態にあり、さらにいうならば死に支配されている。しかしイエスだけは、「神の前で義しい」という状態にある。ところがこのイエスが、十字架刑に処されたのである。しかもこの事件は、手続き上のミスのようなものによって誤って生じたのではなく、神の計画にしたがって生じた事件である。したがって罪のないイエスが十字架刑に処されたのは、いわば正当なことだということになる。しかしイエスには罪がないのだから、彼に罪があったから十字架刑に処されたのではないことになる。したがって、

（b）十字架刑に処されたイエスには罪がない。

この（a）と（b）が同時に成立しなければならない。とするならばイエスは、自分には罪がないのに、罪を贖うために十字架刑に処されたということになる。いいかえるならば、イエスは自分の罪ではない罪を贖うために十字架刑に処されたのである。このようなことができるのはイエスだけである。なぜならば他の者は自分に罪があるのだが、イエスだけは自分に罪がないからである。そして罪のない者があらわれるといったこと自体、神の特別な働きがなければ生じないことである。したがってこの出来事には神の特別な介入、すなわち神の特別な「恵み」が働いていることになる。

そしてイエスは自分の罪ではない罪を贖うために十字架刑に処されたのだが、この「イエス自身の罪ではない罪」とは何かというと、それは他の者の罪だということになる。つまり他の者の罪は、イエスが十字架刑に処されたことによって贖われたのである。

こうして人間の罪が贖われた。罪が解消されたのであれば、人間は神との関連で「義しい」状態になったことになる。救いが実現したのである。人間の側からはどうすることもできなかったことが、神の側からの特別な介入によって実現したのである。

普遍的な救いの状況の実現

ここまでの議論は、人間の側の態度にはまったくかかわらない。罪と罰にかんする、いわば法的な論理の展開だけが問題となっている。すでに引用したテキストで確認するならば、

「一人の義を通して、すべての人が命の義を与えられている状態になっている」(ローマ書五・一八)ということになる。

「十字架の神学」のこうした議論にも、問題点がある。

聖書の権威に依拠した形で、アダムの物語だけに注目する誤った聖書解釈が根拠になっている、という問題はすでに指摘した。

本来はゆずれないところだが、そこを百歩、あるいは千歩ゆずって、「十字架の神学」の議論は成り立っているということで考えてみる。

イエスには罪がないのに、十字架刑で処刑された。刑罰は罪を消すための手続きだ。だからイエスの十字架刑は、イエス以外の者の罪を消す効力がある。こうした議論は受け入れることにしよう。しかし、一人の者が刑罰を受けて消すことができる罪は一人分の罪ではないだろうか。一人が何人かの他人の罪をかぶって刑罰を受けるということは、考えられないこともない。しかし、全人類の罪を一人がかぶるというのは、現実的ではないという雰囲気である。

しかしこの問題には、ここでは拘泥しないことにする。この問題はパウロの当時においても感じられていたと思われる。そこで「ヘブライ人への手紙」(伝統的にはパウロの手紙だが、パウロの真筆ではないとされている。しかしパウロの立場に近い者によって執筆されたことは確実である)では、ユダヤ教の神殿で大贖罪日という祭礼の際に特別な犠牲がささげられて、それが民全体の罪を消すとされていることに着目して、イエスの十字架の事件は、神殿での大贖罪日の犠牲を上まわるささげ物の出来事である——人間の大祭司をうわまわる大祭司であるイエスが、この宇宙（コスモス）というこれ以上のものはありえない「神殿」で、神の子である自分自身をささげた事件である——という議論を行っている。

「一つの思いに結び合っているように」

しかしもっと根本的だと思われる問題がある。

十字架の事件によって、全人類の罪が消えたとされている。しかし全人類の罪はほんとうに消えたのだろうかという問題である。

十字架の事件は、歴史的な出来事である。実現すべき出来事は、すでに生じてしまっている。なのに、全人類の様子は、問題だらけで、根本的に、そして全面的に変化したとは言えないように思われる。

こうした判断は、どうしても勝手な基準からなされるものなので、さまざまな観点から論難されてしまうかもしれない。

しかし、たとえば神を代表する組織・制度である教会で、たとえば信者たちに「自分たちは罪深い」といったことを認めさせる活動が行われている。罪が消えているはずなのに、どうして「罪深い」と認めねばならないのだろうか。

実は罪は消えていないのではないだろうか。なのに全人類の罪が消え、全人類が救われているという「十字架の神学」が強調されるのは、内容の適切さの問題の他に、こうした議論を価値あるものとして強調することに何らかの有用性があるからだと考えてしまいたくなる。

パウロの活動の周辺には、他にもさまざまな問題があった。

本来的には、各信者が神に直接的にしたがうのであれば、彼らの地上での生活の具体的な場面においても自ずからあるべき姿があらわれるはずである。パウロは「霊」の働きをここで強調して、「霊に従う新しい生き方」（ローマ書七・六）といった表現を用いたりしている。あるいは「愛」といった原則を強調する。

ところがこのような原則だけでは、現実には無秩序が生じてしまう。この状態がパウロにとっても問題となっていたことは、書簡のさまざまな箇所にうかがえる。たとえばコリントの教会共同体に宛てた手紙のつぎの一節は、このような状態の存在を端的に示すものといえるだろう。

皆が同じことをいい、あなた方の間に仲違《なかたが》いがないようにし、一つの思い、一つの考え方に結び合っているように。（第一コリント書一・一〇）

このようなことを述べねばならないということは、コリントの教会共同体では現実にはこのような状況になっていなかったことを意味している。つまり各人が勝手なことを行っていて、教会共同体の全体の秩序が乱れていたのである。

こうした状態が生じてしまうのは、神の前で義しいという状態が、神の側からの一方的な介入によって実現したと主張されているからである。神は律法のさまざまな規定に見られるような倫理的規定の遵守を救いの条件として要求したのではない。だからこそパウロは、神の恵みにあずかる者は自由だと主張できるのであり、これはこのうえなく素晴らしい状況の実現を意味する。

しかしこの状況は、倫理的には具体的指針が何も存在しないということでもある。神の前で義しいという状態が日々の生活においてどのような姿になるべきかについては、具体的には何も示されていない。

現実にはパウロは、さまざまな場面で倫理的な要求を表明している。たとえば右に引用した「一つの思い、一つの考え方に結び合っているように」といった命令は、その一例になっている。しかしパウロはこの命令を神の命令として、いわば新しい律法として示すことができない。とするならば、たとえばなぜ「一つの考え方に結び合っている」という状態でなければならないのか、なぜ各人がそれぞれに多様なあり方で神の前で義しいという状態であってはいけないのかということを根拠づけることができなくなってしまう。したがって「一つの考え方に結び合っているように」といった倫理的命令は、パウロの側からの恣意的な断定でしかないとされても致し方ないということになってしまう。

既存の倫理的規定にしたがうのも自由

パウロの手紙には、この他にもさまざまな倫理的要求ないし勧めが記されている。しかしパウロはこれらの命令や勧めを断定的に主張するばかりである。

たとえばパウロはいわゆる「徳目表」「悪徳表」を書き記す。「姦淫《かんいん》、わいせつ、好色、偶像礼拝、魔術、敵意、争い、そねみ、怒り、利己心、不和、仲間争い、ねたみ、泥酔、酒宴、その他」（ガラテヤ書五・一九―二一）はなすべきことではなく、「愛、喜び、平和、寛容、親切、善意、誠実（ギリシア語では「ピスティス」）、柔和、節制」（同上五・二二―二三）はなすべきことであるとされている。これに類した「徳目表」「悪徳表」は、ヘレニスムの世界その他ですでに広く用いられていた。

つまりこのような命令や勧めは、何らかのキリスト教的根拠にどうしても結びつけられねばならないものだと主張しにくいのである。たとえば引用した徳目表について、パウロは「これらを禁じる掟はない」（同上五・二三）と述べている。これは有体《ありてい》にいうならば、キリスト者は自由なのだから世俗の世界で通用している既存の倫理的規定にしたがうのも自由だといっていることでしかない。

パウロの苦しさ

またパウロは律法の規定は乗りこえられたということを主張しながら、その一方で律法の規定に権威を認めるような議論をせざるをえなくなる。たとえば「愛」という原則について扱いながら、つぎのように述べている。

他者を愛する者は、律法を全うしている。なぜなら「姦淫するな、殺すな、盗むな、むさぼるな」（といった掟がある）、またそのほかどんな掟があっても、（それらは）「隣人を自分のように愛せ」という言葉に要約される。（ローマ書一三・八―九）

「姦淫するな、殺すな、盗むな、むさぼるな」は、申命記五・一七―二一および出エジプト記二〇・一三―一七に記されている「十戒」の倫理規定であり、「隣人を自分のように愛せ」はレビ記一九・一八に記されている言葉である。具体的な倫理規定について強く主張できないパウロの苦しい様子がうかがわれる。

そしてパウロがこのような議論をあちこちで繰り返さねばならないこと自体が、このような議論に決定的効力がないことを示すものである。

エルサレム教会主流との和解を模索

このような問題にたいして、パウロはもう一つの解決策を模索したと考えられる。それは教会の組織を積極的に認めて、制度的な枠組みの統制力に期待するという方策である。

アンティオキア事件以来、エルサレム教会主流から決別してパウロは独自の活動を進めたのだが、ローマにおもむくことはローマからのユダヤ人退去命令という思いがけない事態のために妨げられ、またエーゲ海周辺にいくつかのパウロ的教会が成立したものの、信者の倫理的な態度における統一性においての問題を決定的に解決することができなかった。

いくつも成立したパウロ的教会共同体にたいしては、エルサレム教会主流から律法主義的なキリスト教のあり方に移行するようにとの働きかけが行われたようであり、少なからぬ者がこの働きかけに応じたようである。

パウロは自分が成立させた教会共同体からのこうした流出を食いとめようと努力したようだが、必ずしも望んだような効果はなかったようである。パウロ的教会共同体からエルサレム教会主流の側に移行する者が出てしまう根本的理由は、やはりパウロ的教会共同体における組織的・倫理的無秩序であったと思われる。

こうした状況を前にしてパウロは、エルサレム教会主流との和解を模索しようとしたと考えられる。つまりエルサレム教会を頂点とする教会組織のなかに自分の教会共同体を位置づけて、組織的な権威において教会共同体の秩序を制御しようとしたのである。

逮捕

アンティオキア事件の後にパウロが旅立ったのは五〇年のことと考えられる。そしてパウロは五二年に一度エルサレムを訪れたのかもしれない。しかしこの短いエルサレム訪問については詳しいことは何もわからない。こうしたエルサレム訪問が本当にあったのかに疑念をはさむ研究者も存在する。

いずれにしてもこの五二年のエルサレム訪問によってパウロの活動のあり方が大きく変化した様子はない。そしてパウロはふたたび五八年にエルサレムを訪問する。エルサレム教会の指導者はパウロを拒絶はしなかったが、パウロはいたって冷ややかな対応しか受けなかった。

そしてパウロをめぐってのユダヤ人の騒動がエルサレムで生じてしまう。ユダヤ人たちにとって絶対の権威をもつ律法をないがしろにする立場をとっている者としてパウロが有名となっていて、ユダヤ人たちの反感をかっていたからである。キリスト教運動はこの段階ではまだユダヤ教の一つの流れであり、パウロの活動もふくめてユダヤ教の展開の一つの試みとして一般ユダヤ人にも受け取られていたことが、このことからもうかがわれる。

エルサレムでのこの騒動は大規模なものとなり、ローマ当局が介入し、パウロは逮捕されてしまう。これ以降パウロは生涯の最後まで囚人として過ごすことになる。パウロはこれ以上積極的に活動を展開させることができなくなってしまう。このエルサレム訪問の際には、パウロの弟子たちもつきしたがっていたようだが、彼らは失意のうちに故郷に帰ったであろう。この限りにおいてパウロの企ては失敗に終った様相を呈したのである。

第六章　ユダヤ人社会の危機

1　ユダヤ戦争の敗北

反ローマ的気運

一世紀半ばをこえたころになるとローマ帝国内外の情勢に変化が生じる。そしてユダヤ人社会がその影響の下に大きく変化し、結局のところユダヤ人社会は重大な危機に立たされる。そしてこのことはキリスト教運動の運命にも大きな意味をもつことになる。

ローマ帝国内外の情勢の変化とは、簡単に述べるならば、ローマの拡大が思うように進まなくなったということである。特にローマは東のパルチア帝国との戦争で決定的勝利をおさめられなくなってしまう。このことはローマは無敵ではないということが示されたことを意味する。このためにローマ帝国内の被支配民族のあいだに反ローマ的気運が盛り上がる。

こうした流れのなかでユダヤ人のあいだでも反ローマ的雰囲気が強くなり、かつては孤立した過激派集団であったゼロテ派が次第に主導権を握るようになる。この結果、最終的にはユダヤ人たちが団結して実力をもってローマ帝国に反乱を起こすことになった。これが六六年にはじまったユダヤ戦争である。

ディアスポラのユダヤ人たちの反乱はほどなく鎮定されてしまう。しかしパレスチナにおける反乱は、当初はユダヤ人側が勝利する。ローマ帝国は途中で皇帝になるヴェスパシアヌスを総司令官とする軍隊を送って事態の収拾にあたり、彼が皇帝となった後は、その長子であるティトゥスが総司令官となった。当初の勝利に気をよくしたユダヤ人側に意見の対立が生じたこともあって、ローマ軍は結局のところ七〇年にエルサレムを陥落させ、エルサレム神殿も破壊してしまう。ユダヤ人の国粋主義的な企ては失敗に終わったのである。

ユダヤ戦争での敗北は、ユダヤ人に大きな損害をもたらした。しかしこれでユダヤ人が全滅してしまったのではない。すでに指摘したように、ユダヤ人は少数派とはいえローマ帝国の一割を占める大きな勢力である。ローマにたいしてほぼ全面的な反抗を企てたからといって、それでユダヤ人全体を抹殺することなど不可能だし、ユダヤ人の民族的・社会的まとまりを解消させてしまうことは事実上不可能である。

様相は一変

多くのユダヤ人が戦争後も生き延びることになる。ユダヤ人社会は立て直されねばならない。ユダヤ人のあいだで何らかの秩序が取り戻されることはローマ当局の側にとっても望ましかったであろう。

こうした状況のなかでユダヤ人社会の立て直しにあたったのは、パレスチナにあるヤムニアという小さな村に集まったファリサイ派の学者たちだった。ヨハナン・ベン・ザッカイがその指導者である。ユダヤ戦争後のユダヤ人社会の指導的立場をファリサイ派が独占することになったのは、選択の余地のないことであった。ユダヤ戦争以前のユダヤ人社会においてさまざまな流れが並存していたことは、すでに見たとおりである。ユダヤ戦争以前のユダヤ教は包容力に富んだ、多元的な存在であった。だからこそ最終的にはキリスト教となるような運動も発生しえたし、パウロが行ったような律法の権威をほぼ全面的に否定するかのような活動もある程度は発展することができた。しかしユダヤ戦争を経て、ユダヤ教の様相は一変してしまう。

ユダヤ戦争の敗北は、ゼロテ的解決策が失敗に終わったことを意味する。ユダヤ戦争後もゼロテ的野心は完全に消えてしまったのではなく、ユダヤ人たちのなかにはふたたびローマにたいする反乱を試みようとする者もいた。特に二世紀前半、一一五〜一一七年にはキプロス、エジプト、キレナイカ（いまのリビア東部）、メソポタミアなどでユダヤ人の反乱が生じ、また一三二〜一三五年にはバル・コクバの指導によっていくらか大規模な反乱が生じる。このバル・コクバの指導による反乱は「第二次ユダヤ反乱」と呼ばれる（この場合、六六〜七〇年の「ユダヤ戦争」が、「第一次ユダヤ反乱」とされていることになる）。しかしどれも鎮圧されてしまい、以後、ゼロテ的動きはほぼ完全に消えてしまう。

またユダヤ戦争によってエルサレム神殿が破壊されてしまったために、神殿制度を根拠とする祭司勢力であるサドカイ派は、その存在根拠を失ってしまう。

エッセネ派はそもそも一般ユダヤ人から断絶する立場を選択していたので、ユダヤ人社会全体の指導を担うことはできない。

ヘロデ派は親ローマの勢力であり、ヘロデ・アグリッパ二世はパレスチナ北方の領域の管理を一世紀末まで任されていた。しかし反ローマの雰囲気が高まって反乱にまでいたった直後の状況の収拾を、明らかに親ローマ的傾向の勢力が担うことは困難だっただろう。ヘロデ・アグリッパ二世が管理する領域は、ユダヤ人たちのうちの親ローマ派ないし反乱に加わらなかった者たちが逃げこむ場として留保されていた観が強い。したがってユダヤ人社会を全体的に管理しえる勢力としては、ファリサイ派しか残っていなかったのである。

しかもファリサイ派はもともと政治的には比較的無関心で、個々人の日常生活のレベルで実行可能な範囲内で律法の規定を守ればよいとしていた流れである。少なくともはっきりと反ローマ的ではないという点において、ローマ当局によって容認されやすい立場でもあった。ファリサイ派の指導によってユダヤ人社会は、律法主義的な保守的傾向に収斂《しゅうれん》することになり、ユダヤ教に内在していたその他の多様な発展の可能性は閉ざされてしまう。

ユダヤ教の民族主義派と普遍主義派

しかしユダヤ教についての大きな視野から見るならば、ファリサイ派によるこうした保守的な硬直化によって生じた流れは、ユダヤ教の民族主義的な流れと普遍主義的な流れが分離して、その結果生じた一つの流れに過ぎないと考えるのも可能である。こうした見方から考えるならば、普遍主義的な流れを担うことになったのはキリスト教の流れであったといえるかもしれない。

したがってファリサイ派の指導によるユダヤ教の民族主義的な流れ——この流れは基本的に今日にまでおよんでいる——だけを「ユダヤ教」と呼んでしまうのは、もしかしたら誤解を招くかもしれない。この流れをたとえば「ユダヤ教の民族主義派」とでも呼び、キリスト教と呼ばれることになる流れを「ユダヤ教の普遍主義派」としたほうが適切かもしれない。

どちらの流れにとっても神はおなじ神であって、そのおなじ神に忠実であろうとしながら、社会宗教的な面においてどのような態度をとるかについての立場がわかれているだけである。理屈をいうならば、もしユダヤ教との決別を徹底させたいならば、神のレベルにおいてもはっきりと区別をもうけるべきだということができるかもしれない。実際に、たとえばキリスト教的グノーシス主義などに認められるように、自分たちの神は従来からのユダヤ教の神とは別個の存在であると主張する流れもあらわれるようになる。しかしこのような主張は異端として退けられ、実質的な影響をおよぼさずに終ってしまう。

2　キリスト教の独立

茫然自失

ヤムニアのファリサイ派は非政治的な律法主義を徹底させ、その方針にしたがわないユダヤ教内部の少数派の流れを厳しく排除した。ユダヤ人社会の側のこうした態度の変化によって、それまでユダヤ教の一つの流れという位置にあったキリスト教運動は、ユダヤ教から分離せざるをえなくなってしまう。

ここにおいてイエスがはじめた運動を継承する流れは、ユダヤ教とはまったく別個の存在、すなわちキリスト教という流れとして独立を余儀なくされてしまう。

ユダヤ戦争をめぐってのキリスト教徒たちの立場は、必ずしも一致していなかったと思われる。キリスト教徒たちは反乱の際に、トランスヨルダンのペラという町に逃げたという報告が残っている。しかし他のユダヤ人とともにローマにたいして戦ったキリスト教徒も少なくなかったであろう。またユダヤ戦争後のユダヤ教の展開においてキリスト教がユダヤ教から分離せざるをえなくなった際に、保守化したユダヤ教の側に残ることを選択した者も少なからずあったであろう。

ユダヤ人社会・ユダヤ教のこうした急激な変化にどのように対応するかについて、キリスト教の側では必ずしも統一した方針が準備されていなかったのである。したがって、ユダヤ人社会・ユダヤ教から締めだされたキリスト教徒たちは、いわば茫然自失《ぼうぜんじしつ》の状態にあったと考えるのが適当だと思われる。

姿を消したヤコブ

ユダヤ戦争をめぐる混乱でキリスト教側がこうむった痛手としてまず指摘しなければなら

ないのは、エルサレム教会が実質的に消滅したことである。大きな尊敬を集め、圧倒的な権威を享受していた主の兄弟ヤコブが姿を消してしまう。ローマにたいする反乱に立ち上がる雰囲気が次第に濃厚となっていた六〇年代前半のエルサレムで、ユダヤ当局によって処刑されたと考えられる。そしてユダヤ戦争によってエルサレムとその神殿が破壊され、エルサレムはユダヤ人世界の中心としての機能を失ってしまう。

それでもキリスト教徒の一部はエルサレムに戻ったようである。ヤコブの後継としてイエスの叔父クレオパの子であるシメオンという者が選ばれ、組織を維持しようとしたらしい。彼は二世紀のはじめまで、この地位にあったようである。しかし彼の活動について詳しいことは何もわかっていない。

またイエスの弟のユダの二人の孫が、ドミチアヌス帝（在位八一〜九六年）の前に出頭したという報告が残っているが、彼らについてのこれ以外のことは知られていない。いずれにしてもエルサレム教会は、以前のような権威を取り戻すことは決してなかった。

ネロの迫害

このこととあわせて言及しなければならないのは、六四年にローマで生じたネロによるキリスト教徒への迫害である。この迫害を、いくらか正気を失いかけたネロ皇帝の気紛《きまぐ》れによる事件としてとらえるのはおそらく不十分だろう。ローマ帝国の拡大政策が行き詰まりをみせ、各地の被支配民族のあいだで反ローマ的雰囲気が盛り上がるなかでの、一つの苦肉の策といった面もあったかもしれない。四九～五〇年ごろのクラウディウス帝によるローマからのユダヤ人追放の命令があったことから、ユダヤ人にたいして圧力をかけることに意味があるとローマ当局が考えていたことがうかがわれる。しかしネロが迫害の対象としたのはキリスト教徒だった。これはユダヤ人にたいする一つの牽制《けんせい》の意味をもっていたのではないだろうか。

この迫害はキリスト教徒たちにとっては、別様の意味をもったと思われる。この迫害によってローマのキリスト教徒の多くが残虐きわまりないやり方で犠牲となった。ペトロとパウロがネロの迫害の直接の犠牲者なのかどうかは、確実ではないが、いずれにしても、ほぼこのあたりの時期に、この二人のキリスト教世界の大物の姿は消えてしまう。つまり六〇年代前半に、キリスト教世界は、主の兄弟ヤコブとペトロとパウロという指導的な大人物を相次いで失ったのである。

ユダヤ人共同体のメンバーではなくなる

またネロによる迫害は、ローマ当局がキリスト教徒をユダヤ人とは別個の集団として認識して、キリスト教徒だけに迫害を行いえることを示した最初の出来事である。外部から見ても、キリスト教徒がユダヤ教徒とは別の存在であることが認識できるようになってきたのである。

ユダヤ人は有力な少数派で、ローマ帝国においてかなり優遇されていた。キリスト教徒がユダヤ教徒の一種であると見なされるならば、ローマ側からのこうした優遇措置の恩恵にあずかることが期待できた。しかし、ネロの迫害によって必ずしもこのようには期待できないことが明らかになったのである。こうした状況のなかでユダヤ戦争が生じて、戦後のユダヤ人社会の保守的な再編成の過程で、キリスト教徒たちはユダヤ教から追放されてしまう。またユダヤ戦争後にユダヤ人たちは、ローマ当局から警戒の目で見られたであろう。この警戒の目から逃れるためにキリスト教徒たちはユダヤ教徒とは別個の存在であることを主張できたであろう。しかしキリスト教徒であることは、必ずしも迫害を受ける危険から逃れることを意味しないのである。

ユダヤ戦争までのキリスト教徒は、基本的には各地のユダヤ人共同体のメンバーであり、シナゴーグでの活動に他のユダヤ人とともに参加し、そのうえで自分たちなりの活動も行っていた。ユダヤ人社会・ユダヤ教からキリスト教徒たちが締めだされたということは、具体的にはまず各地において彼らがユダヤ人共同体のメンバーではなくなり、シナゴーグでの活動に参加できなくなったことを意味する。

彼らは、各地で自分たちだけの共同体を作らざるをえなくなり、シナゴーグでの活動を模倣した活動を、保守化したユダヤ教のシナゴーグとは別個に行うことになる。こうして個々の教会共同体が成立する。

しかしこうしたことはユダヤ教とキリスト教のあいだの出来事であって、ネロによる迫害のような事件があったとはいえ、一般的にはキリスト教はユダヤ教の一派であるかのように見なされかねなかったと思われる。このためにキリスト教徒たちも、ユダヤ人たちと同様に警戒の目で見られたであろう。また先ほど指摘したように、キリスト教徒がユダヤ教徒であることを主張するのも必ずしも得策ではなく、不用意に外部の目を惹《ひ》くばかりであったであろう。反乱の直後の状況においてキリスト教徒たちは、当局を刺激しないようにおとなしく日々を過ごすことを余儀なくされたと考えられる。

3　キリスト教の権威とはなにか

便宜的な扱われ方

ここでキリスト教の側における権威をめぐる問題について、整理しておきたい。キリスト教にとっての基本的権威は、キリスト教運動の開始の状況から考えるならば、神であり、そして復活のイエスだと述べることができるだろう。しかしさらに実践的・具体的な場面で権威が問題となると、様相が複雑になってくる。

シナゴーグから分離して成立した各地の教会共同体においては、シナゴーグの場合とおなじように、聖書が尊重されていたと思われる。この場合の聖書とは、シナゴーグから受け継いだところの聖書、つまり後にキリスト教の立場から旧約聖書と呼ばれることになるユダヤ教起源の聖書のことである。教会共同体の活動のあり方は、シナゴーグの活動のあり方の模倣からはじまったので、これはいわば自然な成り行きであった。しかしシナゴーグでのように、組織立った朗読やその解説が行われたかどうかまでは、はっきりしない。

またシナゴーグから受け継いだ聖書の全体が、シナゴーグでの場合のように絶対的権威をもつものとして位置づけられていたかは微妙である。すでに見たように初期キリスト教運動の段階から、ユダヤ教の聖書の扱われ方には便宜的な面が認められる。

つまり聖書は、ユダヤ教において権威あるものとされていることから、ユダヤ人にたいする働きかけの場面において利用価値があるという理由で用いられていた様子がある。イエスの権威や、復活者によって与えられた神の霊との関連において、聖書の個々の箇所の価値や解釈が決められていたのである。これまでの活動のあり方をすぐに変更することはできないということもあっただろう。この時期のキリスト教においてはまだユダヤ人出身の者が多かったと思われるので、聖書が尊重されつづけられるといった事情もあっただろう。

しかしユダヤ教から分離してしまった状況においてユダヤ教の聖書をどのように位置づけるかについて、動揺が生じてきた。

キリスト教がユダヤ教から分裂してしまったことから生じる結果として重要な要因となるのは、キリスト教を構成している者たちの種類の変化である。ユダヤ戦争後にキリスト教がユダヤ教と分離してしまうと、ユダヤ人で新たにキリスト教徒になる者の数は激減したと思われる。したがってキリスト教徒の大部分は、非ユダヤ人出身のキリスト教徒になってしまう。

彼らにとって、ユダヤ教的でしかないものは、いわば無関係である。キリスト教はユダヤ教を乗りこえたのであれば、なぜ、そのユダヤ教の遺物をいつまでも尊重しなければならないのかということになりかねない。

それでもユダヤ教の聖書がキリスト教側でも尊重されつづけた理由としては、つぎのような点を指摘することができるだろう。

(1)ユダヤ教の聖書にはイエスについての預言がふくまれているとされている。ユダヤ人にとって預言者の言葉は権威があるので、それがイエスについての予告ならばユダヤ人を説得する上では有効である。したがって、この点は、ユダヤ人にたいする伝道を行っている時期には大きな意味をもった。しかし非ユダヤ人出身のキリスト教徒にとっては、預言の言葉は異なる民族の遠い昔の者の言葉である。預言者も神によって遣わされた者だから意味がないのではないと説明できるかもしれないが、かなり迂遠《うえん》な議論である。神やイエスの意義を認める上で、異なる民族の長い歴史を学ばねばならないということは、はたしてどうしても必要なのかということになる。

(2)ユダヤ教の聖書は古くから伝えられたものであって、とにかくもユダヤ人のあいだで尊重されてきたものである。古くから尊重されたものには価値があるというぼんやりした雰囲気があって、この機能も大切である。しかもそこには、キリスト教においても神と認められている神のことが記されており、またイエスについての預言も記されているとなると、旧約聖書を無闇に退けることもはばかられる。

(3)またユダヤ教の聖書には、世界は神の創造物であって、良いものだとするモチーフが見られる。ユダヤ教の神は「悪」の神であって、キリスト教の神とは別のものであり、そしてこの世界は「悪」であるとするグノーシス主義的な勢力が強くなると、これと対抗するために旧約聖書の権威を強調することは有効な手段だった。

(4)またキリスト教の側で、道徳的無秩序の問題が深刻なものとなった際に、キリスト教徒が共通して認めることのできる道徳的規範が必要となったが、旧約聖書に記されている道徳的規範を利用するのは、必ずしもしっかりした根拠があるのでなくても(旧約聖書の道徳的規範はユダヤ人だけに適用されるべきものなのかもしれない)、他の規範よりも広くキリスト教徒たちを説得するには便利だった。また知恵文学的なテキストに見られる普遍主義的な考察からキリスト教の意義を証明することも、比較的説得力をもつ手段だった。

しかしユダヤ教の聖書には、ユダヤ中心主義・民族中心主義的な立場が強く主張されているようなところが少なくない。したがってユダヤ教の権威についてあからさまに議論されることはあまりなかったとしても、その権威が基本的には二次的なものであったことには変わりはないというべきである。

口承の律法を維持する手段の欠如

またユダヤ教の律法は「書かれた律法」すなわち聖書と、それから口承で伝えられていた律法とがあると確認した。この口承の律法の権威は、キリスト教の側では急激に薄まっていき、結局のところまったく問題にされなくなる。

このことにかんしてキリスト教の側で議論が戦わされた様子はない。この口承の律法は、シナゴーグにおいて、ラビがかなり長期間にわたって教育活動を行ったことで支えられていたものである。書かれた聖書ならば、一部の者が労力を惜しまなければ、キリスト教側でも所有することができる。しかし口承の律法は、簡単には習得できないし、一部の者だけが習得しても意味がない。したがって口承の律法が重んじられなくなったことについては、神学的な検討の末の結論として生じたということよりも、ユダヤ戦争後にシナゴーグから追放されたキリスト教の側には、口承の律法を維持する手段が欠如していたという事情が決定的だったと推測される。また口承の律法には、律法についての実践的な面についての細かい議論が多くふくまれていたと思われる。しかし非ユダヤ人出身キリスト教徒にとっては守る必要のない律法のこまごました規定についての詳細にわたる議論は、異民族の習慣の問題でしかなく、また煩瑣なばかりである。もっとも、こうした推測があてはまると思われるのはおもにギリシア語圏についてであって、アラム語圏でもおなじような状況だったかどうかは別に検討する必要がある（後述）。

「主の言葉」と「使徒の宣教」

ユダヤ教起源の旧約聖書の権威に不安定な面があったのにたいして、キリスト教独自のさまざまな伝承に権威があることについては、基本的には問題がなかったと思われる。このキリスト教独自の伝承は、基本的には口承であり、イエスの言動についての情報と、それらに次第に付加されてきたさまざまな思索や教えによって構成されていた。しかし個々の教会共同体においてどのような範囲のものが保存され用いられていたのかを具体的に確定するのは困難である。

この段階において後に新約聖書を構成することになる文書のうちすでに成立していたのは、マルコ福音書と、パウロの真筆のいくつかの書簡だけであり、もしかすると第一ペトロ書もすでに成立していたかもしれない。

パウロ的教会共同体はエーゲ海周辺の限られた地域に存在していただけであり、しかもその勢力はかなり衰えていたと考えられる。パウロの書簡とそのコピーはこれらの教会の古文書のなかに収められて保存され、これらの教会共同体でいくらかは用いられていたのかもしれないが、キリスト教全体において用いられていたといった状態ではなかった。

またマルコ福音書は次第に流布《るふ》していたと想像されるが、この文書はそもそもエルサレム教会主流への批判として成立したものであり、キリスト教全体において認められるという状態にはすぐにはなりえなかったであろう。しかし後にマタイ福音書とルカ福音書がマルコ福音書を参考にして執筆されたことを考えるならば、マルコ福音書は徐々にではあるが、知識人のあいだで知られはじめていたと考えられる。

したがってユダヤ教から独立したばかりの各地のキリスト教共同体で、キリスト教独自のものとしてある程度以上の権威あるものとして認められていた情報は、基本的にはすべて口承の形式で伝えられ、保存されたものであった。そしてこの情報とは、具体的にはつぎの二つの種類の情報群によって構成されていたといえる。

まず、地上のイエスの言動にかんする情報と、復活のイエスによるものとされる指示についての情報。これらの情報は「主」の権威によって保証されていた。「主の言葉」といった用語でまとめられることが多い。

つぎに、教会活動のさまざまな経緯のなかでさらに付け加えられた教えや指示で、教会の枠内で価値があるとされるようになったもの。復活のイエスの権威によって使徒が与えたとされていたもので、これらの情報は「使徒」の権威によって保証されていた。「主の言葉」にたいして、「使徒の宣教」といった言葉でまとめられることが多い。

称号としての使徒

キリスト教において「主」の権威が根本的なもので、揺るぎないものとされているのはいわば当然のことである。しかし、さらに「使徒」の権威が強調されることは特徴的なことと思われる。「使徒」という語にかんしては、「使徒」という称号で呼ばれた具体的な人物についての用法と、「使徒的権威」が問題とされるいわば形容詞的な用法とを区別して理解する必要がある。

日本語で「使徒」と訳されている表現は、ギリシア語の「アポストロス」(apostolos) の翻訳である。「アポストロス」は「派遣する」「遣わす」という意味の「アポステロ」

(apostello) という動詞から派生した語で、「遣わされた者」「送られた者」、すなわち一般的な訳語を用いるならば「使者」という意味の語である。「使者」はたんに送られるのではなく、送る者の権限をその使者が代表し、その権限において情報を伝えたり、命令された事態が実現されるべく必要な措置をとったりする者のことである。たとえば、皇帝や王の「使者」である。

この語は、キリスト教運動のかなり早い時期から、キリスト教世界において最高の権威を担う者について適用される「称号」として用いられていた。しかし誰が使徒であるのかは、実際には必ずしも明確ではない。地上のイエスに直接につきしたがって、イエスの言動の直接の証人となりえる者、すなわち地上のイエスの直接の弟子であることが使徒の条件であるような雰囲気もあるが、地上のイエスの直接の弟子のすべてが使徒であるのではない。

称号の権威

使徒である者としてまず頭に浮かぶのは、まずは「十二使徒」と呼ばれた者たちである。ペトロ、それからゼベタイの子であるヨハネとヤコブなどである。彼らは「イスラエルの十二部族」という概念にある「十二」という数字にあやかって「十二人」というグループを構成し、大きな権威をもつようになり、そのうえで彼らが「使徒」という称号で呼ばれるようになったと考えるべきだろう。福音書の記事に見られるように、このグループの成立についてイエスが主導的な役割を演じた可能性はかなり大きいと思われるが、確言することはできない。

またこの「十二人」ないし「十二使徒」が本当に十二人で構成されていたのかという問題がある。ペトロ、それからゼベタイの子であるヨハネとヤコブなどがこの「十二使徒」のグループを構成していたが、新約聖書に記されているリストにおいて全員の名前が必ずしも一致していない（マタイ福音書一〇・二―四、マルコ福音書三・一六―一九、ルカ福音書六・一四―一六、使徒行伝一・一三）。またほとんど何の活動も具体的に報告されていない者の名前もふくまれていたりする。

こうしたことから、具体的に確定した十二人の者が本当にこのグループを構成していたと考えるよりも、必ずしも十二人という人数でない者が集まって、ただそのグループの名前を「十二人」としたと考える方が現実的である。

また使徒の称号は、この「十二人」グループに限定されないで使用される可能性もある。特にパウロは、地上のイエスの直接の弟子でないのは明らかだが、自分が「使徒」の称号を適用されるべき存在であり、それに見合った権威を有していることを主張しようとしている（ローマ書一・一三、第一コリント書四・九、ガラテヤ書一・八など）。パウロのこうした主張が、エルサレム教会主流によってそのまま認められていたとは考えにくい。しかし自分に権威があるのを確立することに腐心するパウロが、このように使徒の称号に執着することは、いかにこの称号に権威があったかをうかがわせる。またバルナバという人物も使徒と見なされていた可能性がある（使徒行伝一四・一四）。

エルサレム教会の第一人者となった主の兄弟ヤコブは、使徒とは呼ばれなかったようである。ヤコブは自分を使徒以上の者として位置づけようとしていたためかとも思われるが、これは想像の域を出ない。また一応のところヤコブの後継者とされた者も、使徒と呼ばれた様子がない。もしかしたら「使徒」の称号が安定した権威あるものとして用いられるようになったのは、主の兄弟ヤコブがエルサレム教会の最高指導者になった時期ではないかと考えてみることも不可能ではない。しかしこの点について、はっきりしたことを述べることはできない。

ユダヤ戦争後の状況においては、すでに確認したように、エルサレム教会の権威はキリスト教世界で実質的意味をほとんどもたなかったので、主の兄弟ヤコブによって創始されたと思われる「使徒以上の地位」の意義は失われてしまう。

「使徒的」という言葉の重み

こうして使徒の地位は、キリスト教世界においてたいへんに高い権威をもつ者に適用される称号となる。けれども使徒は「一代きり」の称号である。これはやはり、使徒であるためにはイエスの直接の弟子でなければならないという条件が働いているためだと思われる。しかしパウロがイエスの直接の弟子でないことは確実である。パウロが自分を使徒であると主張したり、後に彼が使徒として広く認められる場合に、この条件は必ずしも尊重されていないことになる。

しかし「使徒」という言葉は「使徒的」という形容詞的用法において、重要な意義をもつ。「使徒的」という言葉は、キリスト教独自の情報について、何が真正のものであり、権威あるとされるべきかが問題にされる場面で用いられるようになる。つまり「使徒的伝承」「使徒的教え」が真正で、権威あるものであるとされる。

何が使徒的であるかを決定するのは教会であり、いわば教会全体のコンセンサスによって決定される。しかし必ずしも会議のようなもので決定されたり、何らかの権威ある者や組織が明文化するといった形で決定されるのではない。何が権威あるものなのかが問題になる際に「使徒的」といった用語が用いられるのだが、その「使徒的」であることの内容はなかなかはっきりしない。このことは、新約聖書正典となる文書の確定の過程を検討するなかで、これ以降において具体的に見るところである。

このような用法の「使徒的」という語が次第に用いられるようになったのは、イエスのもの、使徒のものとされる情報が勝手に変更されたり付加されたりすることが多くなってきたからである。またイエスのもの、使徒のものとされなくても、さまざまな伝承や文書が新たに作られ、一部のキリスト教徒たちにおいて権威をもつようになる。そのような状態に規制を加える必要から、成立してきた用法と思われる。ユダヤ戦争後の混乱が一応のところおさまってくる一世紀末近くになってくると、キリスト教世界における権威がどこに存しており、それをどのように保全するかが、中心的な問題となってくる。

アラム語圏で成立しなかった文書集

ここでアラム語圏の問題について、簡単に検討したい。

新約聖書に収められることになる二七の文書はすべてギリシア語で書かれている。それぞれの文書もすべてまずギリシア語で書かれた。個々の文書についてまずアラム語で書かれたものがあって、それがギリシア語に訳されたとする仮説が提案されることもあるが、研究者たちのあいだで一致して支持されたことはない。いずれにしてもそのようなアラム語原本ないしそれに近い写本は、発見されていない。

アラム語圏において文書の執筆活動や、書かれた文書を尊重する態度が認められないわけではないが、ギリシア語圏にくらべるならばはるかに小規模である。

イエスやその直接の弟子たちは、アラム語を用い、おそらくギリシア語を解さなかったと考えられる。キリスト教運動はアラム語で開始されたのである。しかしギリシア語圏における新約聖書に匹敵するような権威ある文書集は、アラム語圏では成立しなかった。

重要性の低下

新約聖書の文書が問題となるような文脈でアラム語圏のことが問題になる場合には、「シリア語」での活動が言及される場合がほとんどである。「シリア語」は、アラム語のさまざまな方言のうちの一つである。イエスが用いていたのはパレスチナ・アラム語といわれる別の方言である。

ユダヤ戦争以前の時期、パレスチナではパレスチナ・アラム語を用いて、活発な知的活動が行われていた。これはおもに律法をめぐる議論である。しかしユダヤ戦争以降、この活動は急激に下火になる。ユダヤ戦争後もエルサレムでユダヤ人が生活することが禁じられたのではなかった。しかし町はかなり破壊され、殊に神殿が破壊されて、エルサレムはユダヤ人世界の中心としての機能を失ってしまう。しかもキリスト教はユダヤ教から分裂してしまう。したがってキリスト教にとってのパレスチナ・アラム語の重要性は、低下してしまう。

口承を重視する主流派

キリスト教運動が展開して、各地のシナゴーグ周辺にキリスト教徒になる者があらわれる。この際に忘れてならないのは、キリスト教はローマ帝国の版図《はんと》内に限られた現象ではなかったということである。

東方のパルチア帝国の版図においてもキリスト教はある程度の成功をおさめていたであろう。特にメソポタミア南部は、エジプトのアレキサンドリアにならぶディアスポラのユダヤ人の二大中心地の一つであり、ここには多くのユダヤ人がいた。したがってキリスト教徒になった者も少なくなかったと考えられる。このメソポタミア南部では知的活動も盛んで、後に、膨大なバビロニア・タルムードが成立する。

にもかかわらず、アラム語圏でのキリスト教世界で文書をめぐる活動がある程度以上活発となるのは、シリア語圏においてだけである。特に不思議なのは、メソポタミア南部でのキリスト教による文書活動が、ほとんど皆無のように見えることである。

資料が残っていない事態については、まさに資料がないという状況のために、その理由を探ることは困難である。しかしここでは思いきって、つぎのような説明を試みることにしよう。

この問題と関連して注目すべきは、エルサレム教会主流において文書作成の活動がほとんど行われなかったと思われることである。新約聖書の記述のなかでエルサレム教会主流の文書として報告されているのは、ユダヤ人出身キリスト教徒と異邦人出身キリスト教徒との共卓の問題から生じた事態を収拾するために書かれたとされる、いわゆる「使徒決定」の手紙だけである（使徒行伝一五・二三―二九）。エルサレム教会主流の活動についての資料は、パウロの手紙などに散見される報告や使徒行伝の記述だけであり、また福音書の記述などから間接的に状況を推し測るしかない。

その他に、第一ペトロ書はペトロが執筆したもの、あるいはペトロの口述を筆記したものと考えられるかもしれない。またヤコブ書は、著者をヤコブに擬したもので、ユダヤ戦争後に成立したものである。これらの文書は、エルサレム教会主流の立場をある程度以上反映しているかもしれない。しかしこれらの文書はギリシア語で書かれている。たとえこれらの文書を考慮に入れたとしても、一時はキリスト教世界全体にたいして圧倒的な権威をもったエルサレム教会が残した文書としては、量的に貧弱なのは否めないだろう。

このことはたいへん特徴的なことであり、エルサレム教会主流においてキリスト教独自の情報は口承であったことを端的に物語るものである。エルサレム教会主流の立場からは、文書を作成してそれを権威あるものとするのは、それほど必要なことだとは感じられていなかったことになる。

これにたいし、ギリシア語圏では文書活動が開始され、やがて活発に行われるようになる。まず重要なのは、まとまった文書として最初に成立したのがマルコ福音書だという事実である。最初に書かれた福音書であるマルコ福音書は、エルサレム教会主流に反対する立場から、特に口承の情報を重要視する権威のあり方を批判するために書かれたと考えられる。

またパウロの書簡がパウロ的教会共同体において回覧されたりして、権威ある文書であるかのように用いられている様子も、ギリシア語圏で文書活動が活発になることにある程度は影響を与えたであろう。エルサレム教会主流の者でこうした影響を受けた者も一部にあったかもしれない。たとえば第一ペトロ書は、そのような者によって書かれたのかもしれない。巡回する伝道者となっていたペトロは、パウロ的教会ともかなり接触していたと考えられる。

またヤコブ書の著者が、パウロ的教会のあり方をかなり知っていることは確かである。しかし、こうしたことだけでエルサレム教会主流の側の状況が一変したとは考えられない。第一ペトロ書とヤコブ書が比較的孤立した文書であり、ギリシア語で書かれていることは、文書を作成するという活動のあり方がアラム語圏には生じなかったことを物語っている。

外国で生じた事件

つぎに重要と思われるのは、ユダヤ戦争後のユダヤ教とキリスト教の分離である。シナゴーグから追放されたキリスト教は独自の道を模索せざるをえず、したがってユダヤ教の聖書以外のキリスト教独自の要素が安定した権威をもつことの必要性が高まっただろう。だからといって書かれた文書だけが意義あるものとされたのではなく、口承の伝承も引きつづいて価値あるものと考えられていたことは、これ以降の検討においても認められるところである。しかし口承の情報にくらべて、書かれた文書がはるかに安定していることは大きな魅力となったと想像される。

しかしユダヤ戦争は、ユダヤ人たちのローマ帝国にたいする反乱であり、ローマ帝国の範囲内の出来事である。ユダヤ戦争後のユダヤ教建て直しを担ったヤムニアの学者たちも、パレスチナに本拠をおいて、いわばローマ当局の暗黙の支持の下に新しい方針を打ちだしたのであって、ユダヤ教の保守化も、そこから帰結したユダヤ教とキリスト教の分離も、まずはローマ帝国の側におけるユダヤ教の出来事である。

パルチア帝国側のユダヤ人やキリスト教徒にとっては、これらは外国で生じた事件であった。したがってメソポタミア南部を中心とするパルチア帝国側のユダヤ人のあいだでは、ユダヤ教とキリスト教の分裂は、ローマ帝国側の場合ほどには劇的な形では生じなかったのではないだろうか。

しかもアラム語を用いるキリスト教徒たちは、基本的にはエルサレム教会主流に近い立場をとっていたと考えられる。つまりユダヤ教における伝統と慣習をかなり重んじる立場である。したがって彼らは、シナゴーグの活動から劇的に追放されるということもなく、キリスト教独自の情報についても昔からの口承のものを重んじる立場を変更する必要に強く迫られることがなかったのではないだろうか。

ローマ帝国側のシリアを中心とするキリスト教徒たちの状況は、ギリシア語圏での展開とパルチア帝国側のアラム語圏での状況との両方の影響を受けたであろう。シリア地方は、シリア語とギリシア語の二ヵ国語地帯だった。

ギリシア語圏からの影響によって書かれた文書が尊重されるということも生じてくる。ギリシア語で書かれたものを原本としてシリア語に訳された文書が尊重されたばかりでなく、シリア語でもいくらかは著作活動が行われた。しかし口承の情報を重んじつづけるパルチア帝国側のアラム語圏の状況にも影響を受けて、口承の情報を重要視する態度も強く残ったのではないだろうか。

こうしてシリア語圏では、旧約聖書にならぶような権威をもつ新約聖書が成立するという段階までの発展は生じなかったと考えられる。

以上の説明はあくまで憶測である。しかし資料が極端に限られているからといって何の検討も加えないと、パルチア帝国側にはキリスト教徒が存在しなかったかのような印象を抱きかねない。またさまざまな文書が執筆されて権威をもつようになり、新約聖書の成立に帰結したという現象が、じつはギリシア語圏に限られた特殊な出来事であるということが見失われてしまうかもしれない。こうした不適切な理解を避けるためには、このような憶測を試みることもまったく意義のないことではないだろう。

4　ヤコブ書とマタイ福音書

キリスト教をアピール

ユダヤ戦争での敗北前後のさまざまな混乱を経験したキリスト教徒は、大きく動揺したと考えられる。彼らにとっては、ローマ当局を刺激しないように日々を過ごすのに専心することが中心的な関心であったであろう。けれども彼らのあいだから、比較的早い時期に、新たな知的活動がはじまってくる。

ユダヤ戦争後の混乱で大きく動揺したのは、ユダヤ人もおなじだった。ユダヤ教がヤムニアのグループの指導によって一応の落ち着きを取り戻すためには、一世代以上の期間が必要であった。したがってこの時期にはユダヤ人のあいだにも、大きく変化するユダヤ人社会・ユダヤ教について疑念をもつ者が少なくなかったであろう。

ユダヤ戦争後、キリスト教側が行った最初の文書活動は、ユダヤ教に疑念をもつユダヤ人にキリスト教の優れた価値をアピールする動きのなかであらわれた。キリスト教こそがユダヤ教のもっとも完成した形態であって、ユダヤ人はキリスト教の側につくべきであると主張されるようになる。

このためにまず、律法の価値を積極的に評価するという手段が採用される。ヤコブ書に見られる傾向である。またいくらか遅れて成立したマタイ福音書にも、おなじような方向が認められる。この二つの文書においては、律法主義的なキリスト教のあり方が構想されていると述べてよいかもしれない。

しかし律法をどのように評価するかについては、ヤコブ書に見られる立場とマタイ福音書に見られる立場は大きく異なっている。

「貧しさ」が優先されねばならない——ヤコブ書

ヤコブ書は主の兄弟ヤコブを著者として擬した文書で、八〇年ごろの著作と考えられている。書簡形式になっており、「ディアスポラにおいて生活している十二部族」に宛てた形になっている。内容からうかがわれるところでは、読者として想定されているのは、まずはユダヤ的キリスト教徒だが、ユダヤ的キリスト教の然るべき姿を示すことで、キリスト教に関心のあるユダヤ人に訴えかけていると考えるべきだろう。

神との関係がくりかえし強調され、聖霊のテーマは扱われていない。キリストの位置づけや役割についての議論を「キリスト論」というが、キリスト論についてもほんのわずかしか触れられていない。したがって神学的にはユダヤ人にとって、たいへん親しみやすい内容になっている。そして強調されているのは、道徳的な生活を行うことであって、金持ちにたいして厳しく批判的で、「貧しさ」が特に優先されねばならないとされている。

無秩序が支配

またパウロ的教会における無秩序にたいして厳しい批判がなされていることは、この書簡の大きな特徴である。この書簡の著者がパウロの書簡をどれほど知っていたかは微妙だが、パウロ的教会の主張やあり方を著者はかなり知っており、また著者は、読者もパウロ的教会のあり方を知っていると想定している。

パウロ的教会では「信仰のみ」という考え方が先行してしまって、各人が勝手な振舞いをし、無秩序が支配している。著者は「信仰」を否定しているのではない。しかし「信仰」があるならば「行い」が伴わねばならないと強調される。

このようにパウロ的教会のあり方が批判されるのは、こうした無秩序なあり方がキリスト教に関心を抱いているユダヤ人たちを尻込みさせているからであろう。このような書簡が書かれるのは、キリスト教の側においてパウロ的教会のあり方を遺憾に思う勢力が存在したことを物語っている。

しかしこのことは、反対勢力の存在にもかかわらずパウロ的教会が、注目を集めるほどの活動を行っていたということも意味している。

ヤコブ書では、エルサレム教会の指導者で律法にたいして敬虔であったことで高名だったヤコブの思い出は、この書簡によって訴えかけようとしているユダヤ人のあいだでまだ高く評価されていると考えられている。

読者がパウロ的教会のあり方を知っていると想定されていること、そしてこの書簡がギリシア語で書かれていることをあわせて考えるならば、この書簡の読者は、パウロ的教会が存在したエーゲ海周辺に隣接した地域——さらに広く考えるとしても、パレスチナ、シリアから、小アジア、ギリシアにかけての地域——にいて、そしてエルサレム教会主流の影響が強く残っている領域のユダヤ的キリスト教徒およびユダヤ人たちだと思われる。エルサレム教会主流に近い立場の者がある程度以上まとまった文書を執筆するのは、ギリシア語圏の、しかもパウロ的教会の影響が感じられるごく限られた地域の現象でしかなかったのである。これは第一ペトロ書の場合にも認められる。

個人的英雄主義への呼びかけ——マタイ福音書

マタイ福音書もギリシア語で執筆されている。執筆時期はヤコブ書の場合よりもかなり後で、一世紀の末、九〇年代の前半あたりであろう。ユダヤ教側のファリサイ派的あり方が、かなり秩序立ったものとなってきている時期である。こうした状況を前にしてマタイ福音書の著者は、「偽善的な律法学者とファリサイ派の者たち」を厳しく批判する。そしてヤコブ書の場合とは逆に、キリスト論を強調し、ペトロ以来の教会の権威をこのうえなく高いものとして位置づけようとしている。

マタイ福音書の著者がマルコ福音書を資料として用いていることは確実であり、さらにそれ以外の資料も使われている。

しかし、マタイ福音書において強調されるのは、マルコ福音書の場合のように神との直接的なつながりをもった地上のイエスの行動に具体的にならうことではなく、イエスによって与えられたとされる厳格な道徳的教えにしたがうことである。ファリサイ派の者たちは、通常の生活において遵守できるように律法を妥協的に解釈している。しかしキリスト教はユダヤ教を完成させたものであり、各人には神の前に立つ者にふさわしい厳しい道徳的態度が要求されている。これはいわば「個人的英雄主義への呼びかけ」であって、理論的には美しいものとなっており、また野心的な普遍主義的構想も提示されている。

しかし道徳的要求があまりに理想的で、守ることが不可能だとすぐに分かるような要求も含まれてしまっている。たとえば、他人の妻を見て性欲をもよおしたら、それはすでに「姦淫」であり、目をえぐり出さねばならない（マタイ五章）。この教えにしたがって目をえぐり出した者は、古代以来、皆無であるようである。うがった見方をするならば、マタイはこのような「明らかに守れない掟」を示すことで、自信がなくて従順な「信者」をつくり出そうとしていたのではないか、と思われるほどである。

マタイ福音書の執筆においてマルコ福音書が資料として用いられていることは、マルコ福音書がヘレニストの枠をこえて、キリスト教徒の少なくとも知識人のあいだでは流布していた証拠である。けれどもマタイ福音書の著者は、マルコ福音書とは別の福音書を書くことを決意して実行したのであり、このことはマルコ福音書のあり方に満足していない者たちがいて、その場合に別の福音書の作成も可能であり、そのことに意義があるとされていたことを物語っている。

つまりマルコ福音書はある程度は流布していたが、不可侵の権威をもつものとは考えられておらず、たんなる参考資料として位置づけられており、しかも別の福音書を執筆しなければならないほどに不適切なものと、少なくとも一部のキリスト教徒たちには考えられていた。

第七章　脚光を浴びるパウロ的教会

1　パウロ的教会が変えたキリスト教

数万人程度の運動

キリスト教運動はその当初から、神の王国実現にかかわる運動として自らを基本的に位置づけており、まずは既存のユダヤ教の諸権威にかわって、復活のイエスの権威を背景にして神の民にたいする指導的な役割を担おうとしていた。

しかしこうした構想は、即日に実現したのではなかった。最初はユダヤ教の枠内で、ユダヤ教の一派として活動を行っていたが、ユダヤ戦争後の混乱のなかでキリスト教とユダヤ教の分裂が進行すると、キリスト教はユダヤ教から独立した運動とならざるをえなくなる。

前章で見たように保守化したユダヤ教にたいしてユダヤ教の完成した真の形態はキリスト教であると主張して、キリスト教とユダヤ教の分裂を食い止め、全体をキリスト教的なものに統合しようとする試みがなかったわけではない。

マタイ福音書の成立に認められるように、このような考え方は一世紀末にも依然として存続していた。しかしこうした試みは、実際にはたいへん小規模で散発的なものであった。またこうした試みによって、実際に大きな効果が生じたとは思われない。

ある学者が指摘するところによると、ユダヤ戦争後においてユダヤ教側は人数的には数百万にのぼる規模であったのにたいして、キリスト教は数万人程度の運動であったという。ユダヤ教の側から見るならば、キリスト教はごく小規模の運動であり、シナゴーグから追放されてキリスト教独自の組織がほとんどないような状態で、ただ神学的および倫理的な原則を強調するだけでは大きなインパクトをもつことはできなかったのである。

ユダヤ人出身者が激減

律法主義の方向に保守化する一方のユダヤ教との統合が実際上不可能であることは、ますます明らかになる。こうした状況において生じた現象として指摘しなければならないのは、ユダヤ人で新たにキリスト教徒になる者が急激に減少したと考えられることである。キリスト教徒は、次第に非ユダヤ人出身の者たちだけで構成されるようになる。

ユダヤ人出身のキリスト教徒たちは、少なくとも主観的にはユダヤ人でなくなったのではなく、シナゴーグの活動に参加していたころはもちろん、そしてシナゴーグからの追放が現実のものとなってきても、基本的には律法にしたがって生活をすることができた。

しかしユダヤ教とのつながりが薄れると、非ユダヤ人出身のキリスト教徒たちに、律法に基づく日常生活の規定を強制することはだんだんと困難になったであろう。非ユダヤ人出身の者の割合が次第に大きくなるなかで、確固とした倫理的規範が欠如していることが、キリスト教にとっての大きな問題になってくる。

この時期までパウロ的教会の流れは、さまざまな方面から痛手をこうむる一方だった。ユダヤ戦争以前、まだパウロが活動している時期に、彼は結局のところエルサレム教会主流との和解をめざしたが、この企ては失敗に終る（第五章）。そして指導者パウロは、やがて姿を消してしまう。教会共同体内部の問題はユダヤ戦争後にいたるまで、解決されないで放置されたままだった。これはユダヤ戦争後に執筆されたヤコブ書の記述からも、うかがわれるところである。

そしてユダヤ戦争後の時期に、ユダヤ人世界において指導的立場に立とうとするユダヤ的キリスト教の流れからは、無秩序な姿を呈しているパウロ的教会の流れは、キリスト教内におけるいわば不適切な者たちとして敬遠されるようになる。けれどもユダヤ的キリスト教の勢力が弱まるにつれて、倫理的無秩序の問題は、キリスト教全体の問題となってきたのである。

キリスト教独自のあり方

こうした状況のなかで、パウロ的教会の流れが注目されるようになってくる。パウロ的教会の流れは当初からシナゴーグとは別個に共同体を成立させており、キリスト教独自のあり方についてすでに長い経験をもっていたからである。

キリスト教はこれ以降、パウロ的教会のあり方に大きく影響を受けたうえで展開すると述べて、大筋のところはまちがいないだろう。しかしパウロ的教会の影響は、どの程度の範囲におよんだと考えるべきだろうか。またパウロ的教会の影響は、どのような意味をもったと考えるべきだろうか。

神学的な面におけるパウロの考察や主張が重要なものとして評価されるようになったのは事実である。しかしキリスト教は、パウロ的でない他の神学的立場を捨てたわけではない。パウロの神学はイエスの十字架の出来事の意義についての考察に、ほぼ排他的に集中している。しかしたとえば地上のイエスの言動の情報に価値があるという立場も、尊重されつづける。地上のイエスの言動の情報を物語形式のなかで記している諸福音書が結局は新約聖書におさめられていることが、このことを端的に物語っている。神学的な面におけるパウロの影響は、他の要素を駆逐《くちく》するにはいたらなかったのである。

シナゴーグからの独立

キリスト教内部の隣接する勢力から厳しい批判を受け、そしてキリスト教全体のなかでは、もしかしたら忘れさられかけていたと述べてもよいかもしれないパウロ的教会のあり方がふたたび注目されるようになったのは、右で述べたように、パウロ的教会がシナゴーグからわかれて独立した存在となっていたからである。したがって教会組織についての考え方において、パウロ的教会がキリスト教に与えた影響はかなり重要だと思われる。このことの結果として、つぎのような事態が生じたと考えるべきだろう。

(1)シナゴーグからの独立。パウロ的教会のあり方は、シナゴーグから独立したキリスト教のあり方のいわば模範ないし、少なくとも重要な先例となった。シナゴーグから独立したあり方を模索するのはキリスト教にとって余儀なくされた選択であって、パウロ的教会の例がなくても、いずれキリスト教はこうした方向に向かったといえるかもしれない。

しかしパウロ的教会という実例の存在がキリスト教のこうした選択の方向をかなり具体的なものとしたといえるだろう。

このためにユダヤ教にとどまろうとする流れは、マージナルな位置に押しやられてしまう。マタイ福音書の場合に見られるように、このような流れは一世紀末にもまだ存在していたのである。ユダヤ的傾向のキリスト教の勢力が衰えたのは確かかもしれないが、ギリシア語圏においてさえ、ある程度の勢力を保っていたのである。アラム語圏や、ましてやパルチア帝国側のキリスト教徒たちのあいだでは、まだこうした傾向は存在していたと考えるべきだろう。

とするならばパウロ的教会の影響によって、ローマ帝国側のキリスト教とパルチア帝国側のキリスト教との分裂が促進されたと想像しても、それほど不適切でないかもしれない。

深まる溝

(2)キリスト教独自の文書の権威。パウロ的教会においては、ユダヤ教の聖書以外の文書をある程度権威あるものとして扱う伝統が存在した。パウロの書簡は、個々の書簡が送られた教会共同体以外の教会共同体にも回覧され、またコピーが作られて、集会において朗読されていたと思われる。

このことはかなり有効な手段として評価されたと思われる。著者をパウロに擬した文書がいくつも作られたこと、それもパウロが活動したパレスチナからシリア、小アジア、ギリシアにかけての地域に文書作成の活動が集中していることは、その証拠となっている。

ギリシア語圏であれば知的活動がさかんなのだから、キリスト教独自の権威ある文書がさかんに作られるということには、すぐにはならなかったようである。たとえば二世紀になるまで、エジプトではこのような活動はあまり行われなかったと思われる。

この面において、ユダヤ教の聖書以外の文書にある程度の権威を認めるようになるグループと、ユダヤ教の聖書以外については口承の情報のみを重んじるグループとのあいだの溝はさらに深まったであろう。

曖昧さ

(3)ユダヤ教の聖書の権威の曖昧性《あいまい》。パウロ的教会は、基本的には律法にしたがうことは不必要だという立場をとっていた。しかし倫理的無秩序の問題に対処するために、すでにパウロ自身が、律法の規定を意義あるものとして引用したりしている（第五章）。律法の規定は原則的にはまったく意味がないようでありながら、実践的にはまだ権威があるようであり、曖昧な形で残されていたのである。これは与えられた自由を適切に用いることができない者たちが多いからである。

こうした律法の権威の問題は、まずはユダヤ教から引き継いだ聖書の権威の問題だが、聖書とならんで用いられるようになるキリスト教独自の文書の権威についても、おなじような曖昧さが生じることになったと思われる。

(4)ローマ帝国的な支配組織の構想。パウロは、エルサレム教会主流より分離する前後から、ローマ帝国の支配組織にならった組織をキリスト教において打ち建てようとしたと考えられる（第五章）。パウロはその普遍主義的な大きな構想において、組織的な権威の重要さを認識していたのである。

しかし彼が活動できた時期には、この構想を実現することはほとんど不可能であった。パウロは自分でローマに教会共同体を作ることさえできなかったのである。パウロがローマに来たときに、囚人の身分とはいえ、ある程度の影響をローマのキリスト教徒ないしユダヤ人に与えて、そのために彼らのあいだに不穏な動きが生じたのでネロの迫害にいたったと考えられるかもしれないが、これはあくまで想像の域をでない。

けれどもパウロ的教会のあり方がふたたび評価されるようになると、パウロのこうした構想に注目する者もわずかながら存在するようになった。このことは後に大きな影響をおよぼすことになる。

2　新しいキリスト教世界――ルカ文書

パウロの復権

パウロ的教会のあり方が注目されるようになってそれほどの期間を経ないうちに、たいへん野心的な文書があらわれる。ルカ文書（ルカ福音書と使徒行伝）である。執筆年代は八〇年代後半ごろであろう。ルカ福音書はマルコ福音書を資料とし、さらにそれ以外の資料を用いて執筆されている。ただしルカ福音書とマタイ福音書は、互いに独立して執筆された。つまりルカ福音書の著者はマタイ福音書を知らないし、マタイ福音書の著者はルカ福音書を知らない。使徒行伝の執筆にも、さまざまな資料が用いられている。

マルコ福音書が資料として用いられていることは、マルコ福音書のあり方が基本的に高く評価されていることを意味するが、マルコ福音書がそのままでは不適切であると考えられていることも意味する。これはマタイ福音書の執筆にかんして述べたのと同様である。

しかもルカ文書は、イエスの十字架事件をめぐる記述で終っておらず、十字架事件以後の弟子たちの活動の様子が後半部分（使徒行伝）で叙述されている。人間社会においてキリスト教運動が具体的に出会うさまざまな問題が扱われている。そしてルカ文書で扱われているのは、ローマ帝国の版図内におけるキリスト教運動の様子である。

福音書が記されているということは、マルコ福音書やその他の資料や伝承を通じて知られている地上のイエスの言動についての情報に価値があるとされていることを意味する。つまりエルサレムの初期教会以来の立場が取り入れられている。そして使徒行伝の前半では、そのエルサレムの初期教会の姿が描かれている。そして使徒行伝の後半は、パウロの活動の描写に集中している。ここでパウロの復権が試みられており、パウロの権威が、イエスやエルサレムの初期教会の指導者たち（「使徒」とはっきり呼ばれている）にならぶものとされている。事実、ルカ文書においては、イエスもペトロもパウロも、神の計画にしたがって活動する者たちとして位置づけられている。

マルコ福音書の業績が引き継がれ、パウロの活動が長く記されていることは、キリスト教独自の情報を書き記すことに意義があるとする二つの大きな流れがここに収斂《しゅうれん》していることを意味する。

しかしいささか驚くべきことだが、使徒行伝にはパウロの手紙が引用されたり、パウロが手紙を書いている様子が描かれたりしていない。ルカ文書の著者は、パウロの書簡を知らなかった可能性が大きい。パウロの書簡は、議論の激しさなどから公開されておらず、ルカ文書の著者の手元にまで伝わらなかったのではないだろうか。

ユダヤ中心主義

ルカ文書の著者は、ごく最近までは非ユダヤ人出身のキリスト教徒とされることが多かった。しかしそのように確言する根拠はない。良質のギリシア語で書かれているが、ユダヤ人でもギリシア語を母国語としている者が多かったのだから、著者が非ユダヤ人である根拠にはならない。また非ユダヤ人にキリスト教を広める様子が書かれている点が根拠にされたりするが、普遍主義的な考えをもつユダヤ人出身キリスト教徒は、少なからず存在した。たとえばパウロは、ユダヤ人である。

それどころかルカ文書には、ユダヤ中心主義が認められる。マルコ福音書やマタイ福音書では復活のイエスがあらわれるのはガリラヤだが、ルカ文書ではエルサレムおよびその付近にあらわれたとされている。つまりキリスト教の伝道は、エルサレムからはじめられねばならないとされている。

またキリスト教運動の指導的な役割を担う者は、すべてユダヤ人とされている。歴史的にはパウロの側近にテトスというギリシア人がいて、かなり有名だったと思われる。ルカ文書の著者はパウロを直接知っていたかどうかは微妙だが、パウロについてかなりの情報をもっていたのは確かである。しかしルカ文書において、テトスは言及されていない。このような点から、ルカ文書の著者は、ユダヤ人出身キリスト教徒であるとするのが順当であろう。

しかしこのユダヤ中心主義は、キリスト教がユダヤ的なものであるという意味であって、キリスト教を受け入れないユダヤ人が肯定的に評価されているのではない。通常は、「ユダヤ人」にたいする「非ユダヤ人」をさす「異教徒」という言葉が、ルカ文書の末尾で「キリスト教徒」にたいする「非キリスト教徒」をさす意味で用いられている（使徒行伝二八・二八）。

ローマ帝国的な世界支配の構造

またルカ文書では、ギリシア・ローマ的な支配のあり方が積極的に評価されている。このことはルカ文書が、パウロのローマ到着のエピソードで終っていることに端的にあらわれている。またルカ文書はギリシア語で記されている。ペトロなどもギリシア語を解し、演説などもギリシア語で行ったという設定になっている。ルカ文書は地理的に壮大な視野をもっているが、具体的な物語の舞台はすべてローマ帝国の版図内である。

ただし、ルカ文書はローマ帝国の支配を是認し、ローマ帝国当局にキリスト教を容認してもらうために書かれた護教的文書だとする説が存在するが、ルカ文書はそのような文書ではない。

イエスの誘惑の場面で悪魔がイエスに世界のすべての国々を見せ、「この国々のすべての権力と繁栄を与えよう。それは私に任されている」と述べている（ルカ福音書四・五―六）。この「世界のすべての国々」にローマ帝国がふくまれていないとは、文脈上から考えられない。とするとローマ帝国の「権力と繁栄」は、ルカ文書の立場によれば悪魔に任されているということになる。ルカ文書が、悪魔に任されているとされている権力にキリスト教を容認してもらうために書かれた文書でないのは明らかであろう。

ルカ文書でギリシア・ローマ的な支配のあり方が積極的に評価されているとは、どのようなことなのか。これはたいへん重要なことなので、いくらか具体的に検討する。

ルカ文書の物語は、論理的にたいへん緻密《ちみつ》に考えられて配置されている。使徒行伝では、キリスト教の伝道の様子が描かれており、この活動は普遍的な伝道活動を行うようにとの神的な命令に基づいたものとされている。たとえば使徒行伝一・八には「(あなたがたは)地の果てまで私の証人となる」という復活のイエスの言葉が記されている。しかしルカ文書を最後まで読んでも、地球上のすべての者に伝道が行われていない。つまり地の果てまで伝道するようにという神的命令に照らして、キリスト教運動は不十分な成果しか上げられなかったかのように物語が終っている。しかしルカ文書は、キリスト教運動の失敗の物語ではない。それはローマ帝国的な世界支配の構造が、キリスト教の世界伝道のあり方に取り入れられているからである。

伝道をしなくてもよい地域

このことを理解するためには、「ビチニアの問題」と「マルタ島の住人の問題」を検討することが有効だろう。

(1)ビチニアの問題。この問題は、地理的な序列にかかわっている。つまり上に位置づけられている地域と、下に位置づけられている地域があるという問題である。使徒行伝一六・七―一〇によれば、小アジア北部のビチニア地方に行こうとするパウロの伝道グループが、聖霊に阻まれて、結局マケドニアに向かう。そして使徒行伝を最後まで読んでも、ビチニアには結局伝道はなされない。歴史的現実がどのようなものであったにせよ、ルカ文書の枠内では、ビチニアには伝道がなされずに終ってしまっている。

一方ですべての人に伝道するようにという命令が神的なものとして示されていながら、他方で、ビチニアには伝道がなされないことが神的な権威によって強制されている。すべての人に伝道をするようにという命令にもかかわらず、ビチニアは実際には伝道されなくてもかまわないことが示されているのではないだろうか。

ではビチニアはなぜ、このような扱いを受けるのか。ビチニア行きが阻まれた後、キリスト教運動の活動はマケドニア、ギリシア、それから小アジア、エルサレムをふくんだパレスチナ、そしてローマで展開する。つまりこれらの地域に比して、ビチニアは重要でないということが示されていると考えられる。苦労をしてでも伝道活動を実際に行わなければならない地域と、伝道者が個人的には行こうと考えてすぐそばまで来ており、物理的には伝道が可能な地域でさえ、伝道しなくてもよい地域があるということになる。

とするとルカ文書を通して伝道活動が行われる地域は、「伝道活動を実際に行わねばならない地域」であり、残りの地域は言及もされない地域もふくめて「伝道をしなくてもよい地域」であるということになる。つまり世界のなかで重要なのは、大きくいうとパレスチナから小アジア・ギリシア・ローマまでの地域であって、これらの地域さえ伝道すれば、それで全世界に伝道が行きわたったと見なしえるというのが、ルカ文書の立場であり、そしてこの立場は神的な権威によって正当化されているということになる。

「バルバロイ」

(2)マルタ島の住人の問題。この問題は、文化的な序列、より具体的には言語上の序列にかかわっている。まず使徒行伝ではギリシア語以外の伝道は効果がないことが、少なくとも二度示されている。最初はペンテコステの日の出来事である。弟子たちがさまざまな言語で「神の大きな働き」を語ったにもかかわらず、キリスト教徒になる者は一人もいない。弟子たちが話した言語が話されている地域のリストは使徒行伝二・九―一一に記されているが、このリストにはギリシア語圏がふくまれていない。ところがその直後にペトロがギリシア語で演説をすると、三〇〇〇人ほどがバプテスマを受けたとされている(使徒行伝二・四一)。また使徒行伝一四章の小アジアの町リストラでのエピソードでは、「生きた神に立ち帰るように」というリストラの住民にたいするバルナバとパウロの言葉は、「リカオニア語」でいわれたのかもしれない(一五節、一一節)。しかしこの場合にも、それによってただちにキリスト教徒になった者があったという記述は見あたらない。

セム語は別として、ギリシア語以外で伝道らしきものが行われた可能性があるのはこの二例だけ。したがってギリシア語以外での伝道は、まったく不首尾に終っていることになる。

ところでマルタ島の住人について、日本語の口語訳聖書で「土地の人々」、新共同訳聖書で「島の住民」ないし「住民」と訳されている使徒行伝二八章の二節および四節の言葉は、ギリシア語では「バルバロイ」である。通常「野蛮人」と訳されるこの語は、ギリシア文化圏、当時としてはヘレニスム文化圏に属さない者をさすのに使われる文化的観点からの差別的意味をもった語である（ちなみに、いわゆる文語訳聖書でこの語は「土人」、岩波書店版では「外人」と訳されている）。この語は四つの福音書では使われておらず、使徒行伝でもここで二度用いられているだけである。新約聖書全体では、それ以外にパウロの真筆書簡で三度（ローマ書一・一四、そして第一コリント書一四・一一で二度）、そしてコロサイ書で一度用いられている（三・一一）。

使徒行伝の描写によれば、パウロはどこでもたいへん熱心に伝道活動を行っているが、マルタ島でパウロは三ヵ月滞在したにもかかわらず、「バルバロイ」と呼ばれているマルタ島の住人にたいしては伝道活動を行わない。ギリシア語以外での伝道はまったく不首尾であることが示された後に、使徒行伝の物語の終り近くでこうした場面がおかれているのは、「バルバロイ」は伝道するに値しないという立場を示すためではないだろうか。

ここでは、こうした二つの面についてだけ確認する。しかしこの二つの面の確認だけからも、ルカ文書においてキリスト教運動がどのように世界を管理するべきだとされているかは、十分にうかがえるだろう。キリスト教は全世界を管理しなければならない。しかし全世界を直接かつ平等に扱う必要はないのであって、重要な地域、重要な人びとだけに直接働きかければ、それで全世界を管理しているとされているのである。

二つに区分される人間

キリスト教のこうした立場は、ローマ帝国における世界支配のあり方の枠組みを採用したものだと考えられる。当時のローマ帝国では、文化的にはやはりギリシア語文化が中心的であった。すでに長い歴史をもつヘレニスム文化のギリシア語中心主義の枠組みが採用されている。

また、政治的にローマ帝国は、全世界を支配しているとされていた。ローマ帝国の支配者も、帝国の版図の外にまださまざまな勢力が存在していることを知っている。しかしローマによる支配がかなりまとまった形を示してきた紀元前一世紀末ごろから、「今やローマは世界の主人公になった」「ローマは世界の支配者である」といったことが、演説などで頻繁にいわれるようになっていた。全世界を直接統治していなくても、重要な地域が直接の管理下に入れば、それで世界支配が実現したとされていたのである。

ルカ文書におけるキリスト教運動においてもこうした世界支配イデオロギーの枠組みが採用されているといえるであろう。

ルカ文書の執筆当時のキリスト教運動は、ごく小さな集団を形成しているにすぎない。しかしルカ文書の著者は、すでに世界支配のたいへん野心的な構想を提案しているのである。その特徴は、人間を二種類にわけて、重要とされる人びとが高く評価されるというものである。

こうした構想は、たんにルカ文書の著者がローマ帝国的支配イデオロギーを一方的に採用したというばかりでなく、キリスト教運動の実情にも見合ったものであった。キリスト教運動はその当初から伝道活動を行って、キリスト教運動に賛同する者を増やす努力を行ってきた。しかし伝道活動を行っても、すべての者がキリスト教徒になるのではない。一部の者だけがキリスト教徒になり、他の者はキリスト教徒にならないのである。

ユダヤ教は基本的に民族主義的であって、その人間観の根本は人間をユダヤ人と非ユダヤ人にわける考え方である。これにたいしてキリスト教は普遍主義的であって、人間をユダヤ人と非ユダヤ人にわける民族主義的な立場を乗りこえたといえる。

しかしキリスト教においても、人間は実際上二つに区別されてしまう。それはキリスト教徒と非キリスト教徒の区別である。普遍主義的な神的要請と、人間が二つのカテゴリーにわかれてしまうというこの現実をどのように解決するかという問題にたいして、ルカ文書が提案する二重構造の支配の枠組みは、一つの巧妙な解決策となっている。

3　パウロ書簡集の流布

実践的――「牧会書簡」

八〇年代後半以降になると、パウロを著者に擬した文書がいくつも作られるようになる。これらの書簡における中心的な関心は、救いにかんするパウロ主義的な立場が倫理的無秩序を生じさせてしまうという事態にどのように対処するかという問題だということができる。

そこで求められるのは、しっかりと理論的に根拠づけられた倫理的規範が示されて、それを個々人が理解して行動を律することではなく、組織の権威に基づいた指導に忠実であることである。そして社会のなかで温和に生活することが求められる。「牧会書簡」と呼ばれる三つの書簡（第一・第二テモテ書、テトス書）は、パウロを著者に擬した文書である。具体的に監督者（エピスコポス）、長老（プレスビュテロス）、奉仕者（ディアコノス）、そして相互援助の係となる寡婦《かふ》たちといった役割が示され、共同体の組織の尊重が強調される。多くの徳目、悪徳のリストが記され、社会の秩序を乱さず、温和に生活すべきことが繰り返される。

これらの数多くの勧めは、パウロの権威によって語られている。パウロは過去にシナゴーグから独立したキリスト教共同体を指導した人物として、高い権威をもつようになっており、パウロの名によって語ることが有効であるという雰囲気が存在している。けれどもパウロ的教会の指導者たちは、パウロのような激しい議論を展開するよりも、現状に見合った穏健な勧めをくりかえすことが適切だと判断している。

パウロの権威は、パウロの神学的立場や激しい活動のあり方についての深い理解があってから生じたのではなく、キリスト教運動がおかれた状況のなかで曖昧な形で再評価されるようになったのである。パウロの権威は教会組織のなかでの実践的な指導において利用できるものであり、そこで権威あるものとしていくつかの文書が書かれているのである。

統一ある共同体生活を——エフェソ書

エフェソ書もほぼおなじ時期に成立したと考えられる。エフェソ書は、コロサイ書と似たところが多く、コロサイ書を参考にして書かれたとされることが多い。コロサイ書がパウロの真筆かどうか微妙だが、エフェソ書がパウロを著者に擬した文書であることは、ほぼまちがいないだろう。

エフェソ書においては神学的な問題がかなり本格的に扱われており（一章から三章）、そのうえでキリスト教徒にとっての然るべき道徳的態度が勧められている（四章から六章）。ここでも教会組織の役職者の権威が、神的権威に基づいたものとして記されている。

そして彼（＝キリスト）は、ある人を使徒とし、ある人を預言者とし、ある人を伝道者とし、ある人を牧者、教師とした。（四・一一）

その根拠として言及されているのは、聖書のテキストである。

こう言われている。「彼は高いところにのぼったとき、捕虜を引いて行き、人々に賜物《たまもの》を与えた」（エフェソ書四・八＝詩篇六八・一九）

また神学的議論において「一つ」ということが強調されている（二・一四―一八）。そして、それと呼応するように、キリスト教徒も「一つ」であること、つまり団結して、統一ある共同体生活をするようにと勧められている（四・一―六）。

そしてつぎのように述べられている。

キリストにより、全身はすべての節々を通して組み合わされて助け合い、それぞれの部分は分に応じて働き、からだを成長させ、愛のうちに育てられる。(四・一六)

エフェソ書においても、組織的な秩序を保つことの重要性が強調されているということができる。

困惑と警戒の念

ルカ文書によってパウロの活動の再評価が大胆に試みられ、さらにパウロを著者に擬した文書がいくつか書かれるようになって、パウロの権威は次第に無視できないものとなってきたであろう。こうした状況に勇気をえて、一世紀末、おそらく九五年ごろに、パウロ書簡集が成立して流布しはじめる。

この書簡集は、それまでパウロ的教会に古文書として保管されていたパウロの真筆書簡が集められ、さらにパウロを著者に擬して書かれた文書を加えたものである。このときに成立したパウロ書簡集は、一三の書簡によって構成されていたと思われる。プロローグに記したリストから「ヘブライ人への手紙」をのぞいたものである。

一世紀末までパウロ書簡集が作られなかったのは、やはりパウロの真筆書簡が、エルサレム教会主流にたいする攻撃など激しい調子の言葉をふくんでおり、また彼の議論が必ずしもわかりやすいものではなかったからであろう。パウロ的教会は、離脱者であった彼らの最大の指導者が誤解されることを恐れたのである。パウロについて深い理解のないままパウロの評価が高まり、ルカ文書やパウロを著者に擬した文書が厳しい拒否に会わないことを見定めたうえで、パウロ書簡集が世に出されたと考えられる。

しかしパウロ書簡集は、拒否されたのではなかったが、困惑と警戒の念を呼び起こしたと思われる。二世紀のキリスト教著作家によってパウロ書簡が引用されることはあまりなかった。またルカ文書がルカ福音書と使徒行伝にわけられて、使徒行伝の地位が後退するといった現象も、このことと無関係ではないだろう。

第八章　模索するキリスト教

1　道徳主義の流れ

数多くの文書

一世紀の末、二世紀のはじめごろになると、キリスト教のシナゴーグからの分離は確定的になる。ユダヤ教側に合流を呼びかけるユダヤ的キリスト教の流れ、活力を取り戻しはじめたパウロ的教会の流れが行った試み（第七章参照）の他にも、各地に広がった諸教会においてさまざまな試みがなされる。

キリスト教はまだまだ少数派だったが、独立を余儀なくされたキリスト教のあり方を模索する活発な活動が行われている。この時期に作成された文書を検討しながら、これらの流れについて整理してみたい。

断片しか知られていないものもふくめると、この時期には数多くの文書が作成されている。失われてしまったものも少なくなかったことを考えるならば、その数はさらに増やして考えねばならない。また、文書作成に帰結しない動きがあったことを忘れてはならない。こうしたことを丁寧に確認していくと議論があまりに煩瑣《はんさ》になってしまう。知られている文書についてさえ、すべての文書について網羅的かつ詳細に検討しようとすることは、本書の枠組みでは煩瑣になるばかりで、あまり適切ではないだろう。そのような検討は別の機会に譲ることにする。

ここでは新約聖書の正典として残った文書、正典となる可能性があった文書、その他の文書について、まだ検討していないもののうち主要なものについて簡単に確認する。新約聖書には最終的に二七の文書が選ばれることになるが、それ以前にはその他にも多くの文書が存在していた。そしてどの文書もいわば並存していたのであって、新約聖書に選ばれることになる文書が最初から、他の文書に比して権威があったのではない。こうした事情を理解するためには、結局のところ新約聖書に選ばれなかった文書についても、いくらかでも具体的に確認することが有効だと思われる。以下の文書は特に断らない限り、オリジナルはギリシア語で書かれている。

キリスト教の模索について、本章では道徳主義的な流れ、および組織的秩序を尊重する流れについて検討を加えたい、と考えているが、本節ではまず、道徳的な流れを三つに分けて考えてみたい。ユダヤ的な流れ、ユダヤ的な枠をこえるもの、そして非ユダヤ的といえるものである。

この分類はあくまで仮のもの、相対的なものである。さまざまな要素がふくまれている文書をはっきりと色分けしてしまうことは、難しい場合が多い。しかし何の分類も試みずにただ各文書をならべるだけでは、曖昧な印象しか残らないだろう。以下の分類が便宜的・暫定《ざんてい》的なものであることを確認したうえで、全体的にいくつかの傾向の存在を明らかにしたい。

〔a．ユダヤ的キリスト教〕

ユダヤ的キリスト教

キリスト教は、シナゴーグの活動のさまざまな要素を継承し、またユダヤ教の聖書の権威を尊重したりしているので、その全体が「ユダヤ的」ということも可能である。しかし「ユダヤ的キリスト教」という概念は、さらに限定されたものである。簡単に述べるならば、ユダヤ教の枠内でキリスト教的要素も認めていこうとする流れといえる。「キリスト教的ユダヤ教」といっても、それほど不適切ではないだろう。こうした観点からは、ユダヤ戦争後に保守化したユダヤ教はいわば特殊化してしまったのであって、キリスト教的要素をユダヤ教の枠内に取りこむという可能性を退けた選択の結果、生じたものと位置づけることもできる。

第六章で検討したヤコブ書やマタイ福音書に見られるように、ユダヤ教側に合流を呼びかけようとする流れが存在した。そのかたわらで、シナゴーグから分離した状況を引き受け、特殊化してしまった保守的ユダヤ教との論争を求めず、落ち着きを取り戻したユダヤ的キリスト教の姿も認められるようになる。神と律法の価値を強調し、律法の道徳的規定やエピソードをそのまま容認して、それを根拠に道徳的勧めがなされる傾向が強い。イエスの言葉など、キリスト教独自の要素も同列に扱われるが、キリスト論はあまり強調されない。組織的秩序の尊重も、重要である。

道徳的な関心――ディダケー

「ディダケー」という題は略称で、「教え」「教訓」の意味である。本来の題を正確に訳すならば「諸国民に対する十二使徒による主の教訓」といったことになる。日本語では「十二使徒の教訓」といわれることもある。全一六章。一世紀の末ごろにシリアで書かれたとされている。

「善の道」「悪の道」にかんする道徳的教えが述べられている(一章から六章)。教会の役職者を尊重すべきだと主張されている。たとえば使徒は「主のように」扱われねばならない(一一章)。

全体としてユダヤ的キリスト教の雰囲気が濃厚である。ユダヤ教との論争の意図は見られない。教会生活にとって基本的な要素をまとめて記したものという印象をあたえる。教義、論争、壮大な教会組織の構想などについて野心的でなく、落ち着きを取り戻したユダヤ的キリスト教共同体が背景にあると考えるべきだろう。その背後に、文書をつくりだす必要を感じることもなく、口承の伝統だけを尊重するユダヤ的キリスト教共同体の姿を想い見てもよいかもしれない。

ローマのクレメンスのコリントの者への第一の手紙

「ローマのクレメンスのコリントの者への手紙」には、「第一」と「第二」が存在する。第二の手紙は、クレメンスを著者に擬したものである。第一の手紙は、一世紀末ごろに成立したと考えられる。伝統的には、一世紀末ごろにローマの監督者の一人だったクレメンスが著者とされている。

コリントの教会で問題が生じて、そのために著者が訓戒《くんかい》をあたえるという設定になっている。共同体内で対立のあること自体が、不適切なこととして非難されている。旧約聖書の事績やテキストに数多く言及されており、イエスの言葉も引用されているが、そのなかには他では知られていない言葉がイエスのものとして、いくつも引用されている。

また、ペトロとパウロの事績も、旧約聖書の事績に匹敵する権威があるかのように記されている。この手紙には東方の「不死鳥」の話が言及されている（二五章）。それらすべてが神の業《わざ》であり、したがってキリスト教徒は道徳的生活をしなければならないとされており、キリスト論的指摘も、あちこちでなされており、ストア派哲学の影響も認められる。全体としてユダヤ的キリスト教の雰囲気が強いが、ユダヤ的な因習をこえた広い視野が認められる。

マタイ福音書の影響――ヘブライ人福音書

「ヘブライ人福音書」は二世紀半ばに、ギリシア語で書かれたと思われる。成立場所は、おそらくエジプトである。マタイ福音書の影響が大きい。ユダヤ的キリスト教徒の傾向が強い。洗礼の際に「聖霊の全《まった》き泉」がイエスに下り、イエスは、母なる「霊」によって髪の毛をつかまれて運ばれ、高く挙げられる。またマリアは天の力が地上にあらわれたものであり、天使ミカエルである。このような「霊」は、預言者たちや神的メッセージにおいてもすでにあらわれていたものである。

律法遵守がキリストへの道――エビオン派福音書

「エビオン派福音書」は二世紀末に成立したと考えられる。「十二使徒福音書」とも呼ばれる。エビオン派（「貧しい者たち」の意）は、パレスチナ（特にエルサレム）のユダヤ人キリスト教徒の後継者のなかの一つの流れと考えられている。この福音書にはグノーシス主義の影響が見られ、この福音書を支持していた流れは異端とされていた可能性がある。マタイを語り手とする一人称単数の部分と、使徒たちを語り手とする一人称複数の部分がある。動物犠牲に反対。菜食主義。ギリシア語で書かれたものが、後にアラム語に訳されたと思われる。

イエスは人間であり（イエスはヨセフとマリアの子）、キリストが人間イエスと洗礼の際に一つになることによって神の子が成立するとされている。十字架事件の前にキリストはイエスから離れ、イエスのみが受難し、復活する。律法成就により、イエスはキリストとされ、同様に人びとも律法遵守によりキリストになりえるとされている。

〈b．ユダヤ的な枠をこえる流れ〉

キリスト教の優位

以上述べてきたユダヤ的な枠組みのなかでキリスト教をとらえる動きにたいし、ユダヤ的な枠をこえる流れが存在した。

この流れにおいては、旧約聖書の権威は基本的に認められている。しかしユダヤ的キリスト教の場合のように、ユダヤ教的な枠組みのなかにキリスト教的要素を位置づけようとするのではなく、ユダヤ教よりもキリスト教の方が優れていることが示される。その際に、旧約聖書のヘレニスム的解釈が手段として用いられたりする。

道徳的勧めがなされ、組織的秩序の尊重が強調される。旧約聖書の規定やエピソードが模範とされ、またイエスの言葉なども根拠とされる。

旧約に拘束されるのではない――ヘブライ人への手紙

この文書は「手紙」と呼ばれ、末尾にそのような体裁の短いテキストがそえられているが、実際は論文になっている。執筆年代は九〇年代前半ごろと思われる。キリストが最高の大祭司であり、自分自身を犠牲として捧げたのだから、もうこれ以上の犠牲を捧げることに意味はなく、したがって神殿での犠牲の儀式は乗りこえられてしまったと主張されている。

つまりユダヤ教にたいするキリスト教の優位が証明されている。

しかしユダヤ教にたいする論争が意図されているのではなく、キリスト教徒にたいしてユダヤ教的習慣を尊重する必要がないことを説得するのが目的である。旧約聖書の価値は認めるが、それはキリスト教の位置を理解するために有効だからであって、キリスト教徒が旧約聖書に拘束されるのではない。後半では、道徳的勧めが記されており、また組織的秩序を尊重すべきことが強調されている。

ヘレニズム的傾向——バルナバの手紙

「バルナバの手紙」はパウロと関係の深かったエルサレム教会の有力者バルナバが著者とされているが、このバルナバが真の著者でないのは確実である。執筆年代についても七〇年以降から一四〇年ごろまでと、はっきりしないが、一二〇年から一三〇年ごろの可能性が大きい。執筆場所はエジプトのアレキサンドリアとする説が有力だが、シリアやパレスチナかもしれない。霊とのつながりが強調されている。

二章から一七章では、聖書が頻繁に引用され、アレゴリックな解釈によって、ユダヤ教にたいしてキリスト教が優位であることが論じられている。一八章から二〇章では、「二つの道」(「光の道」と「闇の道」)が示され、道徳的勧めがなされている。

聖書からのキリスト教の優位性の議論はユダヤ教批判になっているが、シナゴーグにたいする呼びかけではなく、キリスト教内外における聖書の権威を疑問視する流れ(グノーシス主義など）にたいして、その価値を擁護するためになされたと考えるべきである。聖書の解釈の方法には、ヘレニズム的傾向が見られる。

再臨についての弁護――第二ペトロ書

「第二ペトロ書」はエジプトのアレキサンドリア起源と考えられる。成立年代は一三〇年ごろ。著者をペトロに擬した文書である。キリストの再臨についての弁護がなされている。そのうえで道徳的勧めがなされている。聖書やその周辺の文書が頻繁に用いられており、パウロの手紙についても基本的には価値が認められている。

罪人への罰――ペトロ黙示録

一三五年ごろのエジプトで書かれたと考えられる。オリーブ山でペトロをはじめとする弟子たちの質問にイエスが答えるという設定になっている。

イエスが雲に乗って来る際に、十字架が先導するというイメージが語られているが、イエスを十字架が先導するというこのイメージはペトロ福音書にも見られる。イエスの言葉の伝承に依拠している箇所が少なくない。

神の日が来るときの義者と罪人の様子が語られている。再臨のイエスが各人をそれぞれの業にしたがって裁くとされており、その裁きの様子が描かれている。特に罪人が罰せられる場面の描写が長い。こうした描写は、道徳的勧めの機能を果たしている。

「第三種族」――ペトロの宣教

「ケリュグマ・ペトル」という題名は、「ペトロの説教」と訳されることもある。一四〇年ごろの成立か。異教およびユダヤ教にたいしてキリスト教の優越を強調する。異教徒、ユダヤ教徒にたいして、キリスト教徒を「第三種族」(トリトン・ゲノス)と呼んでいる。アレキサンドリアのクレメンスの引用で知られているだけである(『ストロマテイス』四)。悔い改めのテーマなどが強調されていたことがうかがえる。

悔い改めと道徳的生活の勧め――ヘルマスの「牧者」

ローマで執筆されたと考えられる。かなり長い文書であり、執筆年代については、段階的に書かれたとする説もあって、はっきり決めがたい。二世紀半ばごろには全体が成立したと考えるべきだろうか。全体として黙示文学として分類されるべきだが、中心的な主張は、悔い改めとそれにふさわしい道徳的生活の勧めである。聖書に広く依拠し、その解釈にはヘレニスム的傾向が見られる。福音書からの引用はなく、並行箇所と思われる部分も口承に依拠していると思われる。

ローマのクレメンスのコリントの者への第二の手紙

クレメンスの第一の手紙の著者と同一人物の著作と擬されているが、著者はこのローマのクレメンスではない。成立時期は、二世紀半ばであろう。執筆場所としては、ローマ説とコリント説があって、決めがたい。聖書から数多くの引用がなされ、またパウロ書簡からの引用もある。イエスの言葉としては正典福音書に類似しているもの以外の言葉も引用されている。

キリスト教の独自性と高い価値が強調されている。教会は太陽と月が作られる前に作られたのであり、「神は人間を男と女に作った」という聖書の文に依拠して、男はキリストであり、女は教会であるとされている。この教会は霊的な教会であり、悔い改めて、道徳的生活をしなければならないとされている。教会共同体の指導者にしたがうようにとの勧めは記されていない。

〔c．非ユダヤ的傾向〕

言及されない旧約聖書の権威

つぎに道徳主義的流れの第三の分類にあたる非ユダヤ的な傾向の文書について考えてみたい。この流れにおいても道徳的勧めが強調されていることが特徴となっている。しかしその根拠は主の言葉、その他のキリスト教独自の教え、一般的な道徳原則である。組織的秩序が尊重されるべきであることも強調される。旧約聖書の権威は必ずしも否定されていないが、直接言及されることはほとんどない。これは――たとえばグノーシス主義に見られるように――ユダヤ教と論争的に対立して、ユダヤ教を積極的に否定した結果ではなく、伝統的なユダヤ教の要素とは疎遠《そえん》になってしまっているからである。

基本的に非ユダヤ人出身のキリスト教徒によって構成されている共同体が前提となっていると考えられる。パウロ的教会の流れにおける牧会書簡にも、認められる傾向である。


ポリュカルポスによるフィリピの者への手紙

ポリュカルポスは二世紀前半に、小アジアのエーゲ海沿岸の町スミルナの監督者だった。いくつかの手紙を書いたとされるが、現存するのは「フィリピの者への手紙」だけである。全一四章。一一〇年ごろに書かれたと思われる。しかし一一〇年ごろに書かれたのは一三章と一四章だけであって、一章から一二章は一三〇年代後半に書かれたとする説もある。

全体にわたって道徳的勧めがくりかえされている。組織的秩序を尊重すべきことも強調され、教会の指導者には「神とキリストに従うように」従順であるべきだと述べられている(五・三)。旧約聖書について、宛先のフィリピの者は旧約聖書をよく知っているだろうが、ポリュカルポス自身は旧約聖書をあまり知らないと述べている(一二・一)。

2　組織的秩序の尊重

異なった立場

前節で検討した諸文書においても組織的秩序の尊重が強調されている場合が多い。しかし道徳的勧めがくりかえされるのは、基本的な原則にしたがって各人がいわば自覚的に行動することで、共同体全体で実現されることが期待されていることを意味する。

こうした立場にたいして、組織的秩序の尊重がはるかに強く強調されている傾向は、やはり異なった立場に立つものと考えるべきだろう。各人の自覚的行動によって秩序が実現するとは期待されていないのである。組織的秩序の尊重を強調する立場には大きくわけて二種類あると考えられよう。指導者への従順ともいえる姿勢が強調されているものと、セクト的ともいうべき立場のものである。本節では二つの傾向について分析を加えたい。

〔a．指導者への従順〕

教会組織を乱すものにたいする批判――第二ヨハネ書・第三ヨハネ書

まず、指導者への従順ともいえる姿勢が強調される文書に第二ヨハネ書、第三ヨハネ書がある。両文書は、一世紀末ごろに成立したと考えられる。第一ヨハネ書と文体などが似通っており、ヨハネ的な流れ（後述）に近い者が著者であったとしてよいだろう。このことを考えるならば、執筆場所は小アジアとされていることに特に反対する理由はないだろう。どちらもたいへん小規模な書簡である。

どちらの場合にも、巡回する教師にたいする心得が記されている。この巡回の教師は基本的に口頭で教えを述べていたと思われる。そのような者たちについて、著者は書簡を書いている。直接おもむいて口頭で教えを述べることにたいして、書簡に記して指示をあたえることは、同等以上の権威があると著者は考えている。しかし第三ヨハネ書の末尾で著者は、書くべきことは多いが直接会って話したいと述べている（一三―一四）。情報の伝達について、口頭による伝達と文書による伝達が並存している様子がうかがわれる。

また、教会の組織の制御の問題が扱われている。第三ヨハネ書でディオトレフェスなる人物が非難されている。彼について非難されているのは、つぎの点である。

著者の側の権威を受け入れない。著者たちをそしっている。兄弟たちを受け入れず、追放している。そして彼は「指導者になりたがっている」とされている（九―一〇）。つまり彼は、著者が想定するところの然るべき教会組織を乱しているのである。彼について教義上の立場の問題は、まったく触れられていない。組織の秩序を乱すことそれ自体が、非難されているかのようである。

アンティオキアのイグナチオスの手紙

イグナチオスはおそらくシリア系の非ユダヤ人で、シリアのアンティオキアの監督者だった。ローマ当局によって逮捕され、処刑のためにローマに護送される際に、いくつかの手紙を記した。七つの手紙（エフェソの者への手紙、マグネシアの者への手紙、トラレスの者への手紙、ローマの者への手紙、フィラデルフィアの者への手紙、スミルナの者への手紙、ポリュカルポスへの手紙）である。執筆年代は、一〇七年から一〇八年にかけてである。

マグネシア、トラレス、フィラデルフィアも小アジアの町である。殉教《じゅんきょう》を前にした決意が語られており、教義上の問題、特にキリスト論について議論が行われている。彼は「キリスト教」という語を最初に用いた著作家であり、ユダヤ教との区別を明確にしている。ユダヤ教にたいするキリスト教の優位が、主張される。教会組織の問題がくりかえし扱われており、監督者にしたがうことは神の恵みにしたがうことに匹敵し、長老たちの教えにしたがうことはイエス・キリストの信仰にしたがうことに匹敵すると述べている。教会の集会に参加することの重要性も、強調されている。

〔b．セクト的な立場〕

セクト的な団結

また、組織的秩序を尊重する流れとして、共同体内部の団結を重要視し、さらに共同体外部の世界との対立を特に強調する傾向が存在する。この傾向は特にヨハネ的な流れに顕著に認められる。ヨハネ的な流れの歴史的状況について確実なことを述べるのは難しい。

以下で検討する三つの文書は、まったく同一の立場に立っているのではない。しかしその源流は、ごく早い時期から初期のエルサレム教会の周辺に存在していたいくらか孤立した流れにまで、さかのぼるものと考えられる。この流れをくむ比較的小規模な集団が、ユダヤ戦争前後の混乱の時期に小アジアに移ってきたのではないだろうか。

「神は愛」——第一ヨハネ書

執筆時期は、九〇年ごろだろう。神学的な問題に関心が集中しており、限定された共同体だけに属する者たちのいわばセクト的なあり方だけが問題とされている。特に勧められているのは、神とのつながりや集団のメンバー間の団結が然るべきものであることで、それは「光の中にある」という状態だとされている。

また、「愛」のテーマがくりかえしあらわれる。「神は愛」(四章) という有名な言葉が記されている。しかしその「愛」の適用範囲は、自分たちが属するセクト的集団に限定されている。たとえば「世と世にあるものとを、愛してはいけない。もし、世を愛する者があれば、父の愛は彼のうちにない」(二・一五) と記されている。

「世」に属さない者たち——ヨハネ福音書

執筆は一〇〇～一一〇年ごろ。小アジアで執筆された。著者がマルコ福音書・ルカ福音書を知っていたのは確実である。福音書という形式は大きな成功を収めていた。神学的立場ばかりでなく社会的広がりにおける自らの立場の位置づけが、イエス以来の立場のものとして、すなわちキリスト教の本来的立場として主張できる形式である。

内容的には、キリスト論的関心がたいへん強い。つまり、イエスの地位を高めるために、さまざまな観点からさまざまに工夫された議論が並べられている。ユダヤ教で重視されていた要素がさらに高い価値をもって実現したのがイエスだという議論が特徴の一つになっている。たとえば「(真の) 神殿」はイエスの体である (二章)。「神の方にあった言葉 (ロゴス)」が受肉したのがイエスだというヨハネ福音書冒頭の議論は、多くの解釈者を悩まし、理解について混乱が生じているようである。この「言葉 (ロゴス)」について哲学的考察などを工夫しても適切な理解にはいたらないだろう。「言葉」として当時のユダヤ教で、神との関連で重要なのは「律法」である。「律法」は神的であり、ほとんど神である。その「言葉 (＝律法)」が体として (受肉して) 現われたのがイエスだと述べられているのである。「(真の) 神殿」がイエスの体だとするのと同じような発想になっている。

敵対者として「ユダヤ人」という名が頻繁に用いられる。「ユダヤ人」は真に価値あるもの、つまりイエスを認めないからである。神の赦しは、イエス・キリストの業によってあたえられる。キリスト教はユダヤ教を超越している。またキリスト教は洗礼者ヨハネの流れにたいしても優越している。弟子たちは聖霊を受ける。共同体の団結は愛を基礎としている。道徳上の具体的教えは後退し、信じる者は「世」に属していないとされる。「滅びの子」は滅ぶ。神学的立場自体は普遍的なものだが、その社会宗教的帰結において、セクト的にならざるをえない立場である。

世俗の否定——ヨハネ黙示録

執筆時期は九五年ごろであろう。ヨハネ黙示録はローマ帝国の支配にたいして、はっきりと否定的である。メシアによる支配が、ローマによる支配に取ってかわるとされている。全宇宙的といってよいほどのたいへん大きな視野が存在するが、現実に存在するさまざまな問題にキリスト教の立場から具体的に対処するといったことは、考えられていない。現実の世俗世界についてはまったく否定的で、終末をひたすら待望することが求められている。あらゆる黙示文学に共通することだが、一方でまったく否定的で絶望しているが、他方で神の力について熱狂的に肯定的である。

しかし、著者により現在はローマが世界を支配しているとされている点は、注目に値する。文書の冒頭につぎのように記されている。「この預言の言葉を朗読する者と、これを聞いて、そこに記されたことを守る者たちとは幸いである」（一・三）。ローマの支配は、最終的には神の側からの直接的な介入によって破壊されるのだが、とりあえずなすべきことは、書かれた文書に権威を認めて、キリスト教共同体組織のなかで、それが朗読されるのを聞くことである。こうした態度が、ローマが支配しているとされている状況に対抗するために、有効なものと考えられているのである。

このことはヨハネ黙示録に限らず、キリスト教共同体内で権威あるものとされて朗読されることになるすべての文書にあてはまる。そしてこうした態度が、特にギリシア語圏、そしてローマ帝国内で生じているということは、こうした態度はギリシア的・ローマ的態度だと考えられるかもしれない。

第九章　乱立する文書

1　権威をめぐる対立

論争的態度

新約聖書におさめられることになる文書およびその周辺の文書についてのこれまでの概観から、つぎのようなことを指摘できるだろう。

まず、ユダヤ戦争までのキリスト教においては、口頭によるコミュニケーションの形態がほぼ独占的だった。マルコ福音書、パウロの真筆書簡、第一ペトロ書などが執筆されるが、それらは散発的な試みだった。

しかし、ユダヤ戦争後には、特にギリシア語圏において多くの文書が書かれるようになる。そしてそれらは、それぞれに権威ある文書として書かれている。しかし口頭によるコミュニケーションも依然として権威あるものとされている。

ユダヤ的キリスト教の文書もいくつか作られるが、その数ははるかに少ない。しかもこの場合にも、ほとんどがギリシア語で書かれている。

アラム語圏においても文書の作成が行われているが、ギリシア語圏の場合にくらべるとわずかである。アラム語圏では、口頭によるコミュニケーションの形態が支配的だったと考えられる。

こうしたことを確認したうえで、さらに諸文書の内容の大きな傾向を考慮するならば、つぎのようなことがいえるのではないだろうか。

アラム語圏のキリスト教はユダヤ的キリスト教が優勢だったと考えられるが、このころに書かれたユダヤ的キリスト教の文書から推察できるのは、その活動において特に道徳的勧めが強調されることが多かったであろうということである。ごく基本的な要素だけが確認されていて非論争的なディダケーを、その典型と考えてよいだろう。

これにたいして、ギリシア語圏の非ユダヤ的キリスト教の文書では、論争的な傾向が強くなる。そもそも権威ある文書を新たに書こうとすること自体が、キリスト教の現状にたいして論争的であることを示している。たとえば新たな福音書を書くことは、現存の福音書のあり方に満足していないからである。

これらの文書には道徳的勧めも記されているが、教会共同体の組織的秩序を尊重すべきことがくりかえし強調されている。つまり役職者の権威が強調されている。共同体の現場にいる役職者に服従することは、日々の生活の具体的なあり方にかかわる指示にしたがうことである。つまり各人の然るべき道徳的なあり方は、各人が道徳的原則にしたがうことによって実現されるよりも、組織的な秩序を守ることによって実現されるとしている。各人の内的な判断よりも、全体的な外からの権威による拘束が優先していることになる。

強くなかった旧約聖書の権威

ユダヤ的キリスト教に近い流れにおいては、論争的な雰囲気はあまり強くなく、組織的拘束を強く強制するようなこともなく、比較的平穏な姿が感じられる。その理由としてはすでに安定した権威をもつ律法の道徳的規定を尊重する雰囲気が支配的であることが考えられる。しかし非ユダヤ的キリスト教の側でも、旧約聖書に依拠した議論が盛んに行われており、このことだけでは両者の相違は説明できないだろう。

非ユダヤ的キリスト教の側が論争的で、組織的拘束を強制する議論が多いのは、旧約聖書に依拠した道徳的勧めをくりかえすだけでは秩序の維持が困難だったからだということになる。それは非ユダヤ的キリスト教の側では、パウロ的教会のあり方を直接間接に模範としなくてはならなくなったりしたことに端的に認められるように、旧約聖書の権威があまり強くなかったからである。

したがって多様な立場が存在してしまう。そしておそらくギリシア語圏で知的レベルが比較的高かったこと、また自由な議論を許容する雰囲気なども相俟《あいま》って、それぞれの立場が自己を主張して譲らないからであろう。

このように考えるならば、非ユダヤ的キリスト教の側が論争的な雰囲気であることが了解しやすくなる。また論争では決着がつかないので、さまざまな立場をこえて秩序を維持するためには組織的権威の強調が重要になることも了解できる。組織的権威が、さまざまな道徳的原則や教義にならぶものとして、あるいはそれらよりも優るものとして重要視される。

権威の三つの根拠

組織的権威とは、各共同体の指導者の権威である。では指導者の権威は、何に依拠しているのだろうか。さまざまな面で立場の相違があるのに、なぜ指導者の権威に服さねばならないのだろうか。この問題はパウロが存命のころ、すでに解決困難な問題としてパウロ的教会において生じていたと考えられる。パウロはこの問題にたいして有効な解決策を見出すことができず、結局はエルサレム教会の権威に頼るという手段を試みざるをえなくなったのではないだろうか。

しかしユダヤ戦争後には、エルサレム教会の権威は実質的に消滅してしまう。こうした状況のなかで、ギリシア語圏において多くの文書が出現しているのである。口頭による情報にも権威はあったであろう。けれどもそのうえに、多くの文書が書かれたのである。そしてこれらの文書は、それぞれに権威ある文書としての地位をえようとしている。その際に、権威の根拠として用いられているのが、第六章で指摘したところのつぎの三つの要素である。

聖書（ユダヤ教から伝わった聖書）

主の言葉

使徒の宣教

聖書は、それぞれの文書の立場から有用とされる箇所が、直接間接に引用ないし依拠されるという形で用いられている。たんに聖書全体が権威あるとされているのではなく、権威があるとされている聖書の一部分に依拠することによって、新しく作られる文書が権威あるものとなるのである。聖書の権威だけでは不足であって、その権威から新たな権威が作られている。

主の言葉は、当初は口頭で伝えられていた。使徒行伝に記されているいくつもの演説やパウロの手紙からうかがえるように、主の言葉は復活以後のさまざまな新たな状況に有効だと判断されたものが適宜用いられている。

イエスにかんする情報をある程度以上まとめたもので、手元に残っている文書として最初のものはマルコ福音書である。しかしルカ福音書やマタイ福音書に見られるように、立場が異なる福音書がさらに書かれる。それらの福音書ではマルコ福音書にある情報の一部が削除されたり改変されたりしているし、マルコ福音書にはふくまれていない情報も数多く盛りこまれている。

福音書は、演説や手紙などでの主の言葉の断片的な使用にくらべて、権威ある文書として自らを位置づけるうえではるかに巧妙なジャンルである。イエスの地上での活動のあり方全体を報告するという形式を採用することによって、イエスの立場ないし主張を直接知ることができるという体裁になっており、その権威を疑うことはイエスの権威を疑うことのようになってしまう。しかしそれぞれの文書に盛りこまれているのは復活後のさまざまな立場であって、それらがイエスの立場として主張されているのである。

使徒の権威は、根本的には復活のイエスの権威に依拠し、聖書と主の言葉の権威を用いることを通じて、いわば二次的に生じたと解するべきだろう。しかし復活以後の教会共同体にとって、権威を直接に体現しているのは、共同体の指導者である。しかし、たとえばパウロが一時は忘れ去られかけてふたたび注目されるようになった際に、パウロの主張そのものがまず尊重されたのではない。パウロの権威を借りた文書がまずあらわれたことに見られるように、使徒とされるようになった者の権威も、共同体の新たな状況に対応するために用いられている。

つまり三つの要素に分類されるこれらの最高の権威は、さまざまな新たな状況に対応するために用いられているのである。キリスト教のこれまでの展開において問題となった新たな状況とは、第一は復活以後にキリスト教運動を開始するというこれまでになかった試みがなされたことである。ユダヤ教の従来の立場とは異なった新たな野心的運動が開始されるに際して、自らの立場の正当性を示すために、こうした権威が用いられた。

ならびたつ権威

第二に生じた新たな状況とは、ユダヤ戦争後のシナゴーグからの分離である。ユダヤ的キリスト教の流れにおいては、それでもユダヤ的な要素――特に道徳的要素――にかなり安定して依拠することができた。しかしギリシア語圏の非ユダヤ的キリスト教の流れにおいては、パウロ的教会の影響もあって、シナゴーグからの分離はユダヤ的な道徳上の要素からの分離も意味したので、無秩序が大きな問題となってしまう。この状況のなかで権威があるとされる多くの文書が作成されたのである。そしてこうした文書を作成することは、かなり有効だった。多くの文書が作成されたこと自体が、このことを物語っている。しかしこの現象は、ギリシア語圏に集中してあらわれている。

たとえば、すでに指摘したようにヨハネ黙示録の冒頭近くにつぎのように記されている。「この預言の言葉を朗読する者と、これを聞いて、そこに記されたことを守る者たちとは幸いである」（一・三）。ヨハネ黙示録においては、現在はローマが世界を支配しているとされている。そしてヨハネ黙示録の記述によれば、ローマの支配は最終的には神の側からの直接的な介入によって破壊されるとされている。しかしとりあえずなすべきことは、書かれた文書に権威を認めて、キリスト教共同体組織のなかで、それが朗読されるのを聞くことである。こうした態度が、ローマが支配しているとされている状況に対抗するために、有効なものと考えられているのである。

このことはヨハネ黙示録に限らず、キリスト教共同体内で権威あるものとされて朗読されることになるすべての文書にあてはまる。そしてこうした態度が、特にギリシア語圏、そしてローマ帝国内で特に生じているということは、こうした態度はギリシア的・ローマ的なものと考えられるかもしれない。

ところがこうした文書の作成活動がくりひろげられると、さらに新たな問題が生じてくる。その問題とは、権威があるとされる多くの新たな文書が存在するようになったということ自体である。組織的な秩序を守ることが主張されたのだが、この主張がさまざまな立場からなされてしまう。このためにさまざまな立場が並び立ってしまい、ふたたび無秩序の問題が生じてきたのである。

この段階における無秩序は、多くの文書が成立して権威あるものとされるようになる以前の無秩序の状態とは異なったレベルの問題である。

以前は、個々の共同体の一般キリスト教徒たちのあいだの無秩序が問題だった。これにたいして、多くの文書が成立してそれぞれが権威あるものとされるようになった段階では、権威ある文書の乱立が問題となったのである。個々の共同体において問題がまったくなくなってしまったのではない。しかし教会制度が次第に整い、役職者の権威が確立してくると、個々の問題についての解決の原則は基本的に確立したといえるだろう。

熾烈な戦い

新約聖書成立の概説などでは、一世紀末から二世紀前半にかけて多くの文書が成立したことについて、キリスト教の第一世代が姿を消すようになり、イエスの思い出は使徒の教えなどについて口頭で伝達するのでなく、文書に記すのが必要と感じられるようになったからだと説明することが多いようである。

しかし実際はそのような暢気《のんき》なものではないことは、明らかである。伝承を書きとめることによって伝達を確実にしようとする意図や機能も、一つの要素として考慮しなければならないかもしれない。だが、福音書の成立や、パウロなどの過去の権威ある指導者を著者に擬した文書の成立の様子を見るならば、過去から伝わる伝承を確実に後世に伝えようとする意図だけが支配しているのでないことは明らかである。それよりも、すでに存在する権威を用いて、現在の問題に有効に対処しようとする意図の方が優勢だと思われる。

またアラム語圏のキリスト教徒たちのように、過去からの伝承を口頭という手段で伝えることにあまり問題を感じなかったと思われる勢力も存在した。過去からの記憶を確実にするために文書に記したといった説明では、なぜギリシア語圏にそれが集中して、しかもかくも多様な文書が作られたのかを説明できない。

このような単純な説明は、この時期に書かれた文書はどれも過去からの伝承に忠実であった、あるいは少なくとも忠実であろうとしたテキストだというイメージをつくりだすことにつながっている。キリスト教徒たちは全体として、常に調和的で、互いに協力的であったといったイメージをつくりだすための、いわば護教的な説明だということになってしまいかねない。

多くの文書が書かれたのは、無秩序の問題を解決するためだと述べたが、無秩序の問題とはつまるところ権威をめぐる対立から生じる問題である。そしてどのような権威が本当の権威なのかが流動的な状況において、多くの文書が成立しているのである。新たな文書を成立させることによって共同体にたいする権威を確立しようとすることは、全体としてギリシア・ローマ的な態度だといってよいだろう。しかしさまざまな立場からの文書が生じてしまう。これは、確立されねばならない権威をめぐる熾烈《しれつ》な戦いの結果生じたと考えるべきではないだろうか。

2　新しい聖書へ

パウロ書簡集の権威

ではこのようにして成立したキリスト教独自の諸文書は、どのように用いられていたのだろうか。限られた資料を元にして推測していくしかないが、それでもだいたいの傾向はうかがえる。まず、二世紀前半の福音書以外の文書について考えたい（「二世紀前半の文書引用」の表）。

パウロ書簡集は、一世紀の末、九五年ごろに成立したと述べた。しかしまとまったパウロ書簡集の存在がはっきりと言及されるのは、一四〇年ごろでしかない。

しかし第一クレメンス書（一世紀末）の著者は、ローマ書を引用しており、またパウロがコリント教会にあてた手紙を知っている。

イグナチオス（一〇七年ごろ）は、少なくともローマ書・第一コリント書・エフェソ書をふくむパウロ書簡集を知っている。

ポリュカルポスの手紙（一一〇年ごろ、あるいは一三〇年代後半）では、パウロの真筆書簡、牧会書が引用されたり、またそれらに依拠した議論がなされたりしている。第一ペトロ書・第一ヨハネ書も用いられている。また宛先のフィリピ教会でパウロの書簡が読まれていることを前提にしている。またイグナチオス書簡も権威あるものとして扱われている。

第二ペトロ書（一三〇年ごろ）は、パウロの複数の書簡に言及しており、また第二ペトロ書の読者もパウロ書簡を読んでいることを前提としている。

そして一四〇年ころにマルキオンは、自分の共同体のために一〇の書簡からなる（牧会書簡をのぞく）パウロ書簡集を作成している。

こうした流れから、パウロ書簡集は二世紀はじめころから小アジアを中心に流布しはじめて、ある程度の権威をもつものとして用いられていたといえる。しかしマルキオンの場合をのぞいて（後述）、パウロ書簡集は旧約聖書に匹敵するような権威をもっていたのではない。

「新しい聖書」の地位――二世紀前半の福音書

パウロの書簡集にくらべると、福音書について確実なことを述べるのは困難である。それはまず、福音書に見られるテキストに酷似したテキストを著作家が用いていても、その著作家が福音書を引用しているのか、口承に依拠しているのか判断できないような場合があるからである。またおなじようなテキストがいくつもの福音書に記されていることが少なくない

	第一クレメンス書	イグナチオスの手紙	ポリュカルポスの手紙	バルナバの手紙	パピアスの断片	第二クレメンス書	ユスティノス
	95年頃	107-108年	110年頃か130年代後半	130年頃	130年頃	2世紀半ば	2世紀半ば
ディダケー							(○)
バルナバ書							
第一クレメンス							
第二クレメンス							
ペトロ福音書							
ペトロ黙示録							
ヘルマスの牧者							
エジプト人福音書							
十二使徒福音書							
バシリデス福音書							
トマス福音書							
マッテヤ福音書							
ヘブライ人福音書							
パウロ行伝							
アンデレ行伝							
ヨハネ行伝							
ラオディケア書							
アレキサンドリア書							

それぞれの文書が知られていたのかどうか確実でない場合が少なくない。この表に示した判断はあくまで仮のものである。また印のない文書も、知られていなかった、あるいは権威あるものとは考えられていなかったということには必ずしもならない。

(○) 知っている
(△) 知っているかもしれない

二世紀前半の文書引用

	第一クレメンス書	イグナチオスの手紙	ポリュカルポスの手紙	バルナバの手紙	パピアスの断片	第二クレメンス書	ユスティノス
	95年頃	107-108年	110年頃か130年代後半	130年頃	130年頃	2世紀半ば	2世紀半ば
マタイ		(△)	(○)	(△)	(△)	(○)	(○)
マルコ					(○)		(○)
ルカ			(○)			(○)	(○)
ヨハネ							(△)
使徒行伝			(○)				(○)
ローマ書	(○)	(○)		(△)			(○)
第一コリント書	(○)	(○)	(○)				(○)
第二コリント書		(△)	(△)				
ガラテヤ書		(○)	(△)				(○)
第一テサロニケ書			(○)				
第二テサロニケ書			(○)				(○)
フィリピ書		(△)	(○)				
エフェソ書		(○)	(△)	(△)			(○)
コロサイ書							(○)
フィレモン書							
牧会書簡	(△)	(○)	(○)				
第一ペトロ書			(○)				(○)
第一ヨハネ書			(○)				
ヘブライ書							(○)
ヤコブ書							
ユダ書							
第二ペトロ書							
第二ヨハネ書							
第三ヨハネ書							
ヨハネ黙示録							(○)

ので、テキストが引用されていても、どの福音書から引用されているのか決めがたいこともある。

一世紀末に執筆されたルカ福音書とマタイ福音書の著者のそれぞれが、マルコ福音書を参考にしているのは確実である。

第一クレメンス書の著者（一世紀末）およびイグナチオス（一〇七年ごろ）が福音書を知っていたかどうかについては、学者たちの意見がわかれている。イグナチオスはマタイ福音書を知っていたかもしれない。いずれにしても「福音書集」が存在しているとは述べていない。

ヨハネ福音書（二世紀はじめ）の著者が、マルコ福音書・ルカ福音書を知っていたのは確実である。

ポリュカルポスの手紙（一一〇年ごろ、あるいは一三〇年代後半）の著者は、マタイ福音書・ルカ福音書・使徒行伝を知っていたと思われる。

「パピアスの断片」（一三〇年ごろ）という資料が残っている。パピアスは、小アジアのヒエロポリスの監督者で『主の言葉の注釈』という書物を著したとされている。エウセビオスの『教会史』（三二四年以降）などによって断片を知ることができる。彼は「多くを語る人々」よりも「真理を教える人々」を高く評価している。また彼は書物よりも口承を高く評価していたらしい。またマルコ福音書について、ペトロの通訳のマルコがペトロが必要に応じて語ったことを逐語的に記したとしている。

マタイについては、マタイがヘブライ語でキリストの言葉を集め、各人がそれを翻訳（あるいは解説）したと述べている。ギリシア語のマタイ福音書以前に存在されたとされているヘブライ語でのキリストの言葉集とは何のことなのか、はっきりとはわからない。いずれにしてもパピアスはマルコ福音書を知っている。また、マタイ福音書も知っていたかもしれない。

第二クレメンス書（二世紀半ば）の著者は、マタイ福音書とルカ福音書を知っていると思われる。注目されるのは、旧約聖書の引用とならんで「別の書にも記されている」としてイエスの言葉が引用されていることである（二・四）。口承に基づいたイエスの言葉でなく、福音書に記されたイエスの言葉が旧約聖書の言葉と同様の権威をもつものとされている。福音書が旧約聖書にならぶ権威をもつ文書として用いられはじめている。

バルナバの手紙（一二〇年から一三〇年ごろ）でも、旧約聖書からの引用に用いられている「……と記されているように」という言い方が、イエスの言葉についても用いられている（四・一四）。マタイ福音書を知っていた可能性がある。

シリアで活動したタティアノスは二世紀半ばに、四つの福音書を一つの連続した物語に編集したものをシリア語で作成した。この『ディアテッサロン』は、シリア語圏で長いあいだ権威をもつことになる。『ディアテッサロン』が作られたことは、四つの福音書がかなり流布していて、ある程度以上の価値のあるものとされていたことを物語る。しかも他の福音書ではなく、四つの福音書だけが特に重視されていたことになる。しかし『ディアテッサロ

正典の推移

	マルキオン	イレナエウス	テルトゥリアヌス	アレキサンドリアのクレメンス	ムラトリ正典表	オリゲネス	エウセビオス	ラオディケア会議	アタナシオス	ヒッポ会議	カルタゴ会議	トゥルルス会議
	2世紀半ば	180年代	2世紀末	2世紀末	2世紀末～3世紀初	3世紀前半	320年代～330年代	363年	367年	393年	397年	692年
マタイ		○	○	○	○	○	○	○	○	○	○	○
マルコ		○	○	○	○	○	○	○	○	○	○	○
ルカ	○	○	○	○	○	○	○	○	○	○	○	○
ヨハネ		○	○	○	○	○	○	○	○	○	○	○
使徒行伝		○	○	○	○	○	○	○	○	○	○	○
ローマ書	○	○	○	○	○	○	○	○	○	○	○	○
第一コリント書	○	○	○	○	○	○	○	○	○	○	○	○
第二コリント書	○	○	○	○	○	○	○	○	○	○	○	○
ガラテヤ書	○	○	○	○	○	○	○	○	○	○	○	○
第一テサロニケ書	○	○	○	○	○	○	○	○	○	○	○	○
第二テサロニケ書	○	○	○	○	○	○	○	○	○	○	○	○
フィリピ書	○	○	○	○	○	○	○	○	○	○	○	○
エフェソ書	○	○	○	○	○	○	○	○	○	○	○	○
コロサイ書	○	○	○	○	○	○	○	○	○	○	○	○
フィレモン書	○		○	○	○	○	○	○	○	○	○	○
牧会書簡		○	○	○	○	○	○	○	○	○	○	○
第一ペトロ書		○	○	○		○	○	○	○	○	○	○
第一ヨハネ書		○	○	○	○	○	○	○	○	○	○	○
ヘブライ書		×	△	○		○	△	○	○	○	○	○
ヤコブ書		×		△		△	○	○	○	○	○	○
ユダ書			○	○	○	△	○	○	○	○	○	○
第二ペトロ書				△		△	○	○	○	○	○	○
第二ヨハネ書		○		○	○	△	○	○	○	○	○	○

	マルキオン	イレナエウス	テルトゥリアヌス	アレキサンドリアのクレメンス	ムラトリ正典表	オリゲネス	エウセビオス	ラオディケア会議	アタナシオス	ヒッポ会議	カルタゴ会議	トゥルルス会議
	2世紀半ば	180年代	2世紀末	2世紀末	2世紀末～3世紀初	3世紀前半	320年代～330年代	363年	367年	393年	397年	692年
第三ヨハネ書				△		△	○	○	○	○	○	○
ヨハネ黙示録		×	○	○	○	○	○		○	○	○	○
ディダケー				△		△	×					
バルナバ書			△	○		△	×					
第一クレメンス		△		△			×?					
第二クレメンス												
ペトロ福音書							×					
ペトロ黙示録				○			×					
ヘルマスの牧者		△	△	△	×	△	×					
エジプト人福音書						×						
十二使徒福音書						×						
バシリデス福音書						×						
トマス福音書						×	×					
マッテヤ福音書						×	×					
ヘブライ人福音書						×	×?					
パウロ行伝						×	×					
アンデレ行伝							×					
ヨハネ行伝							×					
ラオディケア書					×							
アレキサンドリア書					×							
ペトロの宣教				△								

この表に示した判断がすべて確実なのではない。しかし全体的傾向を把握するためには役立つだろう。

○正典
△問題の書、疑わしい、曖昧
×外典、退けられている

ン』が作られたこと自体また、四つの福音書が改変されてもかまわないものとされていたことを物語っている。

以上の観察から、二世紀前半の時期については、つぎのように述べることができるだろう。主の言葉と使徒の教えは、口承のものについては、旧約聖書の言葉とならんで、神的規範を示すものとして扱われている。書かれたもののうち、福音書はまだ散発的とはいえ旧約聖書にならぶ権威をもつものとして使われはじめており、いわば「新しい聖書」の地位を獲得しはじめている。しかしパウロ書簡をはじめとする他の文書については、おなじような扱われ方がされていたと確言できる証言は残っていない。

第一〇章　独自の聖書

1　マルキオンの聖書

なぜ正典として扱われないのか

二世紀半ばごろにギリシア語で著作活動を行ったキリスト教の著作家にユスティノスという人物がいる（一〇〇～一六五年）。彼はパレスチナで生まれ、各地をめぐり、最終的にはローマで殉教した。このために彼は「殉教者ユスティノス」と呼ばれている。

彼は哲学的諸派を遍歴した後、キリスト教徒になり、キリスト教を弁護する書物をいくつも執筆した。現在残っているのは、『第一弁明』『第二弁明』『トリュフォンとの対話』の三つである。

このころまでにキリスト教において作成された文書は、神的権威に基づいて書かれた福音書や黙示録、教会において高い位置を占める者の権威に基づいて書かれた書簡が大部分を占めていた。そのような文書は二世紀後半になっても書かれつづけているが、その勢いは急激に衰えてしまう。そして、たとえばユスティノスの諸著作は、新約聖書正典になりえるような文書として扱われない。

なぜ、ある種の文書は新約聖書正典になりえるような文書となり、その他の文書はそのような扱いを受けないのかは微妙な問題である。ここでは正典になりえる文書の条件について以下の三点を指摘しておく。

第一に、新約聖書正典になりえるような文書は古いものでなければならない。ここでいう「古さ」とは、文書の実際の成立年代が古いという場合もあるが、昔の人物を著者に擬している場合には、表面的に「古さ」が主張されていることになり、そのような場合もふくむ。起源の時代に近いものの方が「純粋」であり、「本物」であるという一般的な通念があって、この通念が一定の役割をはたしていると思われる。

第二に、書かれた文書自体に神的権威があるという主張が盛りこまれているかどうかも、重要である。福音書は地上のイエスの活動を伝えるという体裁《ていさい》になっており、文書全体に神的権威があるものとして意図的に書かれている。また黙示録に典型的に見られるように、著者が特別な神的権威によって執筆したと主張されることもある。使徒やそれに類する人物が著者であったり、そのような人物を著者に擬している場合も、復活のイエスの権威を背景として文書の権威が主張されていることになる。

第三として、神的権威のある情報をどこに見出すべきなのかについて、キリスト教世界における判断が流動的でなければならない。どの文書に権威があり、どの文書に権威がないのかがはっきりしない状況がなくてはならない。このような場合には、比較的新しく出現した文書でも、その価値が吟味される可能性がある。

二世紀半ばになってくると、このような条件を満たす文書を新たに成立させることは困難になってきたと思われる。イエスや使徒たちの時代からの時間的距離が大きくなって、彼らの権威によって新たに文書を作ることが現実的でなくなったという事情がまず考えられる。しかしそれだけでなく、それぞれに神的権威を主張するキリスト教の文書が乱立するなかで、おなじように神的権威を主張する新たな文書を作りだすことよりも、全体的秩序の実現に関心が移ってきたことも重要であろう。

帝国支配の現実が与えた影響

統一的な秩序を全体的に作りだすことに関心が向けられるのは、多くの文書が書かれて流布するようになれば必然的に生じる現象とはいえないだろう。それぞれの流れがそれぞれの立場において認められるものを尊重し、ある程度分裂して存続するという、いわば権威の多元主義的な並存へと向かうことも考えられる。

しかしキリスト教は、そのような分裂の方向には進まなかった。分裂の兆しはあったにもかかわらず、全体としての統一的秩序を実現しようとする傾向が強く存在したのである。

その理由として、つぎの二点が重要と思われる。

ユダヤ教は基本的には一つの神を中心にして団結することを重要だとする民族宗教的な傾向の強いものであり、そのようなユダヤ教を起源として生じたことが、キリスト教のこのような態度の説明として見逃せないだろう。

また、当時のキリスト教徒をとりまく世界構造について考えれば、小国が分立していたのではなく、大きな帝国が広大な領域を統一していたことも重要であろう。キリスト教はユダヤ教の普遍主義的な流れが拡大して成立し発展したと考えられるが、普遍主義的広がりの具体的なイメージを与えていたのは、こうした大きな帝国支配の現実であり、具体的にはローマ帝国の世界のあり方が、全体的な統一を求めるというキリスト教の基本的な姿勢に大きな影響を与えたと思われる。

しかしこうした点を意識的に考慮したうえで、教会全体が整然と「キリスト教の聖書」、すなわち「新約聖書」を作りだすべく作業を行ったのではなかった。各地のキリスト教共同体において、無限定的に新たな文書を作りだしたり、また、さまざまなキリスト教独自の文書が存在していたにしても、どれもが権威あるものとして扱われていたのではなかったという状態が存在していただけである。

「良い世界」と「悪い世界」

こうしたなかで新たな展開が生じてくる。グノーシス主義の影響を受けたマルキオン派において、いわゆる「マルキオンの聖書」が作られたのである。

その経緯を理解するために、グノーシス主義についての基本的な説明が必要だろう。グノーシス主義の起源がどのようなものかについて確言するのは難しい。キリスト教以前にグノーシス神話の骨格はできあがっていたと考えるべきだろう。ペルシア的宗教思想——特にその二元論——の影響があるのは確かである。したがってメソポタミア北部にその起源を求めるべきだろうか。

グノーシス主義の文書は、最初のうちはシリアやメソポタミアで書かれたものが多く、それから中心がエジプトへ移っていく。グノーシス神話の骨格にユダヤ教的要素をとりこんだもの、キリスト教的要素をとりこんだものが存在し、したがってユダヤ教系グノーシス主義、キリスト教系グノーシス主義が存在する。

簡単に述べるならば、グノーシス主義は二つの世界を想定することによって、「悪」の問題を解決しようとした試みととらえられる。

グノーシス主義によれば、「良い世界」と「悪い世界」がある。それぞれの世界に神がいる。「良い世界」の神は、むしろ「父」と呼ばれることが多い。「悪い世界」は、我々がいるこの世である。したがって我々がいるこの世は、根本的に「悪」である。そしてこの「悪い世界」の神が、ユダヤ人の神ヤーヴェである。ヤーヴェは、本質的に悪である「混沌」（カオス）からこの世を「創造」したのである。

この「悪い世界」は滅ぼして然るべきものだが、「良い世界」の一部が「悪い世界」に混じりこんでしまっている。それは光の粒のようなものであり、人間にふくまれている。しかしすべての人間がこの光の粒をふくんでいるのではない。光の粒をふくんでいる人間（霊的人間）とふくんでいない人間（肉的人間）がいる。ただし光の粒は、「霊的人間」の肉体にも入りこんでいることもある。

ここまでの説明でも、グノーシス主義の二元論的特徴がはっきりあらわれている。二つの世界（「良い世界」と「悪い世界」）、二つの神（「父」と「神」）、二種の人間（「霊的人間」と「肉的人間」）があるとされている。

セクト主義でさえもない

「悪い世界」を滅ぼす前に、まずこの光の粒を「良い世界」に取り戻さねばならない。ところで光の粒をふくみこんでいる「霊的人間」は、外部から何の働きかけもないと、自分がじつは「良い世界」に属する者であることに気づかない。そこで「良い世界」の「父」は、「悪い世界」へ「使者」を送る。この「使者」が、ユダヤ教系グノーシス主義では、「魔術師」と呼ばれたサマリア人シモンであったりする。キリスト教系グノーシス主義では、この「使者」はイエスである。

「使者」は定められた活動を行い、特に弟子をつくって、そして「良い世界」に帰っていく。弟子たちはさらに活動をつづける。「霊的人間」を見つけだして、彼らに光の粒がふくまれていること、すなわち彼らが本来的には「良い世界」に属するものであることを気づかせるのが弟子たちの仕事である。

グノーシス主義のある文書に、「探せ、そうすれば見出すだろう」という言葉が記されている。これはキリスト教の福音書に見られる「探せ、そうすれば与えられるだろう」というイエスの言葉と並行関係にある。しかしキリスト教の福音書の言葉では、与えられるものは外部にある。これにたいして、グノーシス主義の言葉では、見出すものは自分の内にある。それは自分にふくみこまれている光の粒である。

グノーシス主義の「グノーシス」とは、「知識」という意味である。自分のなかに光の粒がふくみこまれていると気づくこと、これがこの「知識」である。

グノーシス主義の文書には、「我々はどこにいたのか、我々はどこへ行こうとしているのか」という言葉も見られる。「霊的人間」は「良い世界」にいたのであり、また「良い世界」に行こうとしているのである。

光の粒が自分にふくまれている者がすべて「良い世界」に帰ると、「悪い世界」は滅ぼされることになる。悪い神であるところのヤーヴェも、また「肉的人間」もともに滅ぼされる。

グノーシス主義を、普遍主義的な思索がさまざまな方向に発展するなかでの一つの帰結ととらえることができるだろう。しかし悪の問題を解決するために現世について否定的な立場が選択されている。黙示思想においても、現世は否定的にとらえられているが、いまの世界のかわりに創造神が新しい世界を作りだすとされている。これにたいしてグノーシス主義では、創造神も悪であるとされている。このために、救われるのは一握りの人間でしかない。グノーシス主義はセクト主義でさえもなく、きわめて個人主義的な思弁的流れであるということができる。

こうした特殊な思想であるにもかかわらず、グノーシス主義はその神話的説明が人間存在の諸問題についてかなり整合的な説明を与えるために、特に知識人のあいだで大きな影響力をもった。

マルキオンならびにマルキオン派がグノーシス主義の影響を強く受けていることは確かである。しかしマルキオンの立場をグノーシス主義であると言いきってしまうのは微妙である。

神学者の挑戦

二世紀半ばになると全体としての統一的な秩序を重要視する動きが、かなりはっきりと認められるようになってくる。こうした流れを「普遍主義（カトリシスム）」と呼ぶことができる。こうした初期の「普遍主義（カトリシスム）」の動きは、諸文書の乱立の状態に見られるような全体的な無秩序の状況に対応するものであった。また諸文書の内容にうかがえるように、さまざまな「偽教師」たちがそれぞれの主張をしていたことも、こうした無秩序の状態を作りだしていたであろう。偽教師と呼ばれた者たちは、キリスト教についてのより「深い」理解や立場をそれぞれに主張して、キリスト教徒たちや、キリスト教に関心をもつ者たちに働きかけていたと思われる。

しかし初期カトリシスムの側には神学的統一はなかった。旧約聖書とイエスをめぐる福音にしたがうこと、教会生活に参加すること、監督者に服従すること、貧しい者たち・やもめ・孤児などの世話をすること、仕事や私的生活において尊敬すべき態度をとることなどが、全体的統一の原理になっていた。

こうした状況のなかでパウロ的流れをくむ一人の神学者が、教会の基礎をくつがえすような挑戦を行った。このために初期カトリシスムは危機に陥り、神学的立場を見直し、新たな聖書——すなわち新約聖書——を作りださざるをえなくなる。

マルキオンは紀元一〇〇年を少し過ぎたころ、小アジア北部、黒海沿岸のポントス州にあるシノペという町でキリスト教徒の家に生まれた。彼の家は富裕で、船主であったという。彼は小アジアで、たいへん活発なキリスト教徒として活動したらしい。

いずれにしても一三〇年代半ばごろにマルキオンはローマへ行く。ローマ教会に莫大な献金をし、立場上の対立から教会とわかれることになり（一四四年）、その後、独自の活動を展開する。ローマ教会との分裂が生じてから一〇年後に記されたユスティノスの証言によれば、マルキオン派はすでにいたるところに共同体を作っていたらしい。マルキオンは、おそらく一六〇年を過ぎたころに亡くなる。

マルキオンの正文批判

マルキオンの出発点は、パウロ書簡に見られるところのパウロの立場であった。特にガラテヤ書でパウロによって述べられているところの律法と福音の根本的な対立についての考え方に、大きな影響を受けた。マルキオンによればイエスは律法を排そうとしたのであり、したがってパウロはイエスの唯一の真の弟子である。しかし教会はパウロのイメージを改竄《かいざん》し、パウロを律法主義の道徳教師にしてしまい、旧約聖書の神の業《わざ》と、イエス・キリストの父の業とを、根本的に同一のものとしてしまっている。このようなパウロのイメージがパウロ書簡のなかに見出されるとしたら、それは教会がオリジナルのテキストを保存してこなかったためだと、マルキオンは考えた。

マルキオンにとって、イエス・キリストの父は愛の神であり、この神は、この世を創造した律法の神と同一ではない。ここにグノーシス主義の影響があることは疑いえない。しかしマルキオンは、思弁的な神学議論を行わず、特別な啓示を受けたといった主張もしなかったと思われる。また、たとえばパウロを著者に擬した文書を書いてもよさそうだが、そのようなこともしていない。

また彼は自分にとっての権威ある文書について、当時一般的に行われていたようなアレゴリカルな解釈やティポロジカルな解釈を行って、新しい権威づけを行ったのではなかった。彼はまったく新しい方法を用いたのである。

彼は、流布しているテキストはオリジナルのテキストではないと主張し、オリジナルのテキストを彼なりに突き止めて、それが正当なものだと主張したのである。彼は正文批判を行ったのであり、文献学者として自分の立場を主張しようとした。これは「聖書のみ」を標《ひょう》榜《ぼう》して、そして真のオリジナルのテキストのみに価値があるとした宗教改革者のとった方法に匹敵するものである。そして当時の教会主流も、結局のところマルキオンの方法を採用したのである。

「権威ある文書」の限定

マルキオンはまず旧約聖書を退ける。彼にとって律法の神は、イエス・キリストの父である愛の神ではないのだから、これは当然である。そして多くのキリスト教の文書から選択を行う。

マルキオンの聖書は、「福音」と「使徒」という二部構成になっている。これは旧約聖書が「律法」と「預言者」という二部構成になっていたことから影響を受けたためだろう。「愛の神」が「律法の神」にかわるように、二部構成の新しい聖書が、二部構成の古い聖書にかわるとされたのである。

「福音」の部についてマルキオンは、ルカ福音書を選びだす。彼はマタイ福音書を知っていたと思われるが、マタイ福音書では律法が尊重されているために退けられた。ヨハネ福音書は、知らなかったと思われる。

「使徒」の部については、パウロの名のもとに流布していた文書が選びだされる。彼は、それらの書簡を以下のように独自の順序にならべる。

ガラテヤ書

第一および第二コリント書

ローマ書
第一および第二テサロニケ書
エフェソ書（マルキオンはこれを「ラオディケア書」と呼んでいる）
コロサイ書
フィリピ書
フィレモン書

牧会書簡は選ばれていない。ヘブライ書も選ばれていない。

選ばれた文書のテキストから、旧約聖書の引用はすべて削除される。そして律法の神が管理している世界や歴史とキリストないしキリスト教徒が関係するような箇所も削除される。またそれぞれの書簡の冒頭に、序文を付け加えている。これは「マルキオン序文」と呼ばれている。

ルカ福音書からは、旧約聖書の引用のほかに、誕生物語、系図、無花果《いちじく》の木の譬《たとえ》、放蕩《ほうとう》息子の譬、エルサレムへの入城、宮浄め、といった部分も削除される。

マルキオンにとっては、このようにしてできあがったテキストが「オリジナル」のテキストである。

これはオリジナルのテキストには権威があるという明確な意識を前提にして行われた作業である。当時は、口承伝承やいくつもの文書が漠然と流布し、それらに権威があるという雰囲気がこれも漠然と存在していた。そしてさまざまな立場の情報が乱立していて、この無秩序の状態を解決することが必要だと感じられはじめていた。こうしたなかで、何に権威があるかについての明確な意識をもってマルキオンは作業を行ったのである。そしてそのような作業の結果として選ばれた文書にだけ、明確な権威があるとされた。つまりマルキオンの作業によって、明確に権威あるとされる文書――つまり「正典」――が、そのような文書を確定しなければならないというはっきりとした意識的な立場を背景にしてはじめて出現したのである。

確かにキリスト教世界には、権威があるとされている文書が、曖昧《あいまい》な形ではあれ、すでに存在していた。したがって、「権威ある文書」といったものを作りだしたところにマルキオンの新しさがあるのではない。彼の新しさは、「権威ある文書」の範囲をはっきりと限定したところにある。それはマルキオンが権威を認めなかった他のキリスト教文書にたいしてばかりではない。口承伝承はすべて否定された。また旧約聖書の全体も否定されたのである。

イエスは「別の神」の子

マルキオンの思想については、グノーシス主義の一派だとか、グノーシス主義的だがグノーシス主義ではない、と曖昧に紹介されているようである。広い意味でのグノーシス主義的な流れの一つとしてよいかと思われるが、確かに本格的なグノーシス主義とすることもできない。

彼の思想の中心は、「別の神」と「旧約聖書の創造の神」との区別に存している。この「別の神」は、最高神であり救済神である。この神は、この世の創造とは何の関係もない。この神の本質は善であり、この神は愛と慈悲を示す。しかし「創造の神」は、悪ではない。この神は、この上ない正義の神であって、したがって違反にたいし罰を加える。したがってこの「創造の神」の力を解除することが、救済を意味するのである。「創造の神」は、律法と預言者によってその力をふるうので、旧約聖書を退けることで「創造の神」の力の活動を終焉《しゅうえん》させることができる。その実現のために、イエスが到来した。イエスは、「別の神」の子であって、じつは神そのものであり、父と異なっているのは名前だけである。したがってイエスが人間の体を受け入れたのは、表面的な姿だけである。人間の体は、下位にある創造の世界に属するものであり、創造世界の物質にイエスが結びつくなどということはありえない。またキリストという名も、旧約聖書起源のものなので、イエスがキリストと呼ばれてしまうのも表面的なことにすぎない。

なぜ脅威となったのか

イエスは罪人の救いのために、福音を告げ知らせた。「別の神」は、その愛の故に、自分の子を一つの犠牲として送ったのであり、それはその犠牲を通して罪人を「創造の神」から贖《あがな》うためである。これは「創造の神」がメシアを送って善人と悪人を裁こうとしていたのを阻止するという意味もある。イエスはさらに黄泉《よみ》に下る。これはイスラエルの善人たちを救うためではなく、「創造の神」によって退けられたカインとソドム人を救うためである。また「別の神」は愛の神なので、罰したり、裁いたりすることはない。信じない者は、「別の神」によって退けられるだけである。そして信じる者すべての救済が実現する。

マルキオンは、この最終的救済はまだ実現されていないとする。また最終的救済と世界の終りが迫っているとも主張しない。ただしキリスト教徒はよき社会人であるべきだとする教会主流における倫理とちがって、マルキオンは信者がこの世に与るところはなく、したがってこの世にそのような信者が存在することによって緊張が生じるとする。存在している限りにおいて、信者は苦しまねばならず、迫害を受けねばならない。また日々の生活においても、たとえば結婚をしてはならず、肉とワインを摂《と》ってはならないとされていた。

マルキオンの運動は各地で成功し、たいへんよく組織された共同体がいたるところで作られることになる。マルキオン自身は一六〇年ごろに没するが、その後も「マルキオン派の教会」は大きな勢力を保って存続する。このマルキオン派の教会は、「別の神」がこの世に作った「新しい創造」として位置づけられている。教会主流の各共同体の場合と同様に、マルキオン派の教会にも、監督者、奉仕者、長老がいるが、マルキオン派の教会の場合には、女性もこれらの役職につくことができる。「新しい創造」においては、性の区別は意味がないからである。

マルキオンの立場が、教会主流にとって他のグノーシス主義者のものよりもはるかに大きな脅威となったのは、マルキオン派の教会が大きく発展し、メンバーが堅く団結した安定した組織を構成したからである。マルキオン派の教会がこのように強力になったのは、マルキオンの神学的立場や禁欲主義的な教えのためだけとは考えられない。グノーシス主義には他のさまざまな流れが存在した。また禁欲主義的な教えによって団結していた集団も他に存在した。マルキオン派の教会が大きな勢力をもつようになったのは、いわば特別な出来事である。

この特別な出来事が生じた決定的原因は、マルキオン派がキリスト教独自の聖なる書物——最初の「新約聖書正典」と呼ぶべきもの——を所持していたからだと考えられる。

有効な解決策

マルキオンが旧約聖書を退けたのは、グノーシス主義の影響として説明したが、ユダヤ教の普遍主義的な流れの一つとしてのキリスト教の展開、そしてキリスト教における権威の問題をめぐる状況の観点から考えておくことも必要だろう。

キリスト教は、ユダヤ教の普遍主義的な流れの一つとして出発した。しかし根本的に異論の余地のない絶対的権威は、神の権威と復活のイエスの権威であった。キリスト教運動の当初から、旧約聖書の権威はいわば二次的なものであったことは、すでに指摘した通りである。キリスト教徒のすべてないし大部分がユダヤ人出身の者たちであったころは、旧約聖書を権威あるものとして扱うことに、実際上の問題はなかった。けれどもユダヤ戦争後、保守化したユダヤ教からキリスト教が分裂してからは、キリスト教徒の大部分は非ユダヤ人出身の者で占められるようになる。

旧約聖書には神をめぐる事柄が記されている。また初期のキリスト教が主張したように、イエスについての預言も記されているかもしれない。しかし旧約聖書には、キリスト教と必ずしも関係のない事柄も数多く記されている。特に普遍主義的傾向が認められるテキストのかたわらに、民族主義的内容も記されている。したがってキリスト教の立場から旧約聖書の権威を認めてしまうことは、まったく問題のないことではなかった。特にユダヤ戦争以後にユダヤ教が保守化して、そのようなユダヤ教からキリスト教が分裂したことによって、旧約聖書の権威を認めるかどうかについての問題が先鋭化したと考えるべきだろう。

ユダヤ教において旧約聖書の権威が認められていることは、明らかである。しかしそのような立場であるはずのユダヤ教は、キリスト教の流れを追放したのである。旧約聖書の権威を認めることはキリスト教の立場を認めることに必ずしもつながらないことが、キリスト教と保守化したユダヤ教との分裂という事実に端的に示されたのである。しかもこの対立によって、旧約聖書は対立している相手側で権威が認められている文書集になってしまったのである。

すでに内容的な観点から、権威を認めてしまうのに問題がないわけではなかった文書集が、さらに対立の相手側で権威が認められている文書集になってしまったのであれば、キリスト教側における旧約聖書の権威が揺らいでくるのは避けがたいことだったであろう。

しかし、それでも旧約聖書の権威を退けないという立場はキリスト教の側に存在しつづける。この立場はキリスト教主流の立場である。しかし旧約聖書の権威を根本的に疑問視する流れも、当然ながら生じてくる。このように考えるならば、旧約聖書を否定する立場が生じえる余地は、グノーシス主義のように本格的な神学上の根拠がなくても、十分にあったといえるだろう。

こうした流れのなかにマルキオン派を位置づけることが、もっとも適切だと思われる。マルキオンはグノーシス主義的な〈二つの神〉の考え方を主張するが、二元論を徹底させるのではなく、彼の〈愛の神〉はむしろ普遍主義的である。彼は神学的な論理を徹底させるよりも、実践的な成果を実現することに優れていた。そして実際に示されたのは、旧約聖書を退けたうえでの堅固な教会共同体の組織の実現であった。

これはいわば、パウロ以来の課題にたいする有効な解決策がはじめて実現したことを意味したのではないだろうか。上で確認したようにマルキオン派の教会の組織は、基本的には教会主流のものと同一である。ただし唯一のはっきりした相違点があり、それが「新約聖書正典」の存在だったことになる。

マルキオンがなぜ、独自のキリスト教の聖書を作成することを思いついたのかをはっきり述べることはできない。簡単にいうならば、ユダヤ教において旧約聖書が存在してそれが有効に機能していたので、それにならったということが重要であろう。旧約聖書が基本的に「律法」と「預言者」という二部構成になっているのにならって、マルキオンの聖書が「福音」と「使徒」という二部構成になっていることにうかがわれる。

半世紀以上の時間

では、なぜ独自の聖書をもつことが、キリスト教にとってこれほどに有効だったのだろうか。キリスト教は、ユダヤ教における旧約聖書というモデルが存在していたにもかかわらず、かなり長い間独自の聖書をもとうとしなかった。保守化したユダヤ教との分裂がはっきりした一世紀末から、マルキオンの聖書が出現するまで半世紀以上の時間が流れている。マルキオン派の聖書の例が示されてからも、教会主流において独自の聖書がはっきりと成立するまで、さらに長い時間がかかっている。しかも新約聖書の成立はギリシア語圏・ローマ帝国側のキリスト教での出来事であって、キリスト教のその他の領域では、キリスト教独自の正典成立に向けてめだった動きはなく、ギリシア語圏での新約聖書成立の影響が広がって支配的になるという形で新約聖書の権威が認められるようになる。

独自のキリスト教の聖書をもつことの有効性については、章をあらためて検討する。しかしその前に、マルキオンの聖書成立以降の新約聖書が成立する様子を次節で確認したい。

2　新約聖書という意識の芽生え

「異端」が作った聖書

マルキオンの聖書の出現は、はっきりと限定された文書だけが権威をもつというあり方をはじめて実現したものだった。マルキオンの聖書は、新約聖書正典というべきものの一つの具体的な形を示した最初の例である。

キリスト教の文書を尊重されるべきものとして扱うといった態度は、マルキオン以前にも存在した。だがこのころになると、イエスについての情報にかんする口承伝承が存在していると考えられるなかで、書き記されたイエスについての情報を尊重する態度が見られるようになっている。

パウロ書簡などのその他の文書も、権威あるものとして用いられはじめている。キリスト教独自の文書は、ある程度の権威をもちはじめていたのである。そしてマルキオンの聖書以前の文書においても、キリスト教の文書が限定もなく用いられていたのではない。また権威あるとされる文書を新しく作成する勢いも衰える。

キリスト教独自の文書が乱立する状況のなかで、権威ある文書を限定しようとする雰囲気は、曖昧なものではあったが、ある程度は存在しはじめていたのである。こうしたなかで、マルキオンの聖書が出現したのである。したがってマルキオンの聖書は、まったく唐突に出現したのではない。

しかし、マルキオン以前にキリスト教の文書で尊重されるものがあったとしても、それは折に触れてそれらの文書が言及されるとか、それらの文書から引用がなされるといった程度だった。こうした態度は、マルキオンの聖書が出現した後も、しばらくは存続したようである。

マルキオンはこうした態度とちがって、権威ある文書をあらかじめ限定した。こうした態度は、やはり新しいものであり、マルキオンの聖書において「新約聖書正典」とはどのようなものかについての姿がはじめて示されたと考えるべきだろう。マルキオン以前のキリスト教は、「新約聖書正典」をもつことを考えもしなかったし、そうした雰囲気はまだしばらく存続する。

しかしマルキオン派はたいへん大きな勢力をもち、マルキオン派批判の書が教会主流の側で数多く書かれることになる。マルキオン派の存在は、キリスト教にとっての大きな問題だったのである。マルキオンは限定された数の文書だけを権威あるものとした。その他の文書は退けられる。また口承伝承の権威、旧約聖書の権威も退けられる。権威の問題の観点からは、マルキオン派の立場があまりに限定的で狭いこと、つまりあまりに多くの流れが退けられねばならなかったことが不都合だったといえよう。

二世紀にはもう一つ大きな問題が生じる。それはモンタノス派の問題である。モンタノス派は「霊」を強調する。モンタノス派でもいくらかの文書が作られたらしいが、モンタノス派の立場は、やはり「霊」以外のすべての既存の権威を退ける立場である。つまり乱立するキリスト教の諸文書も、口承伝承も、旧約聖書も退けられる。これも、ある限定された立場だけが正しいとする解決の方向のもう一つのラディカルな流れと見ることができるだろう。

この立場においても、あまりに多くの流れが退けられねばならないとされている。またモンタノス派の運動においても、ふたたび「霊」を強調するために組織的秩序の面に問題が生じてしまう。これはヘレニストの場合、パウロの場合につづいて三度目であり、しかももっとも規模の大きなものである。

そのような展開のなかで、キリスト教が「新約聖書正典」をもつべきことが意識されるようになってくる。教会主流の側で限定された文書を特別に権威あるものと見なすべきだという立場をはっきりと示したのはイレナエウスである。

こうした流れを見るならば、教会主流における新約聖書正典の成立へ向けての動きを決定づけたのは、やはりマルキオンの聖書であったと考えるべきだろう。マルキオン派は「異端」であり、攻撃されるべき対象だったが、その対立相手が用いているところの「新約聖書正典をもつ」という手段を、教会主流は採用するのである。

新約聖書正典への動き

前節で紹介したユスティノスの『第一弁明』(一五五年ごろ)という書物には、日曜日のキリスト教徒の集会において、「使徒たちの覚え書と預言者たちの書」が朗読されていると記されている(六七・三)。この「使徒たちの覚え書」とは、ユスティノス自身が述べているところでは「〈福音〉と呼ばれる覚え書」のことであり、すなわち福音書のことである。

またユスティノスは別の箇所で、福音書のテキストを「使徒たちの覚え書の中に書かれている」と述べて引用している(『トリュフォンとの対話』一〇一・三、一〇四・一)。そしてこれらの「覚え書」は「使徒たちおよび彼らに従った者たちによって」書かれたと述べている(同一〇三・八)。

ユスティノスがこの「使徒たちの覚え書」にヨハネ福音書をふくめているのかどうかは、はっきりしない。しかし「キリストは言った」「福音書に書かれている」として引用されている言葉が、ヨハネ福音書のテキストからの引用である可能性がある（『第一弁明』六一・四、『トリュフォンとの対話』一〇〇・一）。

いずれにしてもユスティノスは、複数の福音書を知っていることになる。そしてそれらの福音書が礼拝の際に、旧約聖書に匹敵するようなものとして用いられているとされており、このような証言としては、このユスティノスのものが最古である。

またヨハネ黙示録が「私たちの書」にふくまれているという記述が見られる（『第一弁明』二八・一）。また「彼に生じた黙示における」とされている使徒ヨハネの証言について、それは「主が言ったことである」とされている（『トリュフォンとの対話』八一・四）。福音書以外の文書についても、書かれた言葉に権威があることが認められている。

ユスティノスに見られる証言を、すでに旧約聖書にならぶ権威をもつキリスト教独自の文書集が誕生したことを示すものと考えてよい可能性は大きいと思われる。ユスティノスはマルキオン批判を行っており、したがってマルキオン派の活動をある程度は知っていた。しかしキリスト教文書の使用についてのユスティノスの証言が、マルキオン派の聖書の存在を意識して、それに対抗するためになされたものなのかどうかははっきりしない。それに当時の礼拝の際に、将来、新約聖書正典とならないキリスト教文書も読まれていたことも、他の資料から確認されている。

またユスティノスによって証言されている状況を教会全体の状況として、すぐに一般化することはできない。

おなじような証言は、たとえば二世紀後半にアテネで活動したアテナゴラスの『キリスト教徒の弁護』（一八〇年ごろ）という文書にも認められる。旧約聖書のテキストも、また福音書からと思われる表現も、同様に「言っている」という表現とともに引用している。

また、おなじように二世紀後半に活動したプトレマイオスはグノーシス主義者だが、彼は『フローラへの手紙』（一八〇年ごろ）でマルキオンを批判して、ヨハネ福音書の言葉を「使徒」の言葉として引用している。

また、サルデスという小アジアの町出身のメリトンという人物がいる。彼は、「（私は）旧《ふる》い契約の諸文書を学んだ」と述べている（一八〇年ごろ）。「旧い契約の諸文書」という表現が使われているからといって、「新しい契約の諸文書」が存在することが前提となっているとは限らない。しかしつぎに紹介するアンティモンタニストの証言とあわせて考えると、「新しい契約の諸文書」の存在が前提されている可能性が大きいと思われる。

アンティモンタニストとは通称で実名は不明だが、こう呼ばれた人物が二世紀末に、小アジアで活動したことが明らかとなっている。彼は、「新しい契約の言葉」という語を用いている（一九〇年ごろ）。これは「新しい契約」という表現がギリシア語で、文書集について用いられたはじめての例である。

彼はモンタノス派に反対する文書を書こうとするのだが、彼が新しい文書を書くと、「新しい契約の言葉」に新たにつけくわえてしまうことになるかもしれないと躊躇《ちゅうちょ》するところがあるという文脈で用いられている。「新しい契約の言葉」と呼ばれる文書集が権威あるものとして成立していること、しかし具体的にどの文書に権威があるのかについてはまだ流動的であることがうかがえる。

以上の証言は散発的なものだが、次第に「新約聖書正典」についての意識が形成されていることは確かだろう。

3　何が「正典」か

「福音書は四つ以上でも以下でもありえない」

イレナエウスは、おそらく小アジアのスミルナの出身で、ガリアのルグドゥヌム（いまのリヨン）の司教となる。グノーシス主義批判を展開した大部の『異端反駁《はんばく》論』（一八五年ごろ）を残した。また『使徒的教説の表明』が残っている。

イレナエウスは四福音書を正典として主張する。「福音」は使徒たちにより最初は口頭で伝えられた。そして彼らは「神の意志により」文書にして伝えた。それが四福音書である。「使徒性」が四福音書の権威の根拠とされている。使徒として名前が伝えられていないマルコは使徒ペトロの福音を記したのであり、ルカは使徒パウロの福音を記したとされている。パウロが生前のイエスを知らなかったことについては触れられていない。

四福音書を認めない者、その一部しか認めない者、また多数の福音書の権威を認めようとする者についてイレナエウスは批判している。「福音書は四つ以上でも以下でもありえない」。この「四」という数の権威を確定するために、世界に東西南北という四つの地域、四つの方角の風があることが述べられている。

　また、四つのケルビム（天使）をそれぞれの福音書記者の象徴としている。マタイが人間、マルコが獅子、ルカが牛、ヨハネが鷲《わし》である（ただしこの議論の際には、ヨハネ、ルカ、マタイ、マルコの順に記されている）。四福音書だけが権威あるものとして認められるようにするためには、荒唐無稽《こうとうむけい》な議論も辞さないといった姿勢が感じられる。そのような議論を用いてでも、四福音書の権威を確立する必要があったのである。

　またそのような議論を用いても、選ばれたものを権威あるものとすることができるほど、そのような議論をする側——教会主流——にすでに権威があったことにもなる。またこのような荒唐無稽な議論を用いるということは、守られねばならない権威の合理性は、もはや選ばれた文書の内容の合理性に存しているのではないということも物語っている。文書の内容については、それは「完全」であるとされ、「教会が宣《の》べ伝えていることと同じこと」が教えられていると強調されるばかりである。

　イレナエウスの場合に新約聖書の第二部を構成するのは、一三のパウロ書簡（フィレモン書・ヘブライ書をのぞく）、および、使徒行伝、第一ペトロ、第一・第二ヨハネである。ヨハネ黙示録は扱われているが、正典とはされていない。またヘルマスの牧者、第一クレメンスは言及されているが、正典とは見なされていないと考えられる。

広く用いられていた「新約聖書」の表現

テルトゥリアヌスは一六〇年ごろにカルタゴに生まれ、ローマで法律家として仕事をした。一九五年ごろにキリスト教徒となる。カルタゴに帰り、教会の指導者として活動する。二〇三年ごろにモンタノス派に転向し、二二〇年ごろに没した。彼はラテン語で著作をした。

ラテン語ではじめて「新約聖書」(Novum Testamentum)という表現を文書のなかで用いたのは彼である。しかしテルトゥリアヌスはこの表現を、ラテン語圏のキリスト教徒たちのあいだですでに広く用いられている表現として記している。旧約聖書が「律法」と「預言者」で構成されているのにたいして、新約聖書が「福音」と「使徒」からなることもはっきりと述べている。

「福音」の部を構成するのは四福音書であることは、すでに確定している。「使徒」の部を構成するとされているのは、一三のパウロ書簡、使徒行伝、第一ペトロ、第一ヨハネ、ヨハネ黙示録である。ここまでは、イレナエウスの立場と同一である。さらに、テルトゥリアヌスはユダ書も正典と見なしているとされることもある。またヘブライ書、バルナバの手紙が、諸教会で受け入れられているとしている。モンタノス派に転向する前はヘルマスの牧者を正典と考えていたが、転向後に退けている。

「神聖な書物」

イレナエウスおよびテルトゥリアヌスの証言を検討した限りでは、ギリシア語圏においてもラテン語圏においても、「新約聖書正典」が存在すべきことはすでにかなりの自信をもって主張できる雰囲気が存在しており、ただ「正典」としてどの文書をふくめるかについて、必ずしも意見が一致しないといった状態だったように思われる。

しかしイレナエウスよりも一世代ほど若く、テルトゥリアヌスとほぼ同時代に活動したアレキサンドリアのクレメンス（すでに言及した「ローマのクレメンス」とは別人）の場合には、はたして「新約聖書正典」という考え方が確固としたものとして意識されていたのかどうか微妙である。

アレキサンドリアのクレメンスは、おそらくアテネで生まれた。ギリシア語圏各地を放浪した後、一八〇年ごろにアレキサンドリアでパンタイノスに出会いキリスト教徒になる。その後パンタイノスを継いで、アレキサンドリアのキリスト教の教師になる。三世紀はじめに皇帝セプチミウス・セヴェルスの抑圧を逃れてアレキサンドリアを去る。二一六年ごろに没したと考えられる。

彼は多くの文書を「神聖な書物」としている。四つの福音書、一四のパウロ書簡（クレメンスはヘブライ書をパウロのものとしている）、使徒行伝、ヨハネ黙示録。それからユダ書をふくんだところの公同書簡（ただしヤコブ書、第二ペトロ、第三ヨハネについては微妙）、バルナバの手紙、ペトロ黙示録である。

またペトロの宣教、第一クレメンス書、ディダケー、ヘルマスの牧者も、「霊感を受けた文書」としている。さらに通常は旧約聖書外典とされる「ソロモンの知恵の書」「シラクの子イエスの知恵」もおなじような扱われ方をしている。

ムラトリ正典表

「ムラトリ正典表」は、一七四〇年にムラトリという名の学者によってミラノの図書館で発見されたラテン語の新約聖書正典のリストである。二世紀末か三世紀はじめのギリシア語によるリストをラテン語に翻訳したものと考えられ、ローマで書かれたとされている。

ムラトリ正典表はたいへん短いものだが、正典とされるべき文書の題名がたんにならべられているだけでなく、その理由がそれぞれについて記されている。また正典として受け入れられないものについても同様である。

二七の文書のうち、第一・第二ペトロ書、ヘブライ書、ヤコブ書、第三ヨハネ書は言及されていない。

正典として受け入れられないものとして言及されているものには、ラオディケアの教会への手紙（マルキオンの聖書にあった「ラオディケア書」とは別のもの）とアレキサンドリアの教会への手紙、ヘルマスの牧者などがある。

教会による正典の相違

オリゲネスは、三世紀前半にアレキサンドリア、そしてパレスチナで活動した。その他にもさまざまな場所を訪れている。

二七文書のすべてに言及しているが、第二ペトロ書、第二・第三ヨハネ書、ヤコブ書、ユダ書は「疑わしいもの」とされている。「疑わしいもの」として、その他に、バルナバ書、ヘルマスの牧者、ディダケーなどがあげられている。

さらに「偽書」として、さまざまな文書が言及されている。

彼はさまざまな教会の状況を知っており、教会により正典に相違があることを認めている。

解決手段としての権威の確立

教会主流は、マルキオンのように文書の内容を変更して、全体として統一的な立場が主張されている文書集を作らなかった。そうではなく、さまざまな立場の文書をふくめた文書集を権威あるものとした。このことは教会主流の立場から許容できるものを受け入れて、そうでないものを退けたということを意味する。

しかしこうした判断はそれほど厳密なものではなかった。それは正典にふくまれる文書がなかなか決まらなかったことに示されている。確かに明らかに退けられるべきものは退けられたのかもしれない。だが、ある程度受け入れられるものをどのように限定するかについては、曖昧だった。この際にまず重要になったのは、すでにある程度まで権威が認められているものを認めるという方針があったと思われることである。内容についての判断は、それにくらべれば重要ではなかったといえる。

ただしこのことは、正典として受け入れられるようになる文書の内容についての介入が教会主流の立場からなかったということにはならない。本書では詳しく論じることはできないが、三世紀ごろには、各地の地方単位（エジプト、シリアなど）でテキストの「標準化」といった作業が行われたと考えられている。こうした際に、またその後の展開においても、テキストの細かい点について介入があって、そうしたテキストが普及するような努力が行われたという可能性を否定することはできない。

またすでに存在する、さまざまな流れにおいて権威あるとされている昔からの文書を正典としようとするならば、新たな状況における新たな問題にたいする具体的な対応を、権威ある文書の内容において行おうとはしていないということを意味する。

いいかえるならば、新たな状況におけるさまざまな新たな問題については、個々に対応するのではなく、権威ある文書集を作ることで対応しようとしていたことになる。

権威ある文書集を作ることが解決策だと考えられていたのだから、それは権威を確立することで解決できると考えられていたことになる。教会主流の権威にしたがうという状態を作りだすことが、さまざまな問題のいわば包括的な解決手段とされていたのである。新約聖書の成立への動きは、このような文脈のなかで理解されるべきだろう。

第一一章　正典の成立

1　聖なるテキスト

長い間存在しなかった新約聖書

本書では、新約聖書正典の成立にかかわる問題を網羅的に検討することはできないし、重要だと思われる問題のすべてについても綿密に議論を展開させることは不可能である。しかし以上のように新約聖書が成立するまでの歴史を概観したうえで、いくつかの問題を指摘できるだろう。

新約聖書の成立について検討を試みたうえで、確実なこととしてまず確認しなければならないのは、新約聖書正典がキリスト教運動のはじめから存在したのではなかったという事実である。イエスにとってはもちろん、初期のキリスト教徒たちにとっても、新約聖書は存在しなかった。それどころか、その後も長いあいだ、新約聖書は存在しなかったのである。

新約聖書はキリスト教運動が展開するなかで、しだいに成立した。しかも新約聖書が成立するうえではさまざまな紆余曲折《うよきょくせつ》があり、全体の足並みも必ずしも整っていなかった。

そのなかで、ほぼ全体的な合意が見られたと思われるような面もあるが、いまでも新約聖書をめぐるすべての問題が解決されているのではないし、キリスト教の全体の立場があらゆる点において一致しているのではない。

前章で取りあげたマルキオン派、グノーシス主義、モンタノス派の問題は、キリスト教全体の観点からは、キリスト教世界の大規模な分裂の危機が生じたことを意味する。

教会主流は、マルキオン派によって採用された手段を基本的に採用して、この問題を解決しようとする。限定された文書集だけを権威あるものとするという手段である。ただしマルキオン派のように、ある一つの限定された立場に見合う文書だけを正しいとするのではなく、さまざまな立場の文書を権威あるものとする。旧約聖書の権威も退けない。また口承伝承の権威も完全に退けるのではないが、選ばれた文書の権威に従属させる。「霊」の権威も完全に退けるのではないが、これも選ばれた文書の権威に従属させる。

この選択は、全体的統一と秩序を実現するうえで大きな成功を収めることになる。限定された文書を権威あるものとする立場は、自明のものとなる。あとは全体的な合意がえられるまで、選ばれるべき文書の範囲を次第に確定していく。

新約聖書成立の経緯についてのこうした理解が適切だとするならば、限定された文書を権威あるものとするという選択が全体的統一と秩序を実現するうえでなぜ大きな成功を収めたのかという問題に答えることが、新約聖書が確固とした権威あるものとして成立したのかを理解するうえでの中心的問題となってくる。つまり限定された文書を権威あるものとするということはどのような機能をはたすのかを見定めねばならない。

このことが了解されるならば、口承伝承の権威や「霊」の権威を、選ばれた文書の権威に従属させることがなぜできたのかも了解できるだろう。また正典文書の選択の基準の問題は一見たいへん複雑で、理解しがたいような点の多い問題だが、この問題についても有効な理解をする可能性が開けてくるだろう。

「テキスト共同体」の珍しさ

キリスト教において新約聖書が絶対的ともいえるほどの権威をもつようになったことは、ユダヤ教において「ユダヤ教の聖書」が権威あるものとされていた事実と重なりあうような体制が採用されたことを意味する。

そして文書集が絶対的ともいえるほどの権威あるもの、つまり「聖なるもの」とされているということは、そのテキストを「読み」「聞き」、そしてそれについて「議論する」ことが特に重要だとされていることを意味する。

このような状態の共同体を、「テキスト共同体」と呼ぶことにしよう。このような「テキスト共同体」は、宗教現象としてはむしろ珍しいといわねばならないのではないだろうか。

確かに、ユダヤ教系でない宗教共同体においてもテキストが用いられる。聖職者や預言者と呼ぶべきような者のリスト、生活の実践的な面についての掟、神託《しんたく》や賛歌についての控えのようなものなどが存在することは珍しくないだろう。しかし多くの場合にこれらのテキストは、宗教共同体における儀式的な具体的活動を中心とするさまざまな行為にかんしての覚え書きのようなものである。料理の仕方についての本や園芸活動についてのガイドブックの場合のように、中心的なのはあくまで実際の活動であって、その方法やそこで用いる言葉が忘れられることを防ぐためにテキストが作られるのである。

したがってユダヤ教やキリスト教の場合のように、聖なるテキスト自体が権威あるものとされ、それをめぐる「読む」「聞く」「議論する」という能力と活動が重視されるといった場合とは、テキストの位置づけが本質的に異なっていることになる。

聖なるテキストが存在しない、あるいはテキストが存在してもそれが二次的なものとしか位置づけられていないという場合には、テキストには記しえない価値、いわば「目に見えない」価値と、人間との直接の関係が重視される。

イエスの活動を、形骸化した律法が支配的となっている状況を打ち破ろうとしたものだと考えることができるとするならば、イエスが書物の権威を肯定せず、また自分もテキストを作りだそうとしなかったことが理解できる。またキリスト教の枠内でもユダヤ教の聖書の権威を実践面においても認めるべきだとする勢力に反対しようとしたパウロが、口頭でのコミュニケーションを重視したことも理解できる。

解釈の序列化

しかしテキストを聖なるものとする場合には、つぎのような状況が生じる。

テキストを聖なるものとするということは、「読む」「聞く」「議論する」という能力の価値を重視するということである。ところで「読む」「聞く」「議論する」という能力は、特に超自然的なものではない。したがって「聖なるもの」とされているテキストには、基本的には誰でも、たとえ超自然的な能力がなくても、つながりをもつことができる。

けれどもテキストには解釈の余地がある。テキストの意味はじつは曖昧であると述べたほうが適切かと思われる。テキストは確固とした物的形態をとりやすいので、その「真の」意味は確固としたものだと思われやすい。しかし実際に個々のテキストの意味を厳密に把握しようとすると、さまざまな「解釈」が生じてしまう。そして個々のテキストには確固とした「真の」意味があると想定するならば、さまざまな「解釈」が生じてしまうのは、それは解釈をする側の能力が不十分だからだということにならざるをえない。実際にあまりに粗雑な「解釈」が主張されることも少なくないので、そのような認識が定着することになる。

つまりテキストについてさまざまな解釈が生じてしまうと、それらの解釈に序列が生じることになる。しかし優れた解釈であると思えるものも、完璧ではありえない。それからもう一つ重要なのは、さまざまな解釈が生じて、優れたものもそうでないものも、いずれにしても完璧ではないということになると、どの解釈も意味がないとして退けられる場合も生じるだろうが、逆にどの解釈もそれなりに価値があり、過渡的なものとしてそれなりに認められるという方向に向かうほうが多いということである。つまり並存するさまざまな立場をそれなりに許容できるようになる。

「解釈」の能力とは、つまるところ「読む」「聞く」「議論する」という能力である。したがって「解釈」をめぐってテキストの前で序列が生じるということは、「読む」「聞く」「議論する」という能力において序列が生じるということである。しかも権威があるとされるテキストをめぐって生じる序列は、解釈の優劣による序列ばかりではない。

「読んで解釈する者」と、「読んでも解釈できない者」あるいは「読んでも解釈しようとしない者」の区別も生じる。使徒行伝八・二六以下のフィリポとエチオピアの宦官のエピソードにおいて、イザヤ書のテキストを読むエチオピアの宦官にフィリポが「読んでいることがわかるか」と尋ねる。すると宦官は「手引きする人がなければ、どうしてわかるだろうか」と答える。これにたいしてフィリポは、宦官にテキストの「解釈」を示す。この場合にフィリポは、宦官にたいして優越した地位に立つことになる。

また「読む能力のある者」と「読む能力のない者」の区別も生じる。また「読む能力のある者」のすべてが、読もうとするのではない。さらに他にもさまざまな区別が生じるだろう。こうして聖なるテキストの存在は、権力を強化するのである。

理解など不可能

権力のある者は、彼らが保有するさまざまな価値と彼らが占める制度上の地位によって権力を確保できるのだが、聖なるテキストの存在は、こうしたあり方をさらに補強することになる。

こうした状況が成立するためには、テキストの意味が曖昧であることが重要である。聖なるテキストに「真の意味」があって、それが確定的ならば、人間はその「真の意味」にあずかる者とそうでない者とにわかれてしまい、共同体は「真の意味」にあずかる者のみによって構成されることになって、その共同体はセクト的になってしまう。「真の意味」にあずかっていないのに共同体に参加したいならば、「真の意味」にあずかるための努力が絶対的に必要になる。これにたいして、テキストの意味が曖昧ならば、すべての者がそれぞれに自分の「理解」を進める可能性が生まれてくる。このことは「理解」の程度に応じて、下の者が上の者に従属することにつながる。低い「理解」にとどまっても、それはそれなりに許容できることになる。

テキストはたとえ単純なものでも、その解釈をめぐる問題は複雑である。まして、さまざまな立場、さまざまな状況において、さまざまな著者によって成立したある程度以上の数の文書が一つのまとまりをなして権威があると位置づけられるとなると、解釈の作業はさらに困難なものとなる。

テキストが書かれていれば、基本的には、それは読んで理解されることが要求されていると考えて対応することになる。しかしテキスト全体の完璧な理解に到達しようとすると、目的までの距離が無限に遠くなってしまう。新約聖書のような文書集となると、問題はさらに複雑になる。

新約聖書は、テキスト全体の内容を統一的に理解することなど不可能な文書集である。しかし新約聖書として一つにまとめられている姿は、テキスト全体の内容の統一的理解に達することが求められているかのような雰囲気を作りだしているのも確かである。まとめられた文書集としての新約聖書の姿から感じられる要請を最終目標として、個々のテキストの吟味をはじめることは、いくら進んでも到達することのない無限の道を歩きはじめるようなものである。

ところがこの無限の距離は神と人との隔たりにふさわしいかのように思われやすいし、それは新約聖書をめぐる権威の高さ、強さを示すものであるかのように受け取られやすい。新約聖書全体の内容が統一的に理解されねばならないという前提にとどまる限り、新約聖書は一つにまとめられているという体裁の故に、新約聖書の個々のテキストの決して終わらない吟味の作業によって、新約聖書全体の権威は揺るがないことになる。

荒唐無稽な議論はなぜ行われたか

こうした考察との関連において、新約聖書の文書がなぜ正典とされるかの議論を検討してみることは有意義である。

すでにいくらか検討したところ（一〇章第三節）のイレナエウスの四つの福音書の正典性についての議論は、つぎのようなものであった。イレナエウスは「福音書は四つ以上でも以下でもありえない」と主張する。それは、世界に東西南北という四つの地域、四つの方角の風があるからである。四つのケルビム（天使）を話題に出し、それぞれの福音書記者の象徴とする。

　この議論において理由として提示されている要素（四つの地域、四つの方角の風、四つのケルビム）が、じつは理由となっていないことは明らかである。「四」という数を権威あるものとするために、動かしがたい事実（地域や方角）や神的世界の一面（天使）で「四」という数と関連するものに言及しているだけである。

　このような議論が成り立つならば、いわばどんな数でも正当化することができる。「一」ならば、「神は一つである」といったことに言及できる。「二」ならば、たとえば「神は地を照らすために、二つの光るものを作った」（創世記一・一四—一八）といったことに言及できるだろう。イレナエウスの議論は、「四」という数の権威の証明として成り立っていない。彼のこの議論はあまりに荒唐無稽である。

　しかしこの議論があまりに荒唐無稽であるためにかえって、こうした議論がなされているのはイレナエウスの論理的な能力に欠陥があるためだとはいえないことになる。これは小さな論理的なミスの問題とはできないからである。

　したがってこのような荒唐無稽な議論を前にして問われねばならないのは、なぜこのような荒唐無稽な議論を行うのかという問題である。議論がこのように荒唐無稽ならば、すぐに議論の欠陥が指摘されてしまうと思われるのに、イレナエウスはこのような一見脆弱《ぜいじゃく》な議論をあえて行っているのである。それはこのような議論をしても、「福音書は四つ以上でも以下でもありえない」という主張が不成立に終わるということはないと確信しているからだと考えざるをえないだろう。つまり守ろうとしている権威が崩れる心配がないのである。しかし「福音書は四つ以上でも以下でもありえない」という点について権威が確立していないから、議論が行われているのではない。この議論は、この点について権威が確立していないから、その権威を確立するために行われている議論である。しかも、絶対に権威が崩れない立場が、この議論にかかわっている。

それはイレナエウス自身の立場である。あるいはイレナエウスが拠《よ》ってたつところの彼の背後にある立場だというべきだろうか。イレナエウスの側に絶対の権威があるから、そのようなイレナエウスが確立しようとする権威について異議が生じることはないのである。

つまりすでに絶対的な権威があって、その権威をさらに補強するための議論が行われているだけである。したがって新約聖書は、すでに存在する絶対的権威に役立つものとして成立したといえる面があるといえる。

同語反復

こうした事情は、たとえば「ムラトリ正典表」の「ラオディケア書簡」「アレキサンドリア書簡」についての議論に、もっとはっきりと認められる。これらの二つの書簡は受け入れられないものである。それは「異端のマルキオン派のために作られたもの」であり、「エクレシア・カトリカでは受け入れられない」からであるとされている。

「エクレシア・カトリカ」は、日本語では「公同教会」と訳されることもある。「エクレシア」は「教会」のことであり、「カトリカ」とは「普遍的な」という意味である。ここでは教会主流をさす。つまり「教会主流では受け入れられない」からだと述べられているのである。

また「異端」は「正統」に対立する概念である。簡単に述べるならば、教会主流によって受け入れられるものが「正統」であり、受け入れられないものが「異端」である。したがって「マルキオン派」は「異端」であって、したがって二つの書簡は「受け入れられない」と述べることは、つまるところ「受け入れられないから、受け入れられない」と述べているのに等しい。これは同語反復である。また「エクレシア・カトリカでは受け入られない」から、二つの書簡は「受け入れられないから、受け入れられない」と述べているのに等しい。

これは教会主流の側の「受け入れられない」という判断の理由を説明するのに、「教会主流に受け入れられない」からだといっていることになる。教会主流の判断は、それを表明すれば、それだけでその権威が確定するということがなければ、このような「説明」には意味がないことになる。ここでも教会主流の権威が絶対のものとされたうえで、その権威によって正典の限定作業が行われていることがうかがえる。

「使徒性」の矛盾

また四福音書については「使徒性」ということが、よくいわれる。この場合の「使徒性」

とは、著者が使徒であるということである。

福音書には当初は題などはなく、したがって著者名はどれも後世に付加されたものであることがよく指摘されるが、議論を簡単にするために、四つの福音書の著者は一応のところ伝統的に名前があげられている人物だったとしよう。四つの福音書のうち、マタイとヨハネについては、この名前の者が使徒とされていたという報告が存在する。けれどもマルコおよびルカという名の使徒は知られていない。これは古代においてもおなじであったらしい。そこでマルコはペトロの秘書ないし通訳者、ルカはパウロの弟子ないし協力者だったということがいわれるようになる。間接的であっても四つの福音書の著者すべてが、「使徒性」と関連があったとされるのである。

しかし「ペトロ福音書」とか「トマス福音書」といった文書が存在する。ペトロやトマスといった名の使徒は存在した。したがってこれらの文書は「使徒性」の条件を満たしているように思われる。しかしこれらの文書は正典とはされない。「使徒性」ということが、文書が正典であることの基準であるかのようにいわれるが、じつはこの意味の「使徒性」はそのような基準とはなっていないのである。

こうした事態を観察するならば、新約聖書の正典が何らかの客観的な基準で選択されていると想定することは不適切だということになる。

選択の基準として明示的に言及されるものは、じつは本当の基準ではない。だから正典の選択の本当の基準を見出すべきだといったことが、時としていわれることがある。しかしそのようなことは、本当の問題ではない。客観的なものとされている個々の基準はまったく機能していないのではないが、しかし厳密に適用されているかのように考えて吟味すると不正確であり、見ようによっては欺瞞《ぎまん》的と思えるような場合も認められる。

しかしそうしたさまざまな「客観的な基準」よりももっと重要な面が存在する。それは、教会主流の絶対的権威によって正典として選択されるということ自体である。いわば「教会主流によって選ばれるべきだとされたから、選ばれる」のである。

2　ローマ帝国国教へ

棄教者の復帰の容認

ではなぜ教会主流は、新約聖書を成立させたのか。それは新約聖書を成立させることがたいへんに有効だったからだということになる。それはこれまで確認した新約聖書の成立の経緯から考えるならば、教会全体の統一と秩序実現のため有効だったからだということになる。つまり新約聖書はキリスト教の歴史の特殊な事情のなかで有効なものだったから成立したのである。新約聖書の成立の経緯についてのこれまでの確認からは、マルキオン派、グノーシス主義、モンタノス派の諸勢力によって生じた状況において、新約聖書を作ることが有効だと考えられたからといえることになる。しかし新約聖書が有効であることは、その後の展開においても証明されることになる。

そのなかでどうしても言及しておくべきだと思われるのが、迫害とそれによって生じた教会組織の変容の問題である。くわしく具体的に出来事を跡づけることは、ここではできないが、この問題はつぎのようなものである。

キリスト教は四世紀にローマ帝国の国教となるまでに、断続的に迫害を受けた。この迫害がつねに徹底的で継続的なものでなかったことが、たいへん重要である。迫害が断続的であったということは、あるときはキリスト教は迫害されるが、それは長くつづかず、迫害のない時期も訪れるということである。またすべての迫害がローマ帝国全体で遂行されたのでもなかった。

迫害は厳しく、残酷なものであることが多い。迫害にたいして最後まで抵抗する者もいる。殉教者も出る。しかしそのような者はやはり多くはないと考えるべきだろう。殉教者や最後まで抵抗した者が賞賛されるのは、そのような態度をとることが困難だったからである。したがって迫害が生じれば、多くのキリスト教徒は何らかの意味でキリスト教を裏切ることになる。

しかし迫害のない時期が訪れる。そうすると、ふたたびキリスト教徒として受け入れられたいと望む者が少なからずあらわれる。迫害によってとはいえ、一度キリスト教を捨てた者をふたたび受け入れることはできない、というのが当時の原則だったようである。厳格な教会指導者は、教会の門を叩くかつての棄教者を拒む。しかし教会への復帰を望む者の数は多い。

すると指導者格の者のうちには、さまざまな条件をつけることがあったにしても、そのような者の復帰を認める者も出てくる。すると当然ながら、復帰を望む者はそのような指導者のもとに集まることになる。すると棄教をしなかった者の教会よりも、棄教をして復帰した者の教会のほうが規模が大きいといったことも生じてくる。

またどこかの指導者が復帰を望む者を受け入れるようになると、他の指導者も彼らを厳しく拒むことがむずかしくなる。「あそこの教会では受け入れているのに、なぜここでは拒否するのだ」などといわれてしまうからである。迫害が断続的に行われると、こうしたことがくりかえし行われるようになる。こうしてだんだんと規律が緩やかになる。このことによってキリスト教は、原則的には受け入れられるはずのない者が大きな部分を占める共同体になってくる。

また迫害に最後まで抵抗して生き延びた者は、迫害が終わると英雄のような扱いを受ける。そうした者のなかには神学的な訓練が不十分な者も少なくない。しかし彼らはキリスト教徒のあいだで大きな威信をもつようになり、教会組織のなかで指導的な役割を担うようになったりする。つまり神学的な素養の面では質の低い者が指導者になるようになって、教会の指導者の質が低下する。

聖書の没収と破壊

こうしたことは、じつはキリスト教がローマ帝国の国教となって、その機能をはたしていくうえで重要な準備をすることになる。つまり本来的にはふさわしくない者も、とにかくキリスト教徒として受け入れるという素地ができてくるのである。

国教として機能するためには、その国の社会全体の管理の原理としての役割をはたさねばならない。優れた者たちだけを受け入れるというのでは、社会全体の指導をすることはできない。有体《ありてい》にいえば「駄目な者でもよい」とすることができなければならないことになる。こうした立場が、断続的な迫害の経験を通じて成立してくるのである。

しかし質の低い者を大量に容認し、指導者層にも神学的素養の不十分な者が少なからず存在するようになると、これも教会の統一、全体的秩序にとっての危機となる。これはさまざまな立場が乱立して統一が難しくなるという問題ではない。キリスト教とは何かについてのある程度以上の然るべき理解が、教会のいわば「現場」においてあやしくなるという問題である。この時に、限定された数の文書からなる文書集が絶対的な権威があるとされていることが、大きな力を発揮する。この文書集を尊重する限りにおいて、教会全体の団結を保ち、また指導者の質が低くても、教会生活において最低限の重要な点がなおざりにされるということが防げるからである。この文書集は、権威が認められるのであればそれだけでいいのである。理解されなくてもいい。というより、理解しようとしても全体的な理解ができないもの、親しみがわき、感服させられるような部分もあるが、難解な箇所、意味不明の箇所が数多くあって、全体としての理解ができないもの、よほどの者でない限り理解の探求をあきらめてしまうようなもの、がよいのである。

こうして新約聖書の有効性がめざましいものであることが証明されると、その権威はますます揺るぎがたいものとなる。四世紀はじめのディオクレティアヌス帝による一連のキリスト教迫害は、キリスト教がローマ帝国の国教となる前の最後の大規模な迫害だったが、その際に聖書の没収と破壊が行われた。迫害する側がその意義をどこまで認識していたのかは微妙だが、「聖なる文書集」がキリスト教において大きな機能をはたしていることは外部からも認められるものだったのである。

大きなステップ

キリスト教がローマ帝国の国教になったことと新約聖書の成立との関係についての問題は、たいへん巨大かつ微妙な問題である。表面上はローマ帝国がキリスト教を国教として採用したのであって、それはローマ帝国の支配のためにキリスト教が利用されて、それがそれなりに機能してしまったといったことのように思われるかもしれない。

しかし世界についての普遍主義的な管理についてのキリスト教の構想のうち、ローマ帝国の支配のあり方を徐々に採用してきた流れが、ローマ帝国の国教になるという事態によって格段に現実的なものとなったと考えることも可能かもしれない。この場合、キリスト教がローマ帝国の国教となったという事件は、キリスト教によるこうしたローマ帝国風の世界管理が実現するうえでの大きなステップの一つであったと、とらえることもできる。とするならば、キリスト教側における新約聖書の成立への動きは、キリスト教によるローマ帝国風の世界管理をめざす流れのなかの出来事としてとらえるのが適切かもしれない。

念のために確認すると、このような場合にキリスト教がローマ帝国の支配を支持していたと単純に理解してよいとは限らない。キリスト教はローマ帝国風の世界管理の方法を採用しつつ、ローマ帝国の支配を退けたと考えたほうが適切なのかもしれないのである。ローマ帝国はたとえキリスト教を国教としても神中心の勢力ではないが、キリスト教はあくまで神中心の勢力である。

ミラノ勅令

キリスト教がローマ帝国の国教になったことと、新約聖書の成立との関係についての問題を本書で十分に扱うことはできない。新約聖書の成立のプロセスは、キリスト教がローマ帝国の国教になる以前から進んでいたが、キリスト教がローマ帝国の国教になるにおよんで新約聖書のような権威ある文書集をもつことの効力は積極的に認められる。ここではキリスト教がローマ帝国の国教になる経緯、そして新約聖書の権威がそのなかで確定する経緯について簡単に素描を試みることにする。「新約聖書のような権威ある文書集をもつことの効力」とはどのようなものかについては、エピローグにおいて触れる。

ローマは前二世紀から前一世紀の展開において広大な領域の支配を実現するが、どのように全体を管理するかについては、試行錯誤を強いられた。広大な領域の支配が実現してほどなく帝政に移行するのも、この問題がすぐに大きな困難となっていたことをうかがわせる。

アウグストゥス以後のそれぞれの皇帝も、管理のあり方についてはさまざまなものを試みる。しかし、どれもうまく行かないので、皇帝が代わると方針も変わる、と述べてもよいほどだった。社会宗教的な面に限っても、ギリシア・ローマ的な信仰や皇帝崇拝、オリエントの諸宗教の伝統、ストア哲学など、さまざまな可能性が試みられた。しかし安定した状況を作りだすにはいたらない。

実際に政治的・軍事的な混乱は、くりかえし生じている。キリスト教も三世紀に支配原理として採用されかかった様子があるが、この時にはうまく機能しなかったようである。三世紀には十分に機能しなかったのが、四世紀のコンスタンティヌス帝のときにうまく機能したのは、四世紀はじめのディオクレティアヌス帝によるキリスト教迫害でキリスト教が一度かなり衰え、その再建の際に何らかの変化が生じたからだと考えるべきなのかもしれない。

この迫害のときに大量の聖書が破壊され、聖書不足の状況が生じていたと思われる。そこでキリスト教が国教となり、新たに豪華な聖書が精力的に作られて、聖書によるキリスト教の威信が高められ、またかつて以上に統一的に機能できるようになったといえるような点に注目すべきだろう。

三世紀末から四世紀はじめにかけてローマ帝国内部は不安定な状態がつづいていた。三一一年には「キリスト教寛容令」が出され、さらに三一三年の「ミラノ勅令」により、キリスト教が公認される。ローマ帝国内部の対立はまだつづくが、結局のところコンスタンティヌス帝が勝利者となる。

三二五年にニカイア会議が開かれる。できたばかりの豪華な建物に、各地の司教が集められる。彼らの大部分はディオクレティアヌス帝によるキリスト教迫害の際の生き残りの英雄といった者たちで、コンスタンティヌス帝が準備した贅沢《ぜいたく》なもてなしに幻惑されるなかで、重要な取り決めがなされてしまう。

ペルシア側の状況に一言触れておく。パルチア帝国は三世紀の前半にササン朝ペルシアによって滅んでしまう。パルチア帝国はさまざまな流れを比較的自由に許容する傾向があったと思われるが、ササン朝ペルシアは、アケメネス朝ペルシアの威光の再現をめざす復古的な勢力だった。キリスト教の立場は困難なものになったと思われる。そしてペルシア側でのキリスト教の展開が絶望的となったのは、やはりローマ帝国においてキリスト教が国教となったことが最大の原因だと考えるべきだろう。ペルシア側から見れば、このことによってキリスト教は敵の宗教になったのである。

「誰もこれに加えてはならない」

新約聖書の正典として二七の文書が認められることになる。しかし教会全体の意見が完璧に一致するということにはなかなかならない。

エウセビオスは、三二五年にニカイア会議がはじまる前のころから『教会史』を書きはじめる。そのなかで新約聖書の正典についての意見を述べている。「認められているもの」と「問題のもの」の二つの項目をたて、さらに「問題のもの」を「多くの者に知られているもの」と「偽書」に分けている。二七書のうち、ヘブライ書以外は、「認められているもの」か、「問題のもの」のうちの「多くの者に知られているもの」に分類されている。そしてヘブライ書とペトロ黙示録については、一部の者には認められているといった微妙な位置づけをしている。

小アジアの町のラオディケアで開かれたラオディケア会議では、二七書のうちヨハネ黙示録をのぞく二六の文書を正典としている（三六三年）。

二七の文書が正典として確定したとされるのは、アタナシオス（二九五～三七三年）の『第三十九復活祭書簡』（三六七年）である。「誰もこれに加えてはならないし、これから削ってはならない」とされている。

その後、三九三年のヒッポ会議では二七の文書が正典であることが確認されている。また三九七年のカルタゴ会議でも、二七の文書が正典であることが確認されている。東方でも、六九二年のコンスタンチノプルで開かれたトゥルルス会議で、二七の文書が正典とされる。

こうした教会の有力者の意見や会議での決定が、そのまま教会全体の一枚岩的な一致を反映していると考えることはできない。正典のリストをわざわざ確認しなければならないということは、まずはそのような統一的立場が教会の現実として完璧には確立していないからだと考えるべきである。正典であることが曖昧であるような意見が表明されている文書については、その背後にはまだまだ流動的な状況があったと考えるべきである。しかし全体として二七の文書を正典とする方向に進んできた。東方ではヨハネ黙示録の権威が、そして西方ではヘブライ書の権威が最後まで疑問視されていたが、その問題も四世紀半ばころまでには一応のところ解消した。ただし、その後もすべての者の意見がこの点について一致していたのではない。たとえばルターは、一五二二年のドイツ語版聖書の序文で、ヘブライ書・ヤコブ書・ユダ書・ヨハネ黙示録は正典でないとしている。ただしこれらの四つの文書の訳文は削ってはいない。

何に権威があるのか

本書のこれまでの議論では、権威あるものとしての新約聖書の成立については、どの文書が正典として選ばれるのかという点に関心を集中してきた。これは議論があまりに煩雑《はんざつ》になるのを避けるために致し方のないことである。しかし新約聖書の内容について問題になるのは、そこにふくまれる文書の選択だけではない。

たとえば「文書の順序の問題」がある。四福音書の場合を例にとることにする。現行の新約聖書では、四福音書はマタイ、マルコ、ルカ、ヨハネの順になっている。この順は「東方型」と呼ばれている。これにたいしてマタイ、ヨハネ、ルカ、マルコの順のものは、「西方型」と呼ばれている。

四つの福音書があるのだから、その並べ方は順列の数だけ、つまり二四通りありえることになる。写本や、福音書のリストなどでは、そのうち一二通りのものの存在が認められている。

また現行の新約聖書では、福音書、使徒行伝、パウロ書簡、公同書簡、黙示録の順になっているが、この順についても、四種類のものが存在する。パウロ書簡の並べ方、公同書簡の並べ方にも、さまざまなものが存在している。また「本文の問題」がある。新約聖書のテキストは、一字一句のレベルからかなり長い文のレベルまで、必ずしも一致しない場合が多い。新約聖書に権威があるといっても、どのテキストに権威があるのか必ずしもはっきりしないのである。また翻訳の聖書をどのように位置づけるかについても考えねばならないとするならば、問題はさらに複雑になる。

多くの人びとは、実際上、翻訳のテキストだけに接している。もし翻訳の聖書は厳密には正典ではないということになるならば、多くの人びとは、正典に直接触れることなく、いわば正典の影のようなものに触れているだけだということになってしまう。

新約聖書の権威は曖昧である。それはどの文書を権威あるものとするのかといった問題だけではない。一応のところ二七の文書を正典として認めても、それらの内部で権威の程度の差をもうけようとする傾向も存在する。いわゆる「正典の中の正典」の方向である。また「文書の順序の問題」や「本文の問題」を考えるならば、権威あるとされている新約聖書の姿がじつは確定していないということを認めざるをえなくなる。権威があることは確定していても、何に権威があるのかがじつは厳密には確定していないのである。

エピローグ――新約聖書を「読む」ということ

特殊な社会構造

新約聖書とは、比較的小さな文書集である。この文書集には権威があるとされている。古代ギリシア語でテキストが書かれている。テキストは読んで理解されるべきだという観点からは、この文書集をめぐって、つぎのような人びとがいると整理できるだろう。

古代ギリシア語を勉強したうえで、新約聖書をめぐる問題を解明しようとしている者たち。古代ギリシア語を勉強すること自体たいへん困難なことであり、しかも古代ギリシア語を習得すれば新約聖書が理解できるというのではない。したがってこうした者とは、時間とエネルギーを聖書研究に集中して費やすことのできる人、つまりどうしても専門家でなければならなくなる。

それから多かれ少なかれ新約聖書に親しんでいる者たち。新約聖書に関心をもっているが、本格的なアプローチをしない者たちである。ほとんどの場合、翻訳のテキストが用いられることになる。

ついで新約聖書に関心をもっているが、新約聖書に親しむというほどではない者たち。

そして新約聖書に関心をもたない者たち。

新約聖書に権威があるならば、こうした人びとのあいだに、やはり序列が生じてしまう。そのことを利用して、社会宗教的権威を補強しようとする者も出てくる。

書物に権威を認めることは、社会的威信を強化することにつながるのである。新約聖書の機能は、こうした面だけにかかわるのではないが、この面は新約聖書の存在について考察するうえでやはり見逃してはならない重要な面である。

書物のこうした使用方法が容認され定着するうえでは、やはりかなり特殊な社会構造が前提とされていなくてはならないと考えられる。また、そのような特殊な社会構造が前提とされていない領域で新約聖書をめぐるこうした機能を受け入れることは、新約聖書のこうした使用方法において前提されている特殊な社会構造——新約聖書を受け入れる側からは「異質な」社会構造——が導入される一つの契機となる可能性がある。

新約聖書は、西洋的である。それは新約聖書が成立し定着した環境が西洋的なものだったという単純な意味ではない。新約聖書の使用方法が前提としている社会構造が西洋的だという意味で、新約聖書は西洋的なのである。そして新約聖書の権威が現代の社会で、程度の差はあれ、ある程度は世界的に認められているのは、現代の世界においては西洋的社会構造が支配的だからだと、やはりいわざるをえない（キリスト教が「西洋的」であることの意味については、必ずしも新約聖書そのものについての考察ではないが、フランス語で出版された私の *"La pensée sociale de Luc-Actes"*, Presses Universitaires de France, *Paris*, 1997〈『ルカ文書の社会思想』〉という本で、基本的な議論を展開した。また拙著『武器としての社会類型論』(講談社現代新書、二〇一二年)でも「西洋的」であることの様子について検討した。当面はそれらを見ていただければ、幸いである)。ここで「西洋的」であるということのもっとも重要だと思われる面を、無理を承知の上で述べるならば、「西洋的」であるとは、人間を本質的な意味での上下の序列に組み込んでいる、ということである。

「忘却」の壁の向こう側

本書での概観から、新約聖書が正典として成立するうえで、かなり複雑な経緯があったということが確認できたのではないだろうか。こうした新約聖書の成立の経緯から考えるならば、はたして「新約聖書」なるものが、確固たるものとして本当に「成立」しているのだろうかと考える余地もあると思われるほどである。

しかし、新約聖書の全体がともかくも成立して以来、あるいはそれ以前から、大部分のキリスト教徒にとって新約聖書はやはり「正典」であり、「絶対的」といってよいほどの権威あるものとされてきたことも事実である。それを考えるならば、新約聖書の成立の経緯を歴史的に跡づけることは、はたして正当なのかという問題が生じてくるかもしれない。

新約聖書の成立の経緯を歴史的に跡づける作業によって、新約聖書の権威がそれほど確固としたものではないと思われる結果が出てくることは、歴史と忘却にかかわる問題の観点から考えてみることができるだろう。人は、個人としても集団としても、さまざまな「忘却」に囲まれて現在の生活を送っている。遠い昔に厳しく対立した者たちの子孫が、いまは血も混ざり合い、文化的にも互いに差異がないような状況で一つの共同体を形成して平和に暮らすといったことは珍しくないだろう。こうした平和や安定は、いわば「忘却」によって支えられているのである。

歴史を跡づけるということは、こうした「忘却」の壁の向こう側をのぞくことである。歴史研究の入門書には、私たちの現在のあり方は歴史によって条件づけられているといったことが、よく記されている。確かにその通りだろう。しかし私たちの現在のあり方は、歴史の「忘却」によって成り立っている面もかなり存在する。したがって歴史の研究は、現在の平和や安定にとって、時として危険なことでもある。「忘れない」こと、「思い出す」ことは、忘れてもよいかもしれない問題を現在化することにつながる可能性があるからである。

「文字は殺す」

新約聖書の成立の経緯を歴史的に跡づけることは、絶対のものであるかのように機能している新約聖書の権威をいくらかは相対化することにつながってしまいかねない。しかしそのことによって、キリスト教の運動がこれまでに実現し、そして伝えてきた価値が揺らぐことになるかどうかは、また別の問題である。

新約聖書の権威が相対化されるかもしれないという問題は、いわば新約聖書をこえた問題かもしれない。私たちは、古代のさまざまな状況において書かれ、そしてさまざまな経緯を経て作りだされてきた新約聖書とその周辺について検討することによって、こうした問題にようやくたどりつくことができるのである。このような研究が可能になること自体、キリスト教運動が二〇〇〇年近く展開してきたことの一つの到達点なのではないだろうか。

新約聖書の成立は、キリスト教運動の歴史的展開のなかでの出来事である。そして新約聖書の権威が相対化されるかもしれない視点が生じることも、キリスト教運動の歴史的展開のなかでの出来事である。

新約聖書には「文字は殺す」という有名な言葉がふくまれている（第二コリント書三・六）。また「もしいちいち書きつけるならば、世界もその書かれた文書を収めきれないだろう」といった言葉もふくまれている（ヨハネ福音書二一・二五）。新約聖書は書かれたものだが、書かれていることだけでは不十分であり、書かれているということ自体に重大な不都合があると宣言されているのである。新約聖書自体は、新約聖書がこえられることを読者に求めているのではないだろうか。

「読む」ことは、たとえそれが新約聖書を読むことであっても、やはり人間が書いたものを読むことであり、きわめて人間的な活動である。人間はこの地上では、やはり人間的な活動をするしかない。しかし新約聖書は、新約聖書に書かれている文字によって読者である人間を殺すことを目的としたものでないことは確かであろう。あるいは、つぎのようにいうことができるかもしれない。新約聖書は、新約聖書に書かれている文字によって殺されるべき面を超えて「生きる」ということのための読書のあり方を読者に示すという機能を担っているのかもしれないのである。

ブックガイド

新約聖書の成立にかんしては多くの文献が存在するが、日本語のものはあまりない。

・蛭沼寿雄『新約正典のプロセス』山本書店、一九八九年（二版）
小型の本だが、このテーマにかんする基礎的な事項がうまく整理されている。

・田川建三『書物としての新約聖書』勁草書房、一九九七年
多くの議論がなされており、どのようなことが問題となっているのか、どのような議論が必要なのかを、具体的に知ることができる。

新約聖書の周辺のキリスト教の文書は、多くの読者にとってあまりなじみがないと思われる。幸い、文庫本で二冊の本が出ている。本書で言及したものがすべて翻訳されているのではないが、ここに訳出されているものには、少なくとも目を通しておく必要がある。

・荒井献編『新約聖書外典』講談社文芸文庫、一九九七年
・荒井献編『使徒教父文書』講談社文芸文庫、一九九八年

新約聖書研究の基本的な前提を知るには、私自身が入門的な本を書いたので参考にしていただけれ

ば幸いである。

・加藤隆『新約聖書はなぜギリシア語で書かれたか』大修館書店、一九九九年

初期キリスト教の歴史については、まずはつぎのものが役に立つ。

・エチエンヌ・トロクメ（加藤隆訳）『キリスト教の揺籃期』新教出版社、一九九八年

あとがき

新約聖書の成立について歴史的叙述を試みることは、たいへんに困難である。まずごく限られた資料しかない。巨大なジグソーパズルを作ろうとしているのに、ほんのわずかのピースしかないような状態だといえるだろう。しかも使うことのできる資料が、それぞれに複雑な問題をはらんでいる。個々の資料についての研究をするだけでも、じつは困難きわまりないのである。そのうちの一つの資料についての研究だけでも、たとえ一生を費やしても不十分だということができるほどである。

しかもそれぞれの資料についてさまざまな仮説が存在し、それぞれの仮説についてそれなりの根拠が示されていて、どれが正しいともいえないような場合が少なくない。たとえば第二ペトロ書の成立年代について本書では、「一三〇年ごろ」とした。一応のところ無難な見解だと思われるが、二世紀末ごろまで成立年代を遅くする説も存在して、必ずしも否定できない。またマルコ福音書については、一世紀の五〇年代に成立したとして議論を進めた。しかしこのように考えられるのは、一三章までの部分で、受難物語が記されている一四～一六章の部分は、ユダヤ戦争の後になって一三章までのものに付加された可能性が大きい。

等々。そうしたなかで、必要な資料のすべてについてそれなりの見解をもって全体を見渡す記述を行わねばならない。

新約聖書の成立にかかわるあらゆる細かい問題を吟味し、あらゆる可能性を考慮しながら記述をしようとするならば、どんなに頁数があっても十分なものを書くことはできないだろう。また議論があまりに煩雑になって、結局のところ誰も読まない本ができあがってしまうだろう。そもそも、そのような書物は一生をかけても書くことができないと思われる。

したがって本書では、全体的な流れについてある程度の筋の通ったイメージができるように、思いきった判断をしながら記述を進めた。さらに本書では、権威の問題を中心にしながら、キリスト教運動の展開との関連において新約聖書の成立について考えることにした。この視点だけが、唯一の価値あるものでないことは明らかだが、この視点からの考察には大きな意義があると思われるからである。問題が複雑だからといって何も述べないのでは、何もわからない。そして先に進むことができない。本書が、新約聖書の成立というこの複雑なテーマについての、さらなる探究に進むきっかけとなるならば幸いである。

本書の記述では、参考とした研究書や論文を記さなかった。これも煩雑になるのを避けるためである。本書では〈ブックガイド〉を設けて、日本語で読むことのできるいくつかの書物を紹介した。さらに詳しい参考文献については、それらの書物に紹介されているものを見ていただきたい。

本書の執筆については、講談社の渡部佳延氏、所澤淳氏にたいへんお世話になった。感謝の意を表したい。

一九九九年六月

著者

学術文庫版あとがき

一九九九年に講談社から刊行された拙著『「新約聖書」の誕生』（講談社選書メチエ163）が、このたびやはり講談社の学術文庫の一冊として刊行されることになった。

議論の大きな流れは、元のテキストのものをそのまま残した。しかし、表現を分かりやすくするといった変更のほかに、説明について変更したり付加したりしたところがある。特に、「在俗のエッセネ派」についての説明（第一章）、それからパウロの立場についての説明（第五章）である。

本書のあつかう領域は、きわめて広範囲で、しかも複雑で複合的である。元の本の刊行から二十年近くたった目で見直すならば、説明のし方について大小の新しいアイデアが頭に浮かぶ。しかし、一部分を変更するとそれと対応して全体を大きく変更する必要が生じてしまいかねない。したがって、変更箇所は最小限にとどめた。

新約聖書およびその周辺の領域についての研究のあり方は、この二十年間では、大きな変化はないと言ってよいと思われる。旧約聖書関連では、考古学上の知見の拡大がそれまでの見方を考え直す契機になるほどのものになっているが、新約聖書関連では、大きな意義のある発見や、研究方法の新しい展開は感じられない。

聖書研究は、テキストをその成立当時の状況の中で検討するという原則（「歴史的批評的方法」）を徹底させるのがきわめて困難な領域である。この原則を軽んじると、勝手な解釈がすぐに生じてしまう。多くの場合それは、さまざまな教会がそれぞれに推奨する理解のあり方に沿ったものになってしまう。聖書学関連の論文は数が多いが、この原則に照らすとほとんどの論文が、根本のところで失敗の企てになってしまっていて、この状態は、以前も今もあまり変わっていないようである。

しかし、この二十年間で、研究の環境が大きく変化した。この機会に、このことを記しておく。コンピューター技術の進歩、インターネットの展開が、原因である。

わたしは、フランスでの神学の勉強にくぎりをつけて、一九九〇年代半ばに日本に来た。聖書学を中心とする研究を続けたいと思っていたが、神学・聖書学関連についての日本の貧しい研究環境の問題に、経済的援助がまったく得られないということも加わって、研究者としては死んでしまうのではないかと思えるほどだった。

しかしインターネットが本格的になって、聖書およびその周辺の分野のデータや論文などの多くが、たいていの場合無料でアクセスできるようになった。古代の文献関連のすべてにあてはまることだろうが、聖書関連は、その中でも、研究環境がとびぬけて豊かになっていると思われる。しかもこの状態は、日進月歩で進展している。わたしは息を吹き返し、それどころか、元気いっぱいになって、豊かな環境の中ですべてを有効利用しきれないのでうれしい悲鳴をあげる、といった状態である。

コンピューター関連の技術の進歩からは、ほかにもさまざまな恩恵に浴している。

聖書学では、聖書の言語であるヘブライ語と古代ギリシア語をタイプしなければならない。アクセント類を含めて汎用的なフォントを使って文を書くことは、なかなかできなかったが、二一世紀の初めのころ、この問題が解決した。語学上のさまざまな問題の解決、歴史的事項についての確認の作業なども、飛躍的に容易になった。

手元の紙メディアの書物や書類の問題もあった。さまざまな書物や辞書などを参考にしながら、論文を書く。机の周りがすぐに本の山になってしまっていた。そもそも文献の量が膨大で、家の中が本だらけになっていた。本が画像で取り込めるようになって、この問題は大幅に減少した。書斎や廊下はもちろん、子供部屋にすべき部屋がふさがっていたりしたのだが、かなりすっきりした環境になってきた。生活空間を楽しめる。また、新しい文献を手に入れるのに、手元の本の量の問題で躊躇するということもなくなった。

一九九九年出版の元の本では、巻末に「ブックガイド」が記されている。ここに挙げた書物は今でも有効なので、そのままにしておく。しかし、新しい書物を加えるのでなく、ここにインターネット関連の情報を記しておく。

聖書の原本のテキストについては、ドイツのシュトゥットガルトにあるDeutsche Bibelgesellschaft にあるWeb のものが、もっとも信頼のおけるものだと思われる。簡単な登録で、無料で利用できる（www.academic-bible.com）。

聖書テキストそのものの検討のためには、http://biblehub.com/がきわめてよく整備されていると思われる。統計上のデータについては、私はまだ疑りぶかくて、手元の紙メディアのもので再確認したりしているが、大きな問題はないようである。

聖書以外の古代のさまざまなテキストも、原文、そして各国語の翻訳、解説などが、獲得できる。書物のタイトルで検索すると、数多くのサイトがヒットする。

聖書学・古代キリスト教関連の論文も、執筆者が論文をアップロードして、それを無料で手軽にダウンロードできるというシステムがかなり本格的になってきた。たとえばAcademia.edu である。

日々の工夫、研鑽の努力が、研究環境のこうした目覚ましい進展で、手ごたえのあるものになっている。こうした環境があれば、研究者志望の若い人たちが、方法論上の基礎をしっかり押さえた上で勉強すると、紙メディア時代にわたしが能率の悪い習得でかなり足踏みをしたような無駄をしないですむことで実現できるレベルに達した、優れた人材が登場するかもしれないと期待される。

最後になったが、今回の学術文庫版の刊行にあたっては、講談社の第一事業局学芸部学術図書編集チームの横山建城氏にたいへんお世話になった。ここで感謝の意を表したい。

二〇一六年一〇月

著者

＊事　項

た　行

は　行

ま 行

や 行

ら 行

＊文 献（すべてに「 」、『 』を付した）

あ 行

か 行

さ 行

索　引

KODANSHA

本書は一九九九年に小社から刊行されました。

加藤　隆（かとう　たかし）

1957年神奈川県生まれ。東京大学文学部仏文科卒。ストラスブール大学プロテスタント神学部（学部１年生から博士課程まで）修了。東京大学大学院総合文化研究科超域文化科学比較文学比較文化博士課程満期退学。神学博士。千葉大学名誉教授。『福音書＝四つの物語』（講談社選書メチエ）、『一神教の誕生』『武器としての社会類型論』（ともに講談社現代新書）、『旧約聖書の誕生』（ちくま学芸文庫）ほか著書多数。

講談社学術文庫

定価はカバーに表示してあります。

『新約聖書《しんやくせいしょ》』の誕生《たんじょう》

加藤《かとう》　隆《たかし》

2016年11月10日　第１刷発行
2024年６月10日　第５刷発行

発行者　森田浩章
発行所　株式会社講談社
東京都文京区音羽 2-12-21 〒112-8001
電話　編集（03）5395-3512
販売（03）5395-5817
業務（03）5395-3615

装　幀　蟹江征治
印　刷　株式会社新藤慶昌堂
製　本　株式会社国宝社
本文データ制作　講談社デジタル製作

ISBN978-4-06-292401-6

「講談社学術文庫」の刊行に当たって

これは、学術をポケットに入れることをモットーとして生まれた文庫である。学術は少年の心を養い、成年の心を満たす。その学術がポケットにはいる形で、万人のものになることは、生涯教育をうたう現代の理想である。

こうした考え方は、学術を巨大な城のように見る世間の常識に反するかもしれない。また、一部の人たちからは、学術の権威をおとすものと非難されるかもしれない。しかし、それはいずれも学術の新しい在り方を解しないものといわざるをえない。

学術は、まず魔術への挑戦から始まった。やがて、いわゆる常識をつぎつぎに改めていった。学術の権威は、幾百年、幾千年にわたる、苦しい戦いの成果である。こうしてきずきあげられた城が、一見して近づきがたいものにうつるのは、そのためである。しかし、学術の権威を、その形の上だけで判断してはならない。その生成のあとをかえりみれば、その根は常に人々の生活の中にあった。学術が大きな力たりうるのはそのためであって、生活をはなれた学術は、どこにもない。

開かれた社会といわれる現代にとって、これはまったく自明である。生活と学術との間に、もし距離があるとすれば、何をおいてもこれを埋めねばならない。もしこの距離が形の上の迷信からきているとすれば、その迷信をうち破らねばならぬ。

学術文庫は、内外の迷信を打破し、学術のために新しい天地をひらく意図をもって生まれた。文庫という小さい形と、学術という壮大な城とが、完全に両立するためには、なおいくらかの時を必要とするであろう。しかし、学術をポケットにした社会が、人間の生活にとってより豊かな社会であることは、たしかである。そうした社会の実現のために、文庫の世界に新しいジャンルを加えることができれば幸いである。

一九七六年六月

野間省一